YIANNIS DESYPRIS

777 herrliche Griechische INSELN

**Ein umfassender Reiseführer
mit 81 Landkarten der Inseln
und 360 Farbfotografien**

EDITIONS
TOUBI'S ®
ΕΚΔΟΣΕΙΣ

© Copyright 1994   VERLAG MICHALIS TOUBIS S.A.
Nisiza Karela, Koropi, Attiki
Telephone: +30 210 6029974, Fax: +30 210 6646856
Web Site: http://www.toubis.gr

ISBN: 960-540-123-1

Griechische Inseln, sonnengebadet,
die ihr die Kühle des Meeres genießt.
Kahle Inseln mit strahlendweißen Dörfern, geklammert
An den Rand der Felsen, mit Blick auf das blaue Meer.
Inseln bewachsen mit Ölbäumen, Kiefern und Eichen.
Mit weißen Stränden und Fischerhäfen.
Mit Burgen, Klöstern und zahllosen Kirchen.

Der Wind bringt uns die Botschaft.
Ja. Wir kommen zu euch.
Wir, die wir euch kennen, wir sind euch verbunden,
Wir brauchen euch.
Und wir, die anderen, die euch nicht kennen,
Denn euch zu erleben ist unser Traum,
Den wir verwirklichen wollen.

Inhalt

Das Mittelmeer ist berühmt für seine jahrhundertealte Geschichte, seine Kultur, sein Licht und seine Schönheit. Eines seiner Schmuckstücke ist die griechische Ägäis.

In ihrem nordöstlichen Teil sind in einem Meer, das in der Sonne strahlt, so viele Inseln zu finden wie sonst in keinem Teil des Mittelmeers. Mit den kleinen Inseln sind es etwa 3.000, rechnet man jedoch die kleinen Felseninseln und Felsen hinzu, dann sind es mehr als 9.500, von denen jedoch nur 140 bewohnt sind.

Die meisten Inseln liegen in der Ägäis, dem Meer zwischen Griechenland und Kleinasien. Dort in der Mitte des Meeres liegt auch die kleine Insel Delos, die von der Mythologie als Heimat des Apoll, des Gottes des Lichts, bezeichnet wird. Wo fänden sich wohl Inseln, die mehr Licht haben als die Inseln der Ägäis?

Aber es sind nicht nur das Licht und die Sonne, die sie bemerkenswert machen. Es ist ihre schöne Natur, die abwechslungsreichen Küsten mit den weißen Sandstränden und dem blauen, kristallklaren Meer, das im Sommer ein kühlender Wind bewegt. Es gibt Dörfer in herkömmlicher Bauweise, die auf das Meer hinausblicken, Burgen, Kirchen und Klöster. Es gibt die Geschichte und die uralten Kulturen, die vier und fünf Jahrtausende alt sind. Und es gibt die gastlichen Einwohner. Herzlich begrüßen diese schlichten und warmherzigen Menschen den Besucher.

Alle Inseln sind schön, jede hat ihre eigene Geschichte und ihre besonderen Reize. Wir haben hier versucht, so viele Informationen zusammenzutragen, wie der begrenzte Raum zuließ, und insgesamt 777 Inseln, Inselchen und Felseninseln beschrieben oder ihre Lage bezeichnet.

Der Leser seinerseits wird herausfinden, was wir nicht beschrieben haben.

Wir haben die Inseln in sieben geographische Gruppen gegliedert, die in den meisten Fällen aber nicht nur geographische Einheiten sind, weil die Inseln untereinander jeweils viel Gemeinsamkeit haben. Wir haben mit den **Argosaronischen Inseln** begonnen, die in der Nähe von Athen liegen, sind dann zu den **Kykladen** übergegangen, den "weißen Inseln", mit strahlendweißen Dörfern, die auf kahlen Felsen liegen, einen reizvollen Kontrast zu dem intensiven Blau des Meeres bilden. Zu ihnen gehören das kosmopolitische Mykonos und das außergewöhnliche Santorin.

Östlich der Kykladen liegen die Inseln der **Dodekanes** mit dem weltberühmten Rhodos, das ein Anziehungspunkt für Touristen aus aller Welt wurde, sowie Kos mit dem Internationalen Hippokratischen Institut.

Eine weitere Gruppe bilden **Euböa**, die zweitgrößte Insel Griechenlands, und die **Sporaden**, tiefgrüne Inseln mit ganz eigenem Charakter. Ihnen gegenüber liegen die Inseln der **nördlichen** und **östlichen Ägäis**. Zu ihnen gehören große Inseln wie Lesbos, Chios und Samos.

Zu erwähnen sind nun die Ionischen Inseln an der griechischen Westküste, die eine eigene Gruppe bilden. Zu ihnen gehören das schöne Korfu und Ithaka, die Insel des Odysseus. Sie sind groß und tiefgrün und unterscheiden sich durch ihr Erscheinungsbild und ihre Kultur von den Ägäisinseln.

Kreta, die größte Insel Griechenlands mußte eine eigene Einheit bilden. Doch seine viertausend Jahre alte minoische Kultur und die Naturschönheiten, die berühmten Schluchten und herrlichen Strände durften nicht unerwähnt bleiben.

Nicht besprochen ist Zypern, das zwar zum griechischen Kulturkreis gehört, aber ein eigener Staat ist.

Insgesamt werden in diesem Buch 777 griechische Inseln genannt, von denen die interessantesten beschrieben werden. Die geographische Lage der übrigen wird am Ende jedes Kapitels in einer Tabelle angegeben.

Die Fahrzeiten der Schiffe und Feugzeuge zu den Inseln können sich möglicherweise ändern.

IONISCHE INSELN

1 ARGOSARONISCHE INSELN
2 KYKLADEN
3 DODEKANES
4 EUBÖA - SPORADEN
5 NÖRDL. UND ÖSTL. ÄGÄIS
6 IONISCHE INSELN
7 KRETA

Eingetaucht in das unermeßliche Blau der Tiefe erlebt man voll Bewunderung diese herrliche Welt mit ihrem überraschenden und reichen Leben. Fern dem Lärm, kämpft diese Welt voll Farbe, Bewegung und Schöpferkraft ständig um ihr Leben und erschließt bereitwillig jedem ihre Geheimnisse, der ihnen liebevoll nachgeht. Nicht mehr, nicht weniger.

Die Argosaronischen Inseln gleichen wertvollen Schmuckstkken und sind ein wichtiger Teil von dessen Schönheit. Es ist ein Glück für die Athener, daß sie diese in relativ kurzer Zeit erreichen können, um den Lärm der großen Stadt zu vergessen. Die nächstgelegene Insel ist das historische **Salamis**, das auch am dichtesten besiedelt ist. In einer Viertelstunde ist man von Perama in Attika in dem gegenüberliegenden Palukia und von hier erreicht man mit dem Auto jeden Ort der Insel. Weiter südlich liegt das schöne **Ägina** mit Kiefernwäldern, Sandstränden und dem berühmten Tempel der Aphaia. Von Piräus dauert die Fahrt mit dem Schiff nur eine Stunde. Auch Ägina ist ziemlich dicht besiedelt, aber längst nicht so dicht wie Salamis. Im Süden schließt sich das malerische **Poros** an, das der Peloponnes gegenüber liegt. Danach kommt das berühmte **Hydra** mit seiner traditionellen Architektur. Am Eingang zu dem Golf von Argos liegt **Spetses**, eine malerische, grüne Insel. Wie in Hydra gibt es hier eine große Tradition in der

Seefahrt und die Flotte von Spetses mit ihren wagemutigen Seeleuten spielte eine entscheidende Rolle in dem griechischen Freiheitskampf gegen die Türken. Höchstens vier Stunden dauert die Fahrt von Piräus nach Spetses mit dem Schiff. Wenn man aber einen der schnellen "Flying Dolphins" benutzt, die zu allen diesen Inseln (mit Ausnahme von Salamis) fahren, dann verkürzt sich die Fahrzeit um die Hälfte. Man sollte nicht vergessen, daß im Sommer die Schiffe noch

PIREAS

SALAMINA

SARONIKOS

AGISTRI

AEGINA

POROS

Galatas

ARGOLIKOS

YDRA

SPETSES   SPETSOPOULA

weiter als Spetses fahren und Monemvasia, Kithira und Nafplio, die Hauptstadt der Argolis, anlaufen. Neben diesen fünf großen Inseln gibt es zusammen mit den Felseninseln mehr als hundert kleine Inseln und Inselchen. Im folgenden werden insgesamt 88 beschrieben (oder ihre Lage genannt). Von ihnen sind 11 bewohnt. Ein Besuch der unbewohnten Inseln mit einem eigenen Boot bietet viele Überraschungen. Die Argosaronischen Inseln kann man bei ein- oder mehrtägigen Ausflügen von Athen aus besuchen.

Der Tempel der Aphaia auf Ägina.

Ägina

Die Insel Ägina ist mit Kiefern bestanden und auf einem Hügel erhebt sich der schöne antike Tempel der Aphaia. Zieht man von diesem Tempel in Gedanken eine gerade Linie zum Parthenon und dem Poseidon-Tempel auf Kap Sounio, dann entsteht ein nahezu gleichschenkliges Dreieck. Seine Winkel schließen das Schönste ein, das Attika seit dem Altertum hervorgebracht hat.

Der malerische Hafen von Ägina.

Unterhalb des Aphaia-Tempels liegen schöne Buchten und Sandstrände. Auch hier sind große Flächen bebaut, doch sehr viel weniger als vergleichsweise in Salamis.

Ägina, nach Salamis die zweitgrößte Insel des Saronischen Golfes liegt in dessen Mitte, hat eine Fläche von 85 qkm und einen Umfang von 57 Kilometern. Ständig sind hier mehr als 11.000 Menschen ansässig, deren Haupterwerbszweig der Pistazienanbau ist. Die Pistazien aus Ägina sind berühmt und das wichtigste Produkt der Insel. Außer den Bewohnern der Insel leben hier aber auch viele Menschen, vor allem Athener, die ein Haus oder eine luxuriöse Villa besitzen und während des Jahres jeweils am Wochenende kommen. Ägina ist von Piräus nur 16 Seemeilen entfernt und die Fahrt mit dem Schiff oder der Fähre, die den ganzen Tag über

verkehren, dauert eine Stunde. Die Tragflügelboote, die "Flying Dolphins", sind schneller und brauchen nur halb so lange. Wem Ägina nicht genügt, der hat, wenn er auch andere Küsten kennenlernen will, die Möglichkeit, die anderen Inseln des Saronischen Golfs, Poros, Hydra und Spetses zu besuchen. Auch Methana, Ermioni, Porto Cheli und sogar Tolon und Nafplio sind mit Linienschiffen erreichbar. Doch sollte man berücksichtigen, daß manche dieser Linien im Winter nur selten oder nicht befahren werden.

Diese Hinweise gelten für den Hafen der Stadt Ägina, denn es gibt auch direkte Schiffsverbindungen von Piräus nach Suvala und im Sommer nach Ajia Marina mit seinem schönen Sandstrand.

Vom Hafen der Stadt Ägina kann man mit dem Linienbus die wichtigsten Sehenswürdigkeiten der Insel bequem erreichen.

GESCHICHTE

Der Mythos erzählt, daß als erster König der Held Aiakos über die Insel herrschte, ein Sohn des Zeus und der Nymphe Aigina, der zu Ehren seiner Mutter die Oinone genannte Insel in Aigina umbenannte.

Die Funde in Kolona bei der Stadt Ägina, die um das Jahr 3000 v.Chr. datiert werden, beweisen, daß Ägina bereits im Neolithikum bewohnt war. Später ließen sich Minoer, Achäer und Dorer auf der Insel nieder.

Seit der Mitte des 2. Jahrtausends v.Chr. entwickelte sich auf Ägina der Handel und die Insel wurde eine starke Seemacht. Die Schiffe aus Ägina brachten die Erzeugnisse der Insel, vor allem Keramik, auf das griechische Festland, die Kykladen und nach Kreta. Der Höhepunkt dieser Entwicklung war im 6. Jh. v.Chr. erreicht, als das damals noch selbständige Ägina als erste Stadt Griechenlands Münzen prägte.

Trotz der Rivalitäten mit Athen und Piräus leistete Ägina den Athenern in der Seeschlacht von Salamis Hilfe. In der Mitte des 5. Jh. v.Chr. eroberten die neiderfüllten Athener schließlich Ägina.

Die folgende Geschichte der Insel gleicht der des übrigen Griechenlands. Im Befreiungskampf von 1821 gegen die Türken leistete Ägina einen entscheidenden Beitrag, es wurde auch Sitz der ersten griechischen Regierung unter Kapodistrias, bevor diese nach Nafplio übersiedelte.

Ein Besuch der Insel

Malerisch ist der **Hafen von Ägina**, der Hauptstadt der Insel. Gleich bei der Ankunft spürt man die Inselatmosphäre. Ein Kai mit einer kleinen Kirche, alte Häuser, von denen noch viele erstaunlich gut erhalten sind, Jachten und Fischerboote, Menschen am Strand. Dies alles ergibt ein Bild, das den ankommenden Reisenden erwartungsvoll stimmt.

In der Stadt Ägina gibt es recht viel zu sehen. Dazu gehören das **Archäologische Museum**, Kolona, die Säule, die der einzige Überrest des antiken Apollo-Tempels in der Nähe des Hafen ist, die Kathedrale, in der die erste griechische Regierung nach der Revolution vereidigt wurde, und das erste Regierungsgebäude. 1,5 km von der Stadt entfernt liegt Ajii Theodori, eine schöne Kirche aus dem 13. Jh. mit herrlichen Wandmalereien.

Man kann von der Stadt Ägina eine ganze Reihe von Ausflügen unternehmen. Vor allem natürlich die Besichtigung des berühmten **Aphaia-Tempel** (11 km östlich der Stadt Ägina), der einer alten Schutzgottheit der Insel heilig war. Der dorische Tempel wurde nach der Seeschlacht von Salamis (480 v.Chr.) in einer idyllischen Landschaft mit Blick auf das Meer und das gegenüberliegende Attika erbaut.

Bilder aus Ägina.

Dieser Ausflug endet an dem schönen Sandstrand von **Ajia Marina**, das vom Tempel 3,5 km entfernt ist und von vielen Touristen besucht wird.

Schöne Badestrände gibt es an der Nordküste der Insel in **Souvala** und **Vaia** (13 km), aber auch im Westen in **Faros** und **Marathonas** (4 km). Die Straße, die zu diesen beiden Orten führt, endet in dem malerischen Fischerdorf **Perdikas** (9 km), dem eine kleine, kiefernbestandene Insel, **Moni**, gegenüberliegt, auf der es einen Sandstrand und Campingmöglichkeiten gibt.

Im Inneren der Insel, auf halbem Weg zum Aphaia-Tempel, liegt **Paläochora**, ein verfallenes mittelalterliches Dorf, das erbaut wurde als Ägina von Piraten bedroht war, und das **Nonnenkloster Ajios Nektarios**, in dem der Heilige seine letzten Jahre verlebte. Hier werden auch seine Gebeine aufbewahrt. Das Kloster feiert sein Fest am 9. November, wozu zahlreiche Pilger kommen. Ein anderes Kloster, das Kloster der **Panajia tis Chrisoskalitissas** liegt bei dem Dorf Tzikides (6 km). Fährt man von diesem Dorf nach Südosten weiter, dann kommt man in die Ortschaft Pachia Rachi am Fuße des Oros (531 m), des höchsten Berges der Insel, der eine konische Form hat. Unterhalb des Gipfels fand man Spuren eines Zeus-Heiligtums.

Die Kirche Ajios Nektarios.

Ajia Marina auf Ägina.

Angistri

3 Seemeilen westlich von Ägina liegt die anmutige, tiefgrüne kleine Insel Angistri in einem herrlich sauberen Meer. Sie wird von 400 Menschen ständig bewohnt. Täglich gibt es direkte Schiffsverbindungen nach Piräus und nach Ägina. Den vielen Besuchern im Sommer stehen zahlreiche Hotels zur Verfügung.

Die Insel hat ausgedehnte Kiefernwälder und malerische kleine Buchten. Der Hafen liegt wie die Mehrzahl der Siedlungen im Westen, während die Ostküste noch kaum von Tourismus berührt ist.

Salamis

Salamis, dessen Name in der Geschichte berühmt wurde, ist die Athen am nächsten gelegene Insel.

Sie schmiegt sich in das Innere des Saronischen Golfes, hat eine Größe von 95 qkm und einen Umfang von 104 km. Einst war Salamis von Bäumen bestanden, doch heute ist ein großer Teil der Landschaft von Siedlungen bedeckt. Die Einwohnerzahl beträgt mehr als 28.000.

Dennoch gibt es immer noch abgelegene Küsten, vor allem auf der Westseite, mit Sandstränden und malerischen Fischtavernen.

Nach Salamis fährt man von Piräus mit einem kleinen Schiff, das Palukia, Kamatero, Selinia und Peristeria (die letzten beiden nur im Sommer) anläuft. Oder mit einem Fährschiff von Perama nach Palukia und von Perama Megaron nach Faneromeni.

GESCHICHTE

Salamis ist bekannt als die Insel des Ajax, des homerischen Helden, der die Männer von Salamis in den Krieg gegen Troja führte. Berühmt wurde die Insel aber vor allem durch die entscheidende Seeschlacht in der Meerenge, die 480 v.Chr. zwischen den Flotten der Athener und der Perser stattfand. Der Perserkönig Xerxes hatte seinen Thron auf dem gegenüberliegenden Berg von Ägaleo aufstellen lassen, um den Verlauf der Seeschlacht zu beobachten, da er sicher war, daß seine zahlenmäßig überlegenen Schiffe die Athener vernichten würden. Doch der Sieg der Athener machte der Bedrohung durch die Perser ein Ende. Anschließend begannen die Jahre des Goldenen Jahrhunderts, das für die Geschichte Europas von entscheidender Bedeutung ist.

In älterer Zeit (7. Jh. v.Chr.) beanspruchten Megara und Athen die Insel, doch setzte letzteres sich schließlich durch.

Ein Besuch der Insel

Die meisten Fährschiffe legen in **Palukia** an, dem Hafen an der Ostküste. An dieser Stelle weist die Insel auch die geringste Breite auf. Nach drei Kilometern kommt man im Westen bereits wieder an das Meer, an die Bucht von Salamis, auf deren Innenseite der Ort **Salamis** (Kuluri), die Hauptstadt der Insel, liegt. Es gibt hier ein kleines archäologisches Museum, in dem Funde aus mykenischer Zeit, vor allem Keramik, ausgestellt sind.

7 km westlich von Salamis liegt das **Nonnenkloster Moni Faneromenis**, dessen Katholikon aus dem 11. Jh. stammt. Eineinhalb Kilometer weiter westlich gibt es eine weitere Fährschiff-Verbindung nach Perama bei Megara.

Sechs Kilometer südlich der Stadt Salamis liegt **Äantio** (Mulki). Man nimmt an, daß hier die antike Stadt des Helden Ajax lag. Es ist eine weitläufige Ortschaft am Strand mit kleinen Sommerhäusern, von denen die meisten Athenern gehören. Von Mulki führen zwei verschiedene Staubstraßen nach **Kanaka** und **Peristeria**, Strände mit schönem Sand und relativ wenig Besuchern. Eine dritte Straße führt an die Bucht von **Kaki Vigla** mit der gleichnamigen Siedlung.

Südlich von Palukia (4 km) liegt **Kamatero**, ein sehr lebhafter Hafen. In seiner Nähe liegt der Ort **Ambelakia**, an dessen Stelle die antike Stadt Salamis lag. Hier gibt es Spuren der antiken Akropolis. Fährt man 3 km weiter nach Süden, dann erreicht man **Selinia**, einen Fischerhafen, der im Sommer viel besucht ist und mit kleinen Schiffen eine direkte Verbindung nach Piräus hat.

Poros

Poros bedeutet Durchgang. So lautet auch der Name der Insel im Südwesten des Saronischen Golfes. Ihr gegenüber, auf dem Peloponnes, liegt die Argolis. Am Rande dieser Meerenge erbaute man amphitheatralisch auf einem Hügel eine heiter wirkende Ortschaft. Sie ist der Hafen von Poros und die größte Siedlung der Insel. Gegenüber, mit dem Boot nur zehn Minuten entfernt, sieht man die tiefgrüne Küste des Peloponnes mit den berühmten Zitronenhainen. Im Mai erreicht der Duft der blühenden Zitronen auch Poros. Nirgendwo sonst in Griechenland gibt es einen solchen Wald aus Zitronenbäumen.

Die Insel Poros hat eine reiche Vegetation, ist 33 km groß und hat einen Umfang von 42 km. Ständig wohnen hier 3.500 Menschen. Es gibt täglich Verbindungen nach Piräus, das 31 Seemeilen entfernt liegt. Die Fährschiffe benötigen für diese Fahrt 2 Stunden, die "Flying Dolphins" nur 1 Stunde. In gleicher Weise gibt es von der Insel Verbindungen nach Ägina, Methana, Hydra, Spetses und Ermioni. Die "Flying Dolphins" fahren weiter nach Porto Cheli, Leonidio, Kiparissi, Monemvasia und Kithira, im Sommer auch nach Tolo und Nafplio. Galatas auf der gegenüberliegenden Küste des Peloponnes ist mit Fährbooten und kleineren Schiffen zu erreichen.

GESCHICHTE

Poros, das antike Kalauria, war die Insel des Poseidon, des Gottes des Meeres. Ein Beweis dafür sind verschiedene Erwähnungen in der Literatur und die Spuren eines Poseidon-Tempels in der Mitte der Insel. Dieser Umstand war möglicherweise auch der Grund, daß Poros im 7. Jh. v.Chr. zum Sitz eines Bündnisses wurde (Amphiktyonie), zu dem sich sieben Nachbarorte, aber auch Städte aus der weiteren Umgebung wie Ägina und Athen zusammengeschlossen hatten. Die weitere Geschichte von Poros gleicht der der anderen Inseln im Saronischen Golf. Im Freiheitskampf von 1821 kämpfte Poros mit diesen Inseln gegen die Türken und wurde 1830 der erste Marinestützpunkt Griechenlands.

Ein Besuch der Insel

Der **Hafen von Poros** und die Hauptstadt der Insel wurden bereits erwähnt. Es soll noch hinzugefügt werden, daß es sich lohnt, das **Archäologische Museum** zu besuchen und einen Spaziergang bis zu der Uhr zu machen, die am höchsten Punkt der Stadt steht und zu einem Wahrzeichen der Stadt geworden ist. Der Hafen ist auch der Ausgangspunkt, um die Sehenswürdigkeiten der Insel kennenzulernen.

Eine Straße nach Nordwesten führt an den wohl schönsten Sandstrand der Insel, nach **Neorio** (3 km). Er ist mit Kiefern bestanden und im Sommer recht belebt. Die Straße, die vom Hafen nach Osten führt, endet in **Askeli** (3 km), einer Ortschaft an der Küste mit kristallklarem Wasser und Kiefern. Hoch oben auf einem Hügel liegt das **Nonnenkloster Soodochu Pijis** mit einer herrlichen Aussicht auf einen Wald von Zitronenbäumen. Die genannten Strände sind vom Hafen von Poros auch mit Booten erreichbar.

Die Reste des Poseidon-Tempels liegen in der Mitte der Insel auf einem Hügel mit einem weiten Rundblick auf die Meerenge von Poros und die gegenüberliegende tiefgrüne Küste des Peloponnes.

Bei einem Aufenthalt auf Poros sollte man keinesfalls versäumen, den berühmten **Wald der Zitronenbäume** zu besuchen, der gegenüber an der Küste des Peloponnes liegt. Nicht mehr als zehn Minuten dauert die Fahrt mit dem Boot dorthin. Dann geht man durch den dichten Wald hinauf und genießt einen herrlichen Spaziergang. Überall fließen kleine Bäche und die dichten Blätter schützen vor den Sonnenstrahlen. Wenn man das Glück hat, im Mai hier zu sein, dann erlebt man den berauschenden Duft der kleinen weißen Blüten der Zitronenbäume.

Die Stadt Poros,
die auf einem Hügel liegt.

Luftaufnahmen von Poros.

Hydra

Selbst wer viel über Hydra gehört hat, wird beim ersten Besuch überrascht sein. Eine Insel wie diese hat man sicher noch nie gesehen.

Der runde Hafen, in dem die Jachten ankern, wird von felsigen Hügeln umschlossen, an denen sich, dicht nebeneinander gedrängt, die großen zwei- und dreistöckigen Häuser von der Mole die Anhöhen hinaufziehen. Schon beim ersten Anblick faszinieren diese Häuser mit ihren Ziegeldächern und ihrer einheitlichen, traditionellen Architektur.

Sie haben kubische Form, sind schlicht und haben einen Balkon oder auch einen Hof. In den Höfen gibt es viele Blumen, die man aber im Vorbeigehen nur selten sieht, weil die Umfassungsmauern der Häuser hoch sind. Die Farbe der Mauern ist meistens grau, überall herrschen strenge Linien. Doch eine weiße Rahmung der Fenster genügt, um die Monotonie zu unterbrechen und den Häuser Anmut zu verleihen.

Seine malerische Schönheit macht Hydra im Sommer zu einer kosmopolitischen Insel und im Winter zu einem besonders ruhigen Ort. Die ersten Bewunderer dieser Schönheit waren Künstler, vor allem Maler. Die Fakultät der Bildenden Künste der technischen Hochschule Athen hat deshalb hier eine Abteilung.

Zudem ist die Insel nicht weit von Athen entfernt. Die Strecke nach Piräus beträgt 37 Seemeilen und die Fahrt dauert mit dem Schiff 3 Stunden. Die "Flying Dolphins" benötigen dafür nur die halbe Zeit. Das ganze Jahr hindurch gibt es täglich Schiffsverbindungen. Ebenso gibt es von der Insel Verbindungen nach Ägina, Methana, Poros, Spetses und Ermioni. Die "Flying Dolphins" fahren weiter nach Porto Cheli, Leonidio, Kiparissi, Monemvasia und Kythira, im Sommer auch nach Tolo und Nafplio.

Hydra liegt zwischen dem Saronischen Golf und dem Golf der Argolis, ist 50 qkm groß und hat einen Umfang von 55 km. Die Insel ist bergig und der höchste Berg, der Erotas, ist 593 m hoch. Die Bevölkerungszahl beträgt weniger als 3000. Im Unterschied zu den anderen Inseln des Saronischen Golfes ist Hydra weitgehend kahl und nur im südwestlichen Teil der Insel wachsen Kiefern.

GESCHICHTE

Die älteste Siedlung, die man auf der Insel feststellte, stammt aus mykenischer Zeit. Später wurde Hydra von Ermioni besetzt, das es gegen Bezahlung an Samos abtrat. Bis zum 17. Jh. verliefen die Jahrhunderte ohne besondere Ereignisse. Dann erwarb sich die Insel allmählich eine bedeutende Handelsflotte, die während der Napoleonischen Kriege den Handel im Mittelmeer nahezu monopolisierte. Bei Ausbruch des Befreiungskampfes gegen die Türken hatte Hydra 1821 eine Bevölkerung von 30.000 (die meisten waren als Flüchtlinge gekommen) und 150 Schiffe. Die reichsten Kapitäne und Schiffseigner der Insel, Miaulis, Sachturis, Tombasis, die Brüder Kunturiotis und andere rüsteten damals ihre Schiffe aus, um an dem Kampf teilzunehmen, und opferten dafür ihr Vermögen. Die Schiffe aus Hydra, die sich mit denen aus Spetses und Psara vereinigten, konnten der türkischen Flotte schwere Schäden zufügen. Die Taten und der Heldenmut der Seeleute wurde in ganz Europa bekannt. Außer mit ihren Schiffen kämpften die Seeleute der Insel auch mit sogenannten "Brandern", kleinen Booten, die mit Sprengstoff gefüllt waren. Man steuerte sie unbemerkt an die Seite der türkischen Kriegsschiffe und sprengte sie. Die Tapferkeit der Seeleute aus Hydra und der anderen Kämpfer war entscheidend für den Erfolg der griechischen Revolution.

Luftaufnahme des Hafens.

Ein Besuch der Insel

Rings um den **Hafen von Hydra** erkennt man an ihrer Größe die alten Herrschaftshäuser der Kapitäne von 1821, die von genuesischen und venezianischen Architekten erbaut wurden. Sie gehörten den Familien Kunturiotis, Tobasis - hier ist heute eine Abteilung der Kunstakademie untergebracht-, Vulgaris, Miaulis, Kriesis und Tsamados, das heute eine Schule der Handelsmarine ist. Manche von ihnen können besichtigt werden und der Besucher hat die Möglichkeit, die Dekoration der Innenräume mit Marmorfußböden, Holzdecken und alten Möbeln kennenzulernen.

An der Hafeneinfahrt stehen noch die alten Kanonen, die die Stadt beschützten. In der Mitte der Mole, nahe am Meer, liegt das Kloster Kimisis tis Theotoku, die heutige Kathedrale von Hydra. Im ihrem Hof steht ein Denkmal des Kämpfers Miaulis. Sehr lohnend ist auch ein Spaziergang bis zum Gipfel der Hügel, der durch enge, malerische Gassen führt.

Malerische Ecke in Hydra.

Von oben kann man den herrlichen Blick auf den Hafen bewundern und traumhafte Sonnenuntergänge genießen. Großartig ist auch der Ausblick vom **Kloster Profitis Ilias**, das in 500 m Höhe in der Mitte der Insel liegt. Bergsteiger können vom Kloster auch zum höchsten Gipfel der Insel weitergehen.

Die Freunde des Wassersports aber baden in dem tiefen Wasser von **Spilia**, das dem Hafen benachbart ist, in **Mandraki**, einem organisierten Badestrand, in **Kaminia** mit groben Kieseln und in **Vlicho**. Diese drei sind dem Hafen relativ nahe und mit dem Boot oder zu Fuß erreichbar. Etwas entfernter liegen **Molos** und **Bitsi**. Südlich von Molos, in dem kiefernbestandenen Teil der Insel liegt **Episkopi**, wo man auch Funde aus byzantinischer Zeit machte.

In Hydra sind alle Fahrzeuge verboten und man fährt mit dem Boot zu den verschiedenen Stränden der Insel.

Westlich von Hydra liegt die kleine, kahle Felseninsel **Dokos**.

Spetses

Wenn man von Spetses spricht, dann denkt man an einen großen Kai mit vielen Cafés und alten, malerischen Häusern im Hintergrund, die "Dapia" heißen. Diese Häuser ziehen sich bis zur Mole herunter, an der die Schiffe anlegen. Die Straße macht hier eine Kurve und biegt nach Osten ab. Das Meer und der frische Windhauch, links und rechts die hohen, alten Herrschaftshäuser mit kleinen Fenstern und Mauern, an die der Schaum des Meeres spritzt. Die Straße endet in dem malerischen alten Hafen, in dem auch heute noch viele Boote ankern. Hier gibt es auch malerische Fischtavernen.

Spetses ist, wie auch Hydra, eine Insel mit großer Tradition in der Seefahrt. Ihr Symbol ist eine heroische Frau, die in dem Befreiungskampf von 1821 gegen die Türken Bedeutendes leistete. Die legendäre Kapitänin Bubulina fuhr mit ihren Schiffen aus Spetses aus und belagerte Nafplio und Monemvasia. Als erste ritt sie auf einem weißen Pferd in das vom türkischen Joch befreite Tripolitsa ein.

Die Insel, auf der es viele Kiefern gibt, liegt am Eingang zum Golf von Argos und ist nur 1,7 Meilen von der Küste des Peloponnes entfernt. Sie ist 22 qkm groß und hat etwa 4.000 Einwohner. Es gibt zahlreiche Einrichtungen für Touristen, die im Sommer in großer Zahl Spetses besuchen. Vor allem Athener genießen die einsamen Strände und das intensive Nachtleben.

Spetses ist von Piräus (52 Seemeilen) mit dem Fährschiff oder dem "Flying Dolphin" zu erreichen. Mit dem Auto kann man bis nach Kosta fahren, das auf dem Peloponnes der Insel gegenüberliegt. Dort muß man jedoch das Auto zurücklassen, weil private Fahrzeuge auf der Insel verboten sind.

Von Spetses kann man mit dem Schiff oder den "Flying Dolphins" Hydra, Poros, Ägina und alle Häfen der Peloponnes besuchen.

GESCHICHTE

Wie archäologische Funde aus Ajia Marina bezeugen, wurde Spetses, das im Altertum Pityusa hieß, um 2.500 v.Chr. besiedelt. Doch ist der weitere Verlauf der Geschichte der Insel nicht besonders bemerkenswert. Das änderte sich jedoch im 17. Jh., als Spetses ebenso wie Hydra zu einer bedeutenden Seemacht wurde. Im Befreiungskampf von 1821 kämpften die Schiffe aus Spetses gegen die türkische Flotte und trugen zum endgültigen Sieg entscheidend bei.

Eine heroische Gestalt aus dem Befreiungskampf ist die Kapitänin Bubulina (s. oben).

Der Hafen von Spetses mit Dapia.

Spetses, der Hauptort der Insel, liegt an der Nordostküste gegenüber Kosta auf dem Peloponnes. Eindrucksvoll ist der zentrale Dapia-Platz am Hafen. Neben den kleinen Tischen der Cafés stehen hier noch die Kanonen, die im Befreiungskampf von 1821 benutzt wurden. Hinter dem Platz liegt auch das Haus der Bubulina. Lohnend ist ein Besuch des Museums und verschiedener alter Herrenhäuser, die renoviert wurden und an den alten Glanz und Reichtum der Insel erinnern. Interessant sind auch die Kathedrale Ajios Nikolaos und die Kirchen Ajion Pandon und Tis Panajias.

Zu den schönen Stränden der Insel, die mit dem Boot erreichbar sind, gehören **Vrello** und **Songeria** an der Nordseite der Insel, wo die Kiefern bis an das Wasser reichen. An der Südwestküste gibt es die idyllischen Buchten **Ajia Paraskevi** und **Ajii Anarjiri** mit herrlichem Sandstrand. In der Nä-

he des Hafens verlocken die Strände Kunupitsa und Ajia Marina zu einem Bad.

Südlich von Spetses liegt die grüne, anmutige Insel **Spetsopula**, die in Privatbesitz ist.

Der Hafen von Spetses mit der Küste des Peloponnes.

KLEINERE INSELN IM SARONISCHEN GOLF UND IM GOLF VON ARGOS

ÄGINA

Moni......................... *W v. Perdika.*
Angistri...................... *W v. Ägina.*
Metopi.........................*NW Angistri.*
Nisida.................. *250 m Nö v. Ägina.*

SALAMIS

Megali Kira. .... *Nö v. Salamis.*
Mikri Kira................... *Nö v. Salamis.*
Leros........................ *Nö v. Salamis.*
Arpedon. .... *Nö v. Salamis.*
Atalanti. ....*Ö v. Seleni.*
Pera........................... *N v. Kaki Vigla.*
Peristeria................... *N v. Peristeria.*
Kanaki......................... *W v. Kanakia.*

POROS

Platia. .... *W v. Poros.*
Bisi.................................. *W v. Poros.*
Daskalio. .... *W v. Poros.*
Burtzi.............................. *S v. Poros.*
Modi................................*Ö v. Poros.*

HYDRA

Dokos.......................... *NW v. Hydra.*
Petasi........................... *W v. Hydra.*
Trikeri.......................... *SW v. Hydra.*
Drapi............................ *SW v. Hydra.*
Asteri........................... *SW v. Hydra.*
Strongilo. .... *SW v. Hydra.*
Karteli.......................... *SW v. Hydra.*
Disakia......................... *SW v. Hydra.*
Ventza......................... *SW v. Hydra.*

Alexandros................*SW v. Hydra.*
Tsingri. ....*SW v. Hydra.*
Stavronisi. ....*S v. Hydra.*
Vlichos. ....*W d. Hafens.*
Palamida. ....*NW v. Hydra.*
Kivotos.....................*NW v. Hydra.*
Erimonisi. ....*NW v. Hydra.*
Pontikonisi..................*W v. Hydra.*

SPETSES

Spetsopula...............*Sö v. Spetses.*
Mikro. ....*Ö v. Spetsopula.*
Ajios Ioannis. ....*Ö v. Spetsopula.*
Petrokaravo. ....*NW v. Spetses.*

WEITERE KLEINE INSELN

Ajios Georgios.........*N v. Kamatero.*
Psittalia. ....*W v. Pireaus.*
Katramoniso...................*W v. Vula.*
Fleves. ....*S v. Vuliagmeni.*
Arsida. ....*SW v. Anavisssos.*
Patroklu.......................*W v. Sunio.*
Platia. ....*S v. Ajii Theodori.*
Ovrios. ....*S v. Ajii Theodori.*
Pachi. ....*S v. Pachi b. Megara.*
Pachaki.........*S v. Pachi b. Megara.*
Revithusa. .....*Sö v. Pachi b. Megara.*
Makronisi Meg.*Ö v.Pachi b. Megara.*
Diaporische Inseln. ... *NW v. Ägina.*
   Ajios Thomas........*NW v. Ägina.*
   Ajios Ioannis.........*NW v. Ägina.*
   Tragonisi. ....*NW v. Ägina.*
   Ledon. ....*NW v. Ägina.*

Psaru. ....*NW v. Ägina.*
Molathi.....................*NW v. Ägina.*
Ipsili. ....*NW v. Ägina.*
Stachtorroji................*NW v. Ägina.*
Platia.......................*NW v. Ägina.*
Lausische Inseln. ....*W v. Ägina.*
   Kordeliaris...............*W v. Ägina.*
   Makronisos............*W v. Ägina.*
   Panajitsa. ....*W v. Ägina.*
   Eleusa. ....*W v. Ägina.*
Ajios Petros.......*Ö v.Korfo/Korinthia.*
Kira...........................*W v. Angistri.*
Spalathronisi.............*W v. Angistri.*
Dorusa.......................*W v. Angistri.*
Petrokaravo....................*S v. Ägina.*

Tselevinische Inseln.....*S v. Poros.*
   Skili............................*S v. Poros.*
   Spathi........................*S v. Poros.*
   Supia. ....*S v. Poros.*
Chtapodi....................*Sö v. Ermioni.*
Kunupi......................*Nö v. Spetses.*
Chinitsa..................*S v. Porto Cheli.*
Korakia.................*NW v. Porto Cheli.*
Koronida..............*N v. Kilada/Argolis.*
Efira.........................*S v. Iria/Argolis.*
Platia....................*Sö v. Tolo/Argolis.*
Romvi. ....*S v. Tolo/Argolis.*
Daskalio.................*S v. Tolo/Argolis.*
Koronida.................*S v. Tolo/Argolis.*
Burtzi. ....*W v. Nafplio.*
Aj. Georgios. .... *11 Sm SW v. Sunio.*

Sie sind die malerischste griechische Inselgruppe, die mitten in der Ägäis liegt und geologisch einen Ausläufer von Euböa und Attika darstellen. Sie bestehen aus insgesamt 2.200 Inseln, Inselchen, Felseninseln und Felsen, von denen im folgenden nur 148 beschrieben werden (oder ihre Lage bezeichnet wird), die aber die wichtigsten sind. Von ihnen sind 33 bewohnt.

Gemeinsam bilden sie einen Kreis um die Insel Delos, die nach der Mythologie aus den Wellen auftauchte, um der Geburtsort Apollos zu werden. Und wie könnte es für den Gott des Lichtes einen Ort geben, auf dem es mehr Licht gibt als auf den Kykladen? Seit dem Neolithikum wohnen Menschen auf diesen Inseln. Ihre Blüte begann aber im 3. Jahrtausend v.Chr., als sich hier die berühmte Kykladenkultur ausbildete, die älter ist als die minoische Kultur, die sich später parallel dazu entwickelte. Sie brachte bedeutende künstlerische Schöpfungen hervor, zu denen die herrlichen Kykladenidole gehören (kleine Statuetten von Menschen).

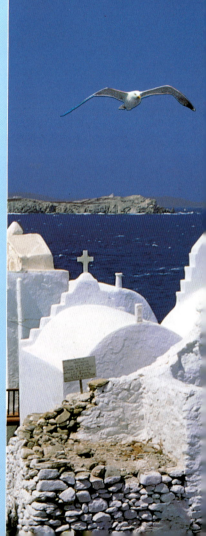

Die Kreter der minoischen Zeit machten sich im 2. Jahrtausend v.Chr. zu Herren über die Kyladen und gründeten auf Milos und Santorin Kolonien. Ihnen folgten gegen 1450 v.Chr. die Mykener und um 1100 v.Chr. die Dorer. Die Ionier traten im 10. Jh. v.Chr. in Erscheinung und machten im 7. Jh. v.Chr. Delos zu ihrem religiösen Zentrum. Der Persersturm traf 490 v.Chr. die Kykladen, später wurden sie nacheinander von den Makedonen, den Rhodiern und den Römern erobert. Die byzantinische Zeit begann 395 n .Chr. und dauerte etwa 800 Jahre. In dieser Zeit wurden auf den Inseln viele byzantinische Kirchen erbaut. Die Herrschaft der Byzantiner war so locker, daß die Inseln zeitweilig von den Goten, den Slaven und den Normannen besetzt wurden und viele Jahre hindurch Schlupfwinkel der Piraten waren.

Ein bedeutender Zeitabschnitt begann für die Kykladen 1204 mit der Herrschaft der Venezianer, die mehr als 300 Jahre dauerte und auf den Inseln deutliche Spuren hinterließ. Die Festungen und Türme, die sich bis heute erhalten haben, sind Bauten der Venezianer. Die Türken unter Chaireddin Barbarossa eroberten 1534 die Inseln. Später nahmen die meisten von ihnen an dem Befreiungskampf teil und wurden 1832 mit Griechenland vereinigt.

Die Paraportiani-Kirche in Mykonos.
Ein Symbol der Kykladenarchitektur.

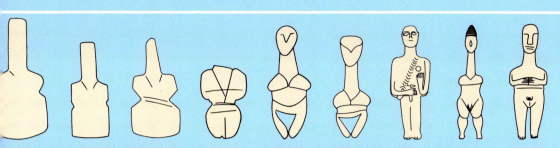

Man nennt die Kykladen heute die "weißen Inseln", denn die Dörfer, die in der berühmten Kykladenarchitektur gebaut sind, leuchten strahlendweiß in der gewöhnlich kahlen Landschaft und bilden einen faszinierenden Kontrast zu dem tiefen Blau des Meeres. Das trockene und nicht zu heiße Klima im Sommer, die vielen Tage mit Sonnenschein und die berühmten Sandstrände sind die Voraussetzung für unvergeßliche Ferien. Die Fahrt zu den Kykladen erleichtern die häufigen Verbindungen mit Fährschiffen von Piräus, Rafina und Lavrio sowie die Flugverbindungen zwischen Athen und Mykonos, Paros, Milos, Santorin, Naxos und Syros.

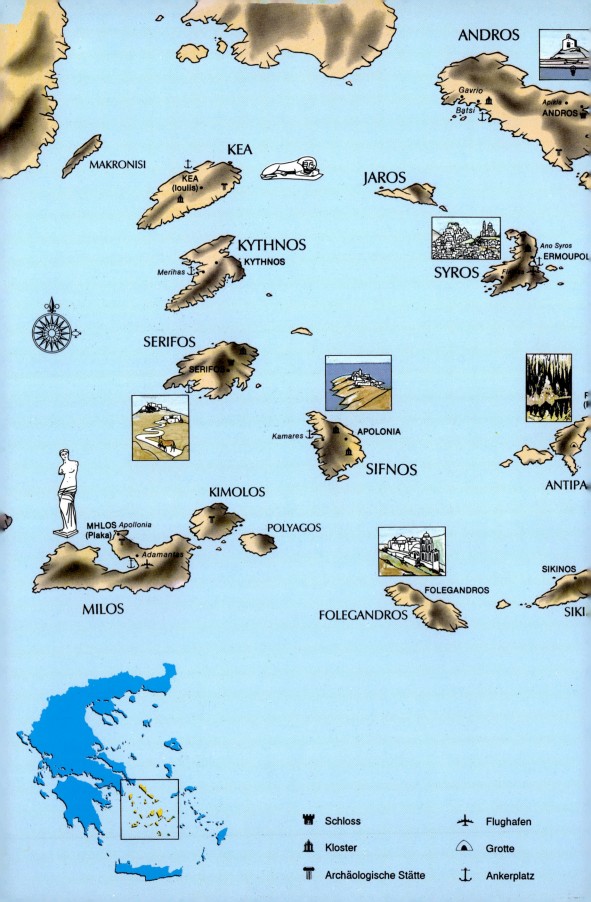

ANDROS

Gavrio
Batsi
Apikia
ANDROS

MAKRONISI

KEA

KEA
(Ioulis)

JAROS

KYTHNOS

KYTHNOS

Merihas

Ano Syros
ERMOUPOL
SYROS
Finikas

SERIFOS

SERIFOS

Kamares
APOLONIA

SIFNOS

ANTIPA

KIMOLOS

POLYAGOS

MHLOS
(Plaka)
Apollonia

Adamantas

SIKINOS

FOLEGANDROS

FOLEGANDROS

SIKI

MILOS

	Schloss		Flughafen
	Kloster		Grotte
	Archäologische Stätte		Ankerplatz

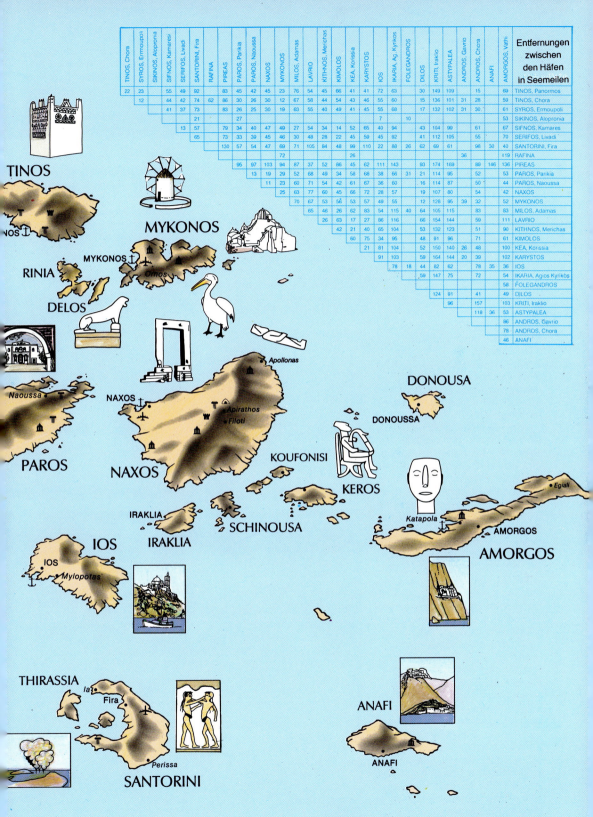

Kea

Kea ist die Kykladeninsel, die Attika am nächsten liegt. Von Lavrio beträgt die Entfernung 16 Seemeilen und in drei Stunden ist man von Athen auf Tzia - so nennen die Einheimischen ihre Insel - und kann die Kykladen genießen.

Vom Hafen, der Korrissia heißt, fährt man nach Chora hinauf, eine Ortschaft mit malerischen Gassen und alten Häusern im Stil der Kykladen. Wie auf den meisten Kykladeninseln liegt Chora hoch oben. Die Dächer der Häuser sind hier aber mit Ziegeln gedeckt. Danach fährt man weiter nach Kastro, wo man eine herrliche Aussicht genießt. Das Meer leuchtet im Glanz der Sonnenstrahlen. Wenn es die Zeit erlaubt, kann man anschließend zum Strand hinunterfahren und in einer der schönen kleinen Buchten in herrlich klarem Wasser baden. Man kann Otzia und Panajia Kastriani besuchen, man kann auch nach Pisses, nach Kunduro und dem etwas entfernteren Poles fahren, einen Sandstrand, der neben dem antiken Karthaia liegt. An einem Sommerabend kann man in einem der kleinen Lokale am Meer in Korissia oder in Vurkari herrlich sitzen. Jeder, der von Athen einen Ausflug hierher gemacht hat und im kühlenden Nordwind sitzt, vergißt, ohne es zu wollen, alle seine Sorgen. Vergessen ist die laute Großstadt, die man am Morgen verläßt.

Kea ist eine bergige Insel, der höchste Berg, der Profitis Ilias, ist 568 m hoch. Die Insel ist 121 qkm groß, hat einen Umfang von 81 km und wird von 1.800 Menschen bewohnt. Die Landschaft ist kahl und im Inneren der Insel gedeihen nur wenige Olivenbäume. Die trockenen Bachtäler, die in malerischen Buchten enden, sind von Gebüsch und Oleander bestanden.

Kea ist von Lavrio mit dem Fährschiff erreichbar (16 Seemeilen) und mit Tragflügelbooten von Piräus. Auf der Insel verbinden mehrere Buslinien Chora mit dem Hafen, mit Jaliskari, Vurkari und Otzia. Obwohl die touristische Infrastruktur der Insel noch nicht sehr entwickelt ist, gibt es ausreichend Hotel- und Privatzimmer.

GESCHICHTE

Kea ist seit dem Ende des Neolithikums bewohnt (3.000 v.Chr.), wie sich aus Funden ergibt, die bei Kefala gemacht wurden. Um 1000 v.Chr. kamen die Ioner auf die Insel und gründeten vier Städte: Iulis, Korisia, Poieessa und Karthaia.

In der Seeschlacht von Salamis kämpfte die Insel mit ihren Schiffen gegen die Perser und wurde später Mitglied des attisch-delischen Seebundes (478 v.Chr.)

Zu Beginn des 13. Jh. besetzten die Venezianer Kea, es folgten wiederholte Plünderungen durch Piraten. 1537 erschienen die Türken auf der Insel. Doch war ihre Herrschaft niemals besonders stabil. Zwischen 1789 und 1790 diente die Insel dem heroischen Kämpfer Lambros Katsonis als ein Stützpunkt für seine Angriffe auf die türkische Flotte.

Das Kloster Ajia Marina.

Der Löwe von Kea.

Korissia, der Hafen der Insel, liegt an einer Bucht mit herrlichem Sandstrand.

Kea (Chora) wird auch Julis genannt, weil es an der Stelle der gleichnamigen antiken Stadt erbaut ist. Es liegt 6 km von Korissia entfernt auf einem Hügel (320 m). Auf dessen Spitze liegt Kastro mit einigen Resten der antiken Mauer und des Apollo-Tempels. Die Gassen zwischen den alten und vielen neuen Häusern im Kykladenstil sind eng. Man hat einen herrlichen Blick auf ein grünes Tal. Zu Fuß erreicht man in 15 Minuten den Löwen (Liondari) von Kea, der im 6. Jh. v.Chr. in einen Felsen eingemeißelt wurde. Die Überlieferung berichtet, daß dieser Löwe die Nymphen von der Insel vertrieb, die die Frauen getötet hatten. In Kea gibt es auch ein archäologisches Museum.

Das **Kloster Ajia Marina** liegt 5 km südwestlich von Chora und ist um einen dreistöckigen antiken Turm gebaut.

Pisses: Eine Bucht mit Sandstrand an der Westküste, die 10 km von Chora entfernt ist. Hier lag die antike Stadt Poieessa.

Kunduros: Ein kleiner Ferienort an einer Bucht mit kristallklarem Wasser, 15 km von Chora entfernt.

Poles: Bucht mit Sandstrand im Südosten der Insel. Von der antiken Stadt Kerthaia, die hier lag, haben sich einige Spuren erhalten.

Vurkari: Die an Korissia anschließende Bucht bietet Versorgungsmöglichkeiten für Jachten. Die schönen Lokale werden von zahlreichen Touristen besucht. Viele Gäste kommen auch speziell wegen der bekannten Galerie "Vulkariani".

Auf der gegenüberliegenden Halbinsel **Ajia Irini** wurde eine wichtige prähistorische Siedlung aus der Bronzezeit freigelegt.

Weiter nördlich stellte man in **Kefala** bei Ausgrabungen eine noch ältere Siedlung fest.

Otzias: Eine geschlossene, malerische Bucht mit einer Siedlung, 6 km nördlich von Korissia.

Das **Kastriani-Kloster** liegt 7 km hinter Otzias an der Nordküste der Insel in einer rauhen, felsigen Landschaft mit herrlicher Aussicht. Heute gibt es hier ein Gästehaus.

Chora oder Julis, der Hauptort von Kea.

Das Ausgrabungsgelände von Ajia Irini. Im Hinter-grund das malerische Vurkari.

Makronisos

Im Altertum hieß die Insel Eleni, weil die Schöne Helena sich bei ihrer Rückkehr aus Troja hier aufgehalten haben soll.

Makronisos liegt zwischen Lavrio und Kea, dem es auch verwaltungsmäßig untersteht. Die Insel ist 15 qkm groß und hat einen Umfang von 28 km.

Die Insel war bereits im Altertum bewohnt, wie sich an verschiedenen Ruinen erkennen läßt. Nach dem 2. Weltkrieg war sie ein Verbannungsort für viele Griechen.

Kythnos

Kythnos liegt zwischen Kea und Serifos und ist von Piräus 52 Seemeilen entfernt. Die Insel ist 99 qkm groß und hat einen Umfang von 97 km. Die Bevölkerungszahl beträgt 1.500. Kythnos ist bergig und überwiegend kahl, es gibt viele schöne, geschlossene Buchten. Noch liegt es dem großen Touristenstrom fern, weshalb es allen zu empfehlen ist, die das Meer und die Stille lieben.

Kythnos ist von Piräus mit Fährschiffen erreichbar, die anschließend nach Serifos, Sifnos, Milos und Kimolos weiterfahren. Es gibt auch Tragflügelboote ("Flying Dolphins") von Piräus (Zea) nach Kea und Kythnos.

Blick auf Chora.

Es wird berichtet, daß Dryoper als erste die Insel besiedelten, nach deren König Kythnos die Insel benannt wurde. Auch andere Namen sind überliefert: Thermia - die Einheimischen nennen ihre Insel Thermiá - ein Name, der von den Heilquellen stammt, die es in Lutra gibt. Im Altertum war die Insel Mitglied des delischen Seebundes.

1207 wurde sie von den Venezianern besetzt und 1537 von den Türken. Kythnos, das zu den ersten Inseln gehört, die sich dem Befreiungskampf von 1821 anschlossen, wurde 1832 mit den anderen Kykladen-Inseln mit Griechenland vereinigt.

Kythnos ist die erste Insel, an der die Schiffe zu den westlichen Kykladen anlegen. Vier Stunden Fahrt von Piräus genügen, um die Welt der Kykladen zu erreichen: Der Hafen Mericha mit Sandstrand und Fischerbooten. Das klare Wasser funkelt im Glanz der Sonne. Ein frischer Nordwind macht die Atmosphäre hell. Oben auf dem kahlen Berg liegen Chora und Driopida, zwei Dörfer im Stil der Kykladen. Strahlendweiße Häuser, gepflasterte Gassen und alte Windmühlen ...

Aus einem Kafenio kommt Musik. Es ist die heitere Musik der Inseln, die von Geige und Laute gespielt wird. Der schnelle Tanz, der im Kafenio getanzt wird, ist der kykladische Balos.

Auf der Ostseite der Insel liegt Lutra, ein zweiter Hafen, der im Sommer von vielen Gästen besucht wird. Südöstlich steht Panajia i Kanala auf einen Felsen, von dem man das Meer überblickt. Jedes Jahr erwartet man hier am 15. August und am 8. September die Gläubigen, die nach dem Gottesdienst in dem gepflasterten Hof ausgelassen feiern.

Dies ist die Welt der Kykladen. Eine ruhige Welt, heiter, voller Leben und Licht - und so nahe bei Athen. Ein Wochenende reicht aus, um sie kennenzulernen.

Das Ufer von Ajia Irini bei Lutra.

Ein Besuch der Insel

Merichas: In dem Hafen legen die Fährschiffe an, Straßen führen nach Chora und Driopida.

Der schöne Sandstrand ist im Sommer, vor allem an den Wochenenden, sehr belebt. Nördlich von Merichas liegen die Strände **Episkopi** und **Apokrusi** und südlich **Flamburion**. Von Merichas gibt es zwei Buslinien nach Episkopi - Chora - Lutra und nach Driopida - Panajia Kanala.

Kythnos (Chora): 8 km von Merichas entfernt. Obwohl viele neue Häuser gebaut wurden, hat die Ortschaft ihre traditionelle Kykladenarchitektur bewahrt.

Sehenswerte Kirchen: Metamorfosi tu Sotira mit einem geschnitzten, hölzernen Templon und Ajios Savvas aus dem 17. Jh. In der Nähe von Chora liegt das Kloster Panajia tu Nikus, in dem es in türkischer Zeit eine "geheime" Schule gab. In den letzten Jahren wurden in Chora ein Windkraftwerk und Sonnenkollektoren zur Stromerzeugung gebaut.

Lutra: 5 km von Chora entfernt. Hier gibt es Heilquellen, eine heiße und eine warme, die zur Therapie von Rheumatismus, Arthritis und Frauenleiden geeignet sind. Das Hotel Xenia dient auch als Heilbad. Wegen seines schönen Sandstrandes erlebt Lutra einen touristischen Aufschwung.

Driopida: Ein großes, 5 km von Merichas entferntes Dorf. In seiner Nähe liegt die große Tropfsteinhöhle Katafiki. Von Driopida kann man zu Fuß die Sandstrände **Kalo Livadi** und **Lefkes** sowie die geschlossene Bucht **Ajios Stefanos** erreichen.

Panajia Kanala: Das Kloster an der Südostküste der Insel ist 7 km von Driopida entfernt. Festtage sind der 15. August und der 8. September. Unterhalb des Klosters gibt es einen Sandstrand, Fischlokale und einige Privatzimmer.

Gegenüber von Panajia liegt die unbewohnte kleine Insel **Piperi**.

Die Insel Ajios Lukas nördlich von Merichas. Sie ist durch einen Streifen Sand, die Kolona, verbunden.

Serifos

Aus der Ferne sieht Serifos wie ein riesiger Felsklotz im Wasser aus. Die Mythologie erzählt, daß dieser Felsklotz der versteinerte Tyrann der Insel, Polydektes, ist. Doch wenn man der Insel näherkommt, erkennt man, welche Schönheit den Besucher hier erwartet. Der Hauptort Chora klammert sich im Wortsinne an die Spitze eines steilen Berges über dem Hafen.

Chora wird zu Recht als eine traditionelle Ortschaft bezeichnet. Auf der Insel gibt es kleine Täler, Buchten und vor allem Sandstrände. Keine andere Kykladeninsel hat gleich am Hafen einen so langen und schönen Sandstrand. Eine Reihe weiterer Sandstrände sind nicht mehr als eine halbe Stunde Fußweg vom Hafen entfernt. Livadakia, Karavi, Lia, die geschlossene Bucht Ajios Sostis, das berühmte Psili Ammos mit einem malerischen Lokal und Ai Jannis stehen zur Auswahl, wenn man schwimmen und zu Fuß gehen will.

Mit dem Boot oder dem Auto kann man das alte, festungsartige Kloster Taxiarchon, die schöne Kutala-Bucht, Megalo Livadi oder Sikamia besuchen.

Obwohl im Sommer die Bars und Diskotheken in Serifos voll sind, kann man auch das ruhige und einfache Leben der Insel kennenzulernen.

Serifos liegt zwischen Kythnos und Sifnos 70 Seemeilen von Piräus entfernt. Die Insel ist 73 qkm groß, hat einen Umfang von 70 km und die Bevölkerungszahl beträgt 1.200. Nach Serifos fahren die Fährschiffe zu den anderen Kykladeninseln, mit Ausnahme der westlichen, weiter.

GESCHICHTE

Die Insel wurde von Ioniern besiedelt. Sie war mit Athen verbündet und kämpfte in den Perserkriegen an dessen Seite.

Den Römern diente sie als Verbannungsort. 1204 besetzten die Franken Serifos, 1537 die Türken. 1821 wurde die Insel befreit.

Der Hafen von Serifos mit dem Sandstrand und Chora auf dem Gipfel des Hügels.

Ein Besuch der Insel

Livadi: Es ist der Hafen der Insel, in dem die Fährschiffe anlegen. Im Sommer herrscht hier ein lebhafter Betrieb und um den 15. August ist es schwierig, eine Übernachtungsmöglichkeit zu finden. Neben dem Hafen beginnt ein langer, halbkreisförmiger Sandstrand.

Chora: 5 km von Livadi entfernt, es verkehrt ein Bus. Der Ort liegt auf der Spitze eines steil abfallenden Berges über dem Hafen. Mit den strahlendweißen Häusern, den gepflasterten Gassen und seinen Windmühlen ist es eines der schönsten Dörfer der Kykladen, das vom großen Touristenstrom noch unberührt ist. Seine amphitheatralische Lage am Hang teilt es in zwei Ortsteile, in **Kato Chora** und **Epano Chora**. Besonders malerisch ist hier der Dorfplatz mit dem Rathaus, dem einzigen klassizistischen Gebäude der Insel, die Kirche Ajios Joannis und die Kirche Ajios Athanasios.

In Chora gibt es ein **archäologisches Museum** und die Ruine einer venezianischen Festung. Der Blick vom Gipfel des Hügels auf die Bucht und die benachbarten Kykladeninseln ist einzigartig.

Panajia: 5 km nordwestlich von Chora mit der Panajia-Kirche aus dem 10. Jh., nach der das Dorf benannt ist.

Kloster Taxiarchon: Der sehenswerteste Bau der Insel, 4 km von Panajia entfernt. Mit seinen hohen und dicken Mauern gleicht es einer Festung. Das Kloster wurde im 17. Jh. erbaut.

Kutalas: Ein kleiner Ort an einer schönen Bucht mit Sandstrand 17 km südwestlich von Chora.

Megalo Livadi. 13 km westlich von Chora, und **Sikamia**, 9 km nordwestlich von Chora, sind zwei kleine Fischerhäfen mit schönem Sandstrand.

Nordöstlich von Serifos liegt in einiger Entfernung die unbewohnte kleine Insel **Serifopula**, im Osten die eindrucksvolle Felseninsel **Vus**.

Oben: Auf dem Weg von Chora nach Livadi.
Unten: Der Blick auf Livadi von Chora.

Sifnos

Bei der Einfahrt in Kamares, den Hafen von Sifnos, ist man von Bergen umgeben. Hohen, kahlen Bergen, auf deren höchster Spitze eine weiße Kirche und ein Kloster sichtbar sind. Auf der einen Seite der Bucht stehen die Häuser, die Hotels, die Läden und daran schließt sich ein langer Sandstrand an. Die Bucht ist malerisch und der Strand lockt, doch die Schönheit, nach der man sucht, liegt weiter oben auf einer Ebene, die 6 km vom Hafen entfernt ist. Dort erwartet den Besucher ein außergewöhnlicher Anblick. Eine Ebene mit Olivenbäumen, übersät mit weißen Dörfern, die fast ineinander übergehen. Wo das eine endet, beginnt das nächste. Nirgends sonst auf den Kykladen sieht man etwas derartiges. Aus dieser weißen Fläche kommt man nach Kastro, einem mittelalterlichen Städtchen. Danach fährt man an die Strände, besucht Faros und Platis Jalos, einen der schönsten Strände der Ägäis. Ob man nun am Strand wohnt oder im Inneren der Insel, man wird sicherlich eine unvergeßliche Zeit erleben.

Sifnos liegt zwischen Serifos, Kimolos und Antiparos. Die Entfernung von Piräus beträgt 78 Seemeilen. Die Insel ist 74 qkm groß, hat einen Umfang von 70 km und 2.000 Einwohner.

Sifnos ist mit dem Fährschiff der Linie Piräus - Kythnos - Serifos - Sifnos - Milos - Kimolos zu erreichen. Es gibt auch Schiffe zu anderen Inseln der Kykladen.

Mädchen in ihrer Tracht.

GESCHICHTE

Sifnos wurde erstmalig von Karern und Phöniziern besiedelt. Später ließen sich hier Ionier nieder. Im Altertum war die Insel wegen ihrer Gold- und Silberbergwerke sehr reich. Ein Beweis dafür ist das Schatzhaus, das die Sifnier für ihre Weihgeschenke im 6. Jh. v.Chr. in Delphi bauten. Doch mit den Bergwerken geschah etwas. Man weiß nicht, ob sie erschöpft waren oder überschwemmt wurden, doch wurde die Förderung eingestellt. Die Sifnier waren deshalb plötzlich wieder arm.

1207 nahm Marco Sanudo Sifnos in Besitz und gliederte es dem Herzogtum Naxos an. 1537 besetzten die Türken die Insel, die am Befreiungskampf von 1821 teilnahm und 1832 mit Griechenland vereinigt wurde.

Ein Besuch der Insel

Kamares: Der Hafen der Insel, in dem die Fährschiffe anlegen. Es gibt einen schönen Sandstrand, der sich nach Norden hinzieht. Von Kamares fahren Busse zu den wichtigsten Dörfern und Stränden der Insel. Die Straßen sind größtenteils asphaltiert.

Apollonia: 6 km von Kamares entfernt, Hauptort der Insel mit schönen, leuchtendweißen Häusern. Der Name ist von dem Gott Apollo abgeleitet, der in Sifnos verehrt wurde. Den Besucher erwarten ein volkskundliches Museum, Lokale, Pizzerien und Cafés, in denen die Süßigkeiten von Sifnos serviert werden.

Artemonas: Ein herrlicher Ort, 2 km nördlich von Apollonia. Auch hier trifft man schöne Kykladenarchitektur.

Kastro: Die alte Hauptstadt der Insel, ein mittelalterlicher Ort, liegt 3 km östlich von Apollonia auf einem Hügel. Die Häuser sind sehr alt und die engen Gassen teilweise von Arkaden überdacht. Es gibt ein kleines archäologisches Museum.

Chrisopiji: Das von Einheimischen und Fremden geliebte Kloster mit einer malerischen Kirche aus dem 17. Jh. liegt auf einem Felsen, der als Landzunge ins Meer hinausragt. Daneben gibt es einen wunderbaren Strand mit sauberem Wasser. Es liegt zwischen Faros und Platis Jalos.

Platis Jalos: Der schönste Sandstrand von Sifnos und einer der schönsten der Kykladen, weshalb hier auch die meisten Touristen zu finden sind. Er liegt 10 km von Apollonia entfernt in einer Bucht, die vor dem Nordwind geschützt ist.

Südlich der Bucht sieht man die kleine Insel **Kitriani**.

Faros: Ein Fischerdorf mit einem windgeschützten Sandstrand, 7 km südöstlich von Apollonia.

Vathi: Ortschaft an einer sehr malerischen, geschlossenen und flachen Bucht. Am besten mit dem Boot von Kamares aus zu erreichen. Es gibt aber auch eine nicht asphaltierte Straße.

Klöster auf Sifnos: Auf Sifnos gibt es zahlreiche alte Klöster wie Profitis Ilias und Ajios Simeon (beide auf Berggipfeln mit herrlicher Aussicht), Taxiarchon in Vathi, Panajia tis Vrisis, Chrisopiji und andere. Überall auf der Insel findet man malerische kleine Kirchen und halbverfallene Türme.

Die Töpferei und die Herstellung einer bestimmten Art von Süßigkeiten (Marzipan) haben auf der Insel eine lange Tradition.

Oben: Die Töpferei hat eine lange Tradition auf Sifnos.

Rechts: Das malerische Vathi.

Milos - Kimolos

hier zur Künstlerin: Felsen wie Skulpturen, farbiges Gestein wie auf einem Gemälde, märchenhafte Höhlen, einsame Küsten und herrliche Sandstände.

Die Insel ist reich an Bodenschätzen (es werden Schwefel und Gips abgebaut) und hat eines der ältesten Bergwerke im Mittelmeerraum. Bekannt wurde Milos auch durch seine guten Weine und seine landwirtschaftlichen Erzeugnisse wie Zuckermelonen, die im Sommer auch auf die Nachbarinseln exportiert werden.

Milos liegt 87 Seemeilen von Piräus entfernt am Südwestrand der Kykladen. Es hat 5.000 Einwohner, ist 151 qkm groß und sein Umfang beträgt 125 km. Von Piräus ist Milos mit den Schiffen der Linie Piräus - Kythnos - Serifos - Sifnos - Milos - Kimolos zu erreichen. Vor allem im Sommer gibt es aber auch Verbindungen zu anderen Kykladeninseln.

Von Athen kann man auch mit dem Flugzeug nach Milos reisen.

Die Insel Milos wurde weltberühmt durch die Statue der Aphrodite, die seit langem den Louvre schmückt.

Die Insel liegt nordwestlich von Santorin, Sifnos und Serifos benachbart. Sie ist vulkanischen Ursprungs, was die außergewöhnlichen Formationen und Farben des Gesteins überall an der Küste erkennen lassen. Die Natur wurde

Panorama von Plaka am Eingang zur Bucht von Milos.

Adamantas: Der malerische Hafen von Milos, mit der alten Kirche Ajia Triada, liegt in einer großen Bucht. Es gibt einen Sandstrand mit kleinen Bäumen.

Von Adamantas fahren Busse in die Dörfer Tripiti, Plaka, Triovasali, Filakopi (Altertümer), Pollonia (Apollonia), Vudia Sefiria (Chora), Paliochori, Chivadolimni und Provata. Sehr lohnend ist eine Rundfahrt um die Insel mit einem Boot, um die einzigartigen weißen Felsen und das samaragdene Meer in Kleftiko, der Südwestspitze der Insel, kennenzulernen.

Milos (Plaka): Die heutige Hauptstadt der Insel ist eine der malerischsten Ortschaften der Kykladen. Sie liegt am Eingang der Bucht in 200 m Höhe. Der Blick von **Marmara**, von dem gepflasterten Hof der **Panajia tis Korfiatissas** ist einzigartig. Hier kann man die schönsten Sonnenuntergänge in der Ägäis erleben. Lohnend ist ein Besuch der fränkischen Burg, die oberhalb der architektonisch interessanten Kirche **Panajia tin Thalassitra** liegt. In Plaka gibt es auch ein **archäologisches Museum** mit einem Gipsabguß der berühmten **Venus von Milo** und ein **volkskundliches Museum**.

Südlich von Plaka lag zwischen der Ortschaft **Tripiti** und dem Dorf **Klima** die **antike Stadt Milos**. Hier haben sich Reste von Mauern, Fundamente eines Tempels und die Ruine eines römischen Theaters erhalten. In der Nähe des Theaters fand 1820 ein Bauer die Statue der Aphrodite. Zu jener Zeit lag das französische Kriegsschiff "Estaffette" in Milos vor Anker. Die Franzosen nahmen auf Bemühen ihres Konsuls in Istanbul die Statue an Bord und brachten sie nach Frankreich. Südöstlich des antiken Milos, 15 Minuten von der Straße nach Tripiti entfernt, liegen die berühmten Katakomben, ein frühchristlicher Friedhof des 3. Jh., der für Griechenland einzigartig ist.

Sie bestehen aus einem unterirdischen Hauptgang und vier anderen, kleineren, die insgesamt 185 m lang und mit ihm verbunden sind. Rechts und links sind in die Wände Grabnischen mit gewölbter Überdachung eingemeißelt. Man

GESCHICHTE

Milos ist eine der Kykladeninseln, die sehr früh besiedelt wurden. Ein Hinweis darauf sind die neolithischen Reste in Filakopi und die Stücke von Obsidian, dem schwarzen Vulkangestein, das es

nur auf Milos gibt. Dieses Gestein ähnelt Glas und wurde zur Herstellung von Werkzeugen verwendet (Messer und Pfeilspitzen), als der Gebrauch von Metall noch nicht verbreitet war. Für die wirtschaftliche Entwicklung der Insel war der Obsidian sehr wichtig. Milos war ein Mittelpunkt der kykladischen Kultur, die früher als die minoische Kultur Kretas begann und sich parallel zu ihr entwickelte. Die Herrschaft der Minoer über Milos und die Kykladen allgemein setzte gegen 2.000 v.Chr. ein und dauerte bis etwa 1450 v.Chr. Es folgten die Mykener und um 1100 v.Chr. die Dorer. Viele Jahrhunderte später rächte sich Athen im Peloponnesischen Krieg an Milos für dessen pro-spartanische Haltung und zerstörte die Stadt. Alle Männer der Insel wurden getötet, die Frauen und Kinder in die Sklaverei verkauft.

In der Zeit des Hellenismus gelangte Milos jedoch wieder zur Blüte, was unter anderem auch die Kunstwerke zeigen, zu denen die berühmte Aphrodite gehört.

Milos bekannte sich sehr früh zum Christentum. Die berühmten Katakomben sind eine in Griechenland einzigartige Begräbnisstätte. 1207 fiel die Insel an die Venezianer, 1580 wurde sie von den Türken besetzt. Vor der Türkenherrschaft war Milos im Besitz von Piraten. Milos wurde 1832 befreit und mit Griechenland vereinigt.

hat errechnet, daß in den Katakomben, die nicht nur als Begräbnisstätte, sondern auch als Kultort dienten, mehr als 2000 Christen bestattet wurden.

Filakopi: Die Einheimischen nennen den Ort, der an der Straße Plaka - Apollonia liegt, Flakopi. Er ist eine der wichtigsten archäologischen Fundstätten der Kykladen, weil hier Funde aus allen Phasen der Kykladenkultur gemacht wurden, die die ganze Bronzezeit umspannt.

Ausgegraben wurden drei prähistorische Siedlungen, die jeweils auf den Ruinen der vorhergehenden erbaut wurden. Die erste Siedlung stammt aus frühkykladischer Zeit (3. Jahrtausend v. Chr.), die zweite aus mittelkykladischer Zeit (2. Jahrtausend v.Chr.) und gilt als eine minoische Kolonie und die dritte aus spätkykladischer Zeit (nach 1450 v.Chr.) und zeigt mykenische Einflüsse.

Papafranga-Höhle: Eine Meeres-grotte mit Sandstrand bei Filakopi, die von riesigen weißen Felsen gebildet wird.

Apollonia (oder Pollonia): Eine Siedlung an der Nordostspitze der Insel mit schönem Sandstrand. Gegenüber liegt Kimolos. Im Sommer gibt es von Apollonia regelmäßigen Bootsverkehr nach den **Glaronisia** (30 Minuten). Diese Inseln vulkanischen Ursprungs bestehen aus Felsen, die riesiges kristallisiertes Gestein in Stabform sind. Mit dem Boot kann man auch nach Kimolos fahren (30 Min.).

Sikia-Höhle: Die schönste Meeres-grotte von Milos in wunderbaren Farben auf der Westseite der Südwestspitze der Insel. Man erreicht sie vom Kloster Ajios Ioannis (22 km von Adamantas und anschließend 1 Stunde und 10 Min. zu Fuß oder bequemer mit einem Boot von Adamantas.

Kleftiko: Die eindrucksvollste Landschaft der Insel mit hohen weißen Felsen, weißen Inselchen und Meeresgrotten. Sie liegt bei der Sikia-Höhle, aber an der Südküste der Insel. Der Name wird darauf zurückgeführt, daß sich hinter den Felsen die Piratenschiffe versteckten, um nicht gesehen zu werden. Kleftiko besucht man von der Sikia-Höhle mit einem Boot, das man in Adamantas mietet.

Emborios: Eine kleine Ortschaft auf der Westseite der Bucht von Milos mit Sandstrand. Chivadolimni im Südosten von Emborios gehört zu den schönsten Landschaften der Insel.

Provatas und **Paläochori**. Zwei schöne Strände an der Südküste der Insel, zu denen man mit dem Bus fahren kann.

Nordwestlich von Milos liegt die kleine unbewohnte Insel **Antimilos**, auf der eine seltene Art von Wildziegen heimisch ist.

Am Eingang zur Bucht von Milos begrüßen den Reisenden die durch ihre Form beeindruckenden **Arkudia**-Inseln.

Kleftiko auf Milos.

Kimolos

Kimolos ist eine kleine Insel mit weißen Kreidefelsen. Sie ist von dem benachbarten Milos nur eine halbe Meile entfernt und ein Boot braucht von Pollonia nur dreißig Minuten nach Kimolos. Dennoch liegt es weitab vom Touristenstrom und bietet sich dem Reisenden an, der nicht Komfort und Luxus sucht, sondern mit einem ruhigen und gastlichen Leben unter den einfachen und herzlichen Bewohnern der Insel zufrieden ist.

Kimolos. Der kleine Hafen von Psathi.

Kimolos liegt südwestlich von Sifnos bei Milos, die Entfernung von Piräus beträgt 88 Seemeilen. Die Insel ist 36 qkm groß, sie hat einen Umfang von 38 km und und wird von 780 Menschen bewohnt. Zu erreichen ist sie mit den Fährschiffen aus Piräus, die die westlichen Kykladen anlaufen.

GESCHICHTE

Nach der Mythologie erhielt die Insel ihren Namen von Kimolos, dem ersten Siedler, der Mann der Side, der Tochter des Tauros war. In den Grundzügen gleicht die Geschichte der Insel der des benachbarten Milos. Die antike Stadt der Insel liegt unter Wasser bei dem Strand Koftu. Gegenüber der kleinen Insel Ajios Andreas gibt es Ruinen aus mykenischer Zeit.

Ein Besuch der Insel

Von dem stillen Hafen **Psathi** geht man zu Fuß 20 Minuten die ansteigende Straße nach **Chora** hinauf. Es ist ein großes Dorf im Kykladenstil mit weißen Häusern, Blumentöpfen mit Basilikum und Geranien.

Es gibt ein kleines Museum und eine ärztliche Ambulanz. Sehenswert sind die Kirchen Ajios Chrisostomos (17. Jh.), Christou (16. Jh.) und Evangelistria (17. Jh.).

Ellinika liegt südwestlich von Chora und ist zu Fuß in etwa 1 Stunde oder mit dem Boot von Psathi in 20 Minuten zu erreichen. Der Besuch der wichtigsten archäologischen Stätte der Insel läßt sich mit einem Bad verbinden. Wenn das Meer ruhig ist, kann man am Strand von **Koftu** die Ruinen des antiken Kimolos im Wasser erkennen. Gegenüber der kleinen Insel **Ajios Andreas** oder **Daskalio** fand man Reste mykenischer Gräber.

Andere interessante Gebiete sind **Vromolimni** an der Nordküste der Insel (eine Stunde mit dem Boot), wo es eine Höhle gibt, und das mittelalterliche **Paläokastro** in der Mitte der Insel. In **Aliki**, dem wohl schönsten Strand, stehen einige Privatzimmer zur Verfügung.

Gegenüber dem Hafen Psatha liegt die Insel **Poliegos**, auf der Schafe und Ziegen weiden.

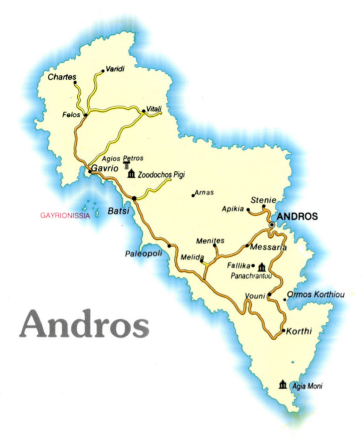

Andros

Die Mythologie berichtet, daß Andros nach dem Enkel des Apollo benannt wurde, der Andros hieß. Die Insel hatte im Altertum jedoch noch andere Namen wie Gauros, Lasia, Hydrusa. In Andros scheinen Karer, Phönizier und Kreter gesiedelt zu haben. Die Ionier lie-ßen sich um 1000 v.Chr. hier nieder. Seit jener Zeit begann der langsame Aufschwung der Insel. Sie wurde eine bedeutende Seemacht, gründete Kolonien auf der Chalkidike, in Thrakien und Kleinasien und prägte eigenen Münzen.

Hier verehrte man vor allem den Gott Dionysos. Die Überlieferung berichtet, daß bei den Feiern zu seinen Ehren - den Dionysien - aus einer Quelle der Insel Wein statt Wasser floß. Nach den Perserkriegen geriet Andros in einen Konflikt

Andros ist die nördlichste und nach Naxos die zweitgrößte Kykladeninsel. Die Entfernung nach Euböa beträgt nur 7 Seemeilen (von dem es die Meerenge Kavo Doro trennt) und nach Tinos weniger als 1 Seemeile. Es gleicht den anderen Kykladeninseln, da es im gleichen Meer liegt und im Sommer vom Nordwind gekühlt wird. Seine Küsten sind ebenso versteckt und die Strände haben den gleichen weißen Sand. Doch hat es einen Vorzug, der den anderen Kykladeninseln fehlt. Andros hat viel Grün und es gibt viel Wasser. Auf der Insel gedeihen Ölbäume, Kiefern und Obstbäume und in seinen Tälern trifft man Dörfer wie Menites, Stenies und Apikia, die fast im Grün verschwinden. Berühmt ist die Sarisa-Quelle von Andros, deren Mineralwasser in Flaschen abgefüllt in ganz Griechenland verkauft wird. Es gibt hier goldene Sandstrände mit herrlich klarem Meer, doch überwiegt der Eindruck vergangener Größe, der man sowohl in der Architektur wie auch bei den Menschen begegnet.

Andros ist von Rafina mit dem Fährschiff zu erreichen. Im Sommer verkehren auch die schnellen Tragflügelboote. Es empfiehlt sich jedoch mit dem eigenen Auto zu fahren, da die Insel groß ist, viele Sehenswürdigkeiten besitzt, das Straßennetz gut und die touristische Infrastruktur entwickelt ist. Andros ist von Piräus 88, von Rafina 36 Seemeilen entfernt. Die Insel ist 373 qkm groß, hat einen Umfang von 177 km und wird von 9.000 Menschen bewohnt. Viele von ihnen fahren zur See, vor allem als Kapitäne.

Von Andros kann man mit dem Fährschiff die benachbarten Kykladeninseln besuchen. Im Sommer werden die Linien der Fährschiffe durch Tragflügelboote ergänzt.

Das malerische Batsi.
Der größte Ferienort auf Andros.

mit Athen, wurde aber später (476 v.Chr.) Mitglied des Ersten und des Zweiten Attischen Seebundes (376 v.Chr.). Nach der Schlacht von Chaironeia herrschten die Makedonen über Andros. 200 v.Chr. fiel die Insel an die Römer, die sie besetzten und alle Einwohner vertrieben, die sich in Delio (heute Dilesi) niederlassen mußten. Nachdem man Andros zerstört hatte, überließ man es Attalos, dem König von Pergamon.

In byzantinischer Zeit erlebte Andros eine große geistige Blüte. In der berühmten philosophischen Akademie unterrichtete im 9. Jahrhundert Michail Psellos, der Lehrer des Philosophen Leon. Als Folge der Seidenindustrie, die sich hier im 11. und 12. Jh. entwickelte, war auch im wirtschaftlichen Bereich ein Aufschwung zu verzeichnen.

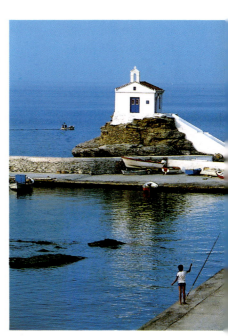

1207 fiel die Insel an die Venezianer, denen sie bis 1566 gehörte, als die Türken sie eroberten. In den Jahren um 1789 war in dem Meer um Andros der heroische Lambros Katsonis aktiv. Von seinem Stützpunkt auf Kea versetzte er die türkische Flotte in Angst und Schrecken. Die berühmte Seeschlacht in der Meerenge zwischen Andros und Euböa setzte 1790 den Heldentaten des wagemutigen Kämpfers ein Ende. 16 türkische und 12 algerische Schiffe vernichteten fast alle der 9 Schiffe von Katsonis.

Zum Freiheitskampf von 1821 leistete Andros einen großen Beitrag, da viele Einheimische Mitglieder der Filiki Eteria waren.

Die Kirche Ajia Thalassini in Chora.

Ein Besuch der Insel

Andros oder Chora

Das schöne Chora, der Hauptort von Andros, liegt auf einem Kap zwischen zwei Sandstränden. Vor der Spitze des Kaps erhebt sich eine kleine Felseninsel mit der Ruine einer **venezianischen Befestigung**. In Chora trifft die Kykladenarchitektur auf die Architektur des Klassizismus. Der ersten begegnet man in den engen Gassen mit den strahlendweißen Häusern, der letzteren auf den Plätzen mit den schönen Herrenhäusern. Als Insel mit einer großen nautischen Tradition hat Chora eine **Marinemuseum** mit dem Denkmal des Unbekannten Matrosen und einen Segelverein.

In Chora liegen auch das **Archäologische Museum** sowie das **Museum Moderner Kunst**. Von den interessanten byzantinischen Kirchen sind die Palatiani aus dem 13. Jh. mit einem herrlichen geschnitzten Templon, die Panajia Odijitria und die Theoskepasti besonders hervorzuheben.

Bei Chora liegen die Strände Nimborio, Paraporti und Jalia.

Gavrio - Batsi - Chora - Korthi - Gavrio (97 km)

Gavrio, der Hafen in dem die Fährschiffe ankern, liegt in einer geschlossenen Bucht mit einem Sandstrand. 3 km nordöstlich von Gavrio gibt es in **Ajios Petros** einen gut erhaltenen Turm aus hellenistischer Zeit. Von Gavrio fährt man auf der asphaltierten Küstenstraße nach Südosten.

3 km: Der Strand **Kato Ajios Petros**, ein schöner Sandstrand, der touristisch erschlossen ist.

3,5 km: Der Strand **Chrisi Ammos**.

4,5 km Eine Abzweigung führt nach links zu dem **Kloster Soodochu Piji** aus dem 14. Jh.

8 km: Batsi. Der am stärksten von Touristen besuchte Ort auf Andros an einer Bucht mit einem berühmten Sandstrand. Von Batsi führt eine Abzweigung nach links in das Dorf **Arna** (14 km), das im Grünen am Fuße des **Petalos**, des höchsten Berges von Andros (1003 m), liegt. Um von Arni (500 m) den Gipfel Gavalu zu besteigen, benötigt man etwa eine Stunde.

16 km: Paläopoli. Eine Siedlung an der Stelle der antiken Stadt Andros. Im Meer sind einige Reste der Mauern und des antiken Hafens erhalten.

22 km: Straßenkreuzung. Die Straße führt weiter nach Korthi. Wir biegen hier nach links nach Andros (Chora) ab.

25 km: Links das Dorf **Melida** mit einer der sehenswertesten Kirchen von Andros, der Taxiarchis-Kirche aus dem 11. Jh.

Oben: Das Standbild des Unbekannten Seemannes. Unten: Der Hafen von Chora.

28 km: Eine Abzweigung links führt nach 1 km nach **Menites**, einem Dorf, das fast völlig im Grün verschwindet. Seine Tavernen liegen unter großen Platanen an plätschernden Brunnen.

30 km: Mesaria. In diesem Dorf gibt es die Taxiarchis-Kirche aus dem 12. Jh.

34 km: Andros (Chora). s. oben die Beschreibung von Andros.

Von Chora ist ein Abstecher auf der Asphaltstraße nach Norden zu empfehlen. Nach 2 km teilt sich die Straße und führt rechts nach **Stenies**, dem Heimatdorf der Kapitäne und Reeder. Links erreicht sie nach 4 km das im Grünen gelegene **Apikia** mit der berühmten **Sarisa**-Quelle. Ihr Wasser, das vor allem bei Nierenleiden empfohlen wird, wird im Ort abgefüllt und in ganz Griechenland verkauft. Die Restaurants haben Veranden mit herrlichem Blick auf das tiefgrüne Tal.

Zur Weiterfahrt auf der Hauptstrecke biegt man kurz hinter Chora links nach Korthi ab.

46 km: Vuni. Rechts liegt bei dem Dorf **Fallika** das älteste Kloster von Andros, **Moni Panachrandu**, das im 10. Jh. von Nikiforos Fokas erbaut wurde.

56 km: Bucht von Korthi. Ein malerischer, nach Norden offener Fischerhafen mit einem langen Kieselstrand. Die meisten Häuser und Geschäfte sind auf der windgeschützten Westseite der Bucht.

Nördlich von Korthi liegt die einzigartige Bucht **Pidima tis Grias**, eine der schönsten Landschaften auf Andros, die am besten mit dem Boot zu erreichen ist. Von Korthi fährt man auf der direkten Straße nach Gavrio weiter.

75 km: Straßenkreuzung. Rechts die Straße, die nach Chora führt. Man fährt auf der inzwischen bekannten Straße geradeaus weiter nach Batsi - Gavrio.

97 km: Gavrio. Damit ist die Rundfahrt durch Andros abgeschlossen.

Oben: Die alte venezianische Brücke der Burg in Chora.

Mitte: Sineti südlich von Chora.

Unten: Der Hafen von Gavrio.

Tinos

Die Meisterwerke dieser Volksarchitektur sollten nicht überraschen, denn Tinos ist eine Insel der Künstler. Die größten griechischen Maler und Bildhauer des 19. und 20. Jh. wie Chalepas, Filippotis, Sochos, Gisis und Litras stammen aus Tinos.

Aber auch die schönen Strände mit weißem Sand, das klare Meer, die Frische des Sommers und der viele Sonnenschein machen Tinos zu einer der interessantesten Inseln der Kykladen.

Tinos liegt zwischen Syros, Andros und Mykonos. Es ist 86 Seemeilen von Piräus und 62 Seemeilen von Rafina entfernt. Die Insel ist bergig, 195 qkm groß und hat einen Umfang von 106 km. Die Einwohnerzahl beträgt etwa 8.000. Erreichbar ist die Insel von Piräus und Rafina mit Fährschiffen oder Tragflügelbooten. Von Tinos kann man zu den anderen Kykladen, nach Thessaloniki, Kreta und anderen Inseln weiterreisen.

Die meisten Besucher der Insel sind Griechen, denn Tinos, die Insel der Gottesmutter, ist ein religiöser Mittelpunkt Griechenlands, der mit Lourdes in Frankreich vergleichbar ist.

Die Menschen, die als Pilger auf die Insel kommen, verlassen sie auch wieder sehr rasch, ohne die Schönheiten der Insel erlebt zu haben.

Zu ihr gehören die strahlendweißen Dörfer mit der unverfälschten Kykladenarchitektur und die berühmten Taubenhäuser, die überall auf der Insel zu finden sind. Nur auf Tinos sind sie so kunst- und phantasievoll gearbeitet.

Panajia von Tinos. 1823 an der Stelle erbaut, an der die wundertätige Ikone gefunden wurde. Rechts der Vorhof der Kirche.

GESCHICHTE

Nach der Mythologie bewohnte Äolos, der Gott der Winde die Insel Tinos. So erklärte man sich die heftigen Winde, die häufig die Insel peitschen. Um 1000 v.Chr. ließen sich hier die Ionier nieder. Im 6. Jh. gehörte die Insel in den Machtbereich von Eretria, 490 v.Chr. wurde sie von den Persern besetzt und nach der Schlacht von Marathon wieder befreit. In Tinos verehrte man den Gott Poseidon. Ein Hinweis darauf sind die Ruinen des Tempels des Poseidon und der Amphitrite in Kionia.

1207 kamen die Venezianer. Die ersten venezianischen Herrscher über die Insel stammten aus der Familie Gisi. Die venezianische Herrschaft auf Tinos dauerte wesentlich länger als auf den anderen Kykladeninseln - etwa 500 Jahre -, was zur Folge hatte, daß hier die größte katholische Gemeinde der Kykladen entstand. 1715 besetzten die Türken Tinos, das im griechischen Unabhängigkeitskampf von 1821 befreit wurde.

1822 fand man die Ikone der Gottesmutter, die eine Nonne des Kechrovunio-Klosters in ihrem Traum gesehen hatte. Die Nonne wird heute auf der Insel als Ajia Pelajia i Tinia verehrt.

Das bekannteste Ereignis der neueren Geschichte war die Torpedierung des griechischen Zerstörers "Elli" im Hafen von Tinos durch ein italienisches U-Boot am 15. August 1940, dem Festtag der Gottesmutter.

Ein Besuch der Insel

Tinos oder Chora

Der Hafen von Tinos ist im Sommer sehr belebt. Am Kai liegen Hotels, Restaurants und Geschäfte. Eine breite, gerade Straße führt von hier zur **Kirche der Panajia** hinauf. Tausende von Pilgern aus allen Teilen Griechenlands ziehen am 25. März, aber vor allem am 15. August diese Straße entlang, um in der Kirche die wundertätige Ikone der Gottesmutter zu verehren. Das Gotteshaus liegt auf einer Anhöhe am Ende der Straße.

Es ist aus weißem Marmor erbaut und von vielen Nebengebäuden umgeben. Von der im Kircheninneren aufbewahrten **Ikone der Gottesmutter** wird gesagt, daß sie ein Werk des Evangelisten Lukas sei. Sie ist mit Diamanten, Saphiren und Perlen geschmückt, den Weihgeschenken von Kaisern und Königen und anderen Gläubigen. Die Kirche wurde 1823 dort errichtet.

In den Nebengebäuden der Kirche ist eine **Galerie aus Tinos stammender Künstler** untergebracht, in der Werke von Litra, Iakovidis, Gisis, Sochos, Filippotis zu besichtigen sind, sowie die Sakristei und die Bibliothek.

In Tinos gibt es auch ein **archäologisches Museum**. In der Nähe der Stadt liegt der windgeschützte Sandstrand **Ajios Fokas**.

Der Hafen, die Megalocharis-Straße und das historische Xomburgo.

AUSFLÜGE

1. Kechrovuniu-Kloster - Mesi - Komi - Kolibithra (26 km)

Man verläßt die Stadt und fährt in das Innere der Insel.

7 km: Das **Kechrovuniu-Kloster** (Dem Heimgang der Gottesmutter geweiht) ist das wichtigste Kloster von Tinos, in dem etwa 50 Nonnen leben. Es wurde im 11. Jh. in einer herrlichen Landschaft erbaut. Unter den Zellen des Klosters ist auch die Zelle der Nonne Pelajia, die 1822 von dem Ort träumte, an dem die Ikone der Gottesmutter vergraben lag.

13 km: Xomburgo. Man befindet sich jetzt auf der Hauptroute. Links führt eine nichtasphaltierte Straße zu dem berühmten Felsen von Xomburgo, wo im 8. Jh. v.Chr. das **antike Tinos** lag. Später bauten hier die Venezianer das bekannte **Kastro**, das nahezu uneinnehmbar war. Wegen dieser Festung konnten die Türken erst so spät Tinos besetzen. Während die

anderen Kykladeninseln 1538 erobert wurden, fiel Tinos erst 1715 in türkische Hand.

19 km: Straßenkreuzung vor der Ortschaft Krokos. Man fährt rechts nach Komi weiter.

23 km: Komi, einer der größten Orte von Tinos, der für seine traditionelle Architektur bekannt ist. Von Komi folgt man der Straße, die an die Nordküste der Insel führt.

26 km: Kolimbithra. Eine schöne Bucht mit herrlichem Sandstrand, die zu einem Bad einlädt. Die Umgebung wird allmählich touristisch erschlossen.

2. Kionia

Ein Besuch von Kionia ist eigentlich eher ein Spaziergang als ein Ausflug. Der Ort ist nur 3 km von Tinos entfernt und man erreicht ihn, wenn man auf der Küstenstraße nach Westen fährt. Der schöne Sandstrand mit herrlich klarem Wasser ist touristisch erschlossen. Im Altertum lag hier ein Tempel des Poseidon und der Amphitrite.

3. Kardiani - Isternia - Pirgos - Ormos Panormu (36 km)

Man folgt der neuen Straße, die nach Norden führt und biegt nach 4 km links nach Isternia ab.

Die Straße führt durch das Tarabados-Tal, in dem die meisten Taubenhäuser der Insel liegen. Die Straße verläuft hoch über dem Meer und man hat eine herrliche Aussicht.

22 km: Kardiani. Ein schönes Dorf in einem tiefgrünen Tal, 260 m über dem Meer. Sehr malerisch ist die Bucht von Kardiani unterhalb des Ortes.

26 km: Isternia. Ein weiteres herrliches Dorf, das noch höher als Isternia liegt (330 m) mit einem traumhaften Blick auf das Meer. Lohnend ist ein Gang durch die malerischen Gäßchen und ein Besuch der Kirche Ajia Paraskevi mit einem Marmortemplon. Die **Bucht von Isternia** bietet einen schönen Sandstrand und herrlich klares Wasser. Daneben liegt der Strand **Ajios Nikitas**.

32 km: Pirgos. Es ist das größte und vielleicht schönste Dorf von Tinos und eines der malerischsten der ganzen Kykladen. Die strahlendweißen Häuser sind mit marmornen Türbögen und Marmortreppen geschmückt, die ihnen ein besonders herrschaftliches Aussehen verleihen. Es ist das Dorf der Künstler. Hier wurden der Maler Nikiforos Litras, der Komponist Nikos Skalkotas und die Bildhauer Dimitris Filippotis und Janoulis Chalepas geboren. Malerei und Bildhauerei haben auf Tinos eine große Tradition. Doch hat Pirgos in dieser Tradition einen Vorrang. Zu den Sehenswürdigkeiten des Ortes gehört das **Haus von Chalepas**, das gleichzeitig Museum ist.

36 km: Bucht von Panormos, das Ziel dieses Ausfluges. Es ist ein kleiner, malerischer Hafen mit Fischerbooten, dessen Häuser oberhalb des Strandes amphitheatralisch ansteigen.

4. Porto (Ajios Ioannis)

Ein schöner Sandstrand an der Südostspitze der Insel, 6 km östlich der Stadt Tinos. Unterwegs gibt es auf halber Strecke rechts eine Abzweigung, die nach drei Kilometern zu dem Sandstrand **Ajios Sostis** führt.

Mykonos - Delos

Mykonos ist auf der ganzen Welt bekannt, es ist beliebter als einst Capri und mehr in Mode als Hawaii. Sicherlich fragt sich jeder, warum das so ist. Ist es nur ein Zufall oder ist diese Bewertung verdient?

Man muß sich ein tiefblaues Meer mit zahllosen kleinen weißen Wellen vorstellen, aus dem sich im strahlenden Licht eine kahle Insel erhebt. Man muß sich einen Fischerhafen vorstellen mit bunten Booten und einem weißen Städtchen, das sich vom Ufer einen Hügel hinaufzieht.

Zwischen den schneewei-ßen Häusern, die Würfeln gleichen, erheben sich die Kuppeln und Kreuze zahlloser Kirchen. Und auf der Spitze des Hügels stehen malerische Windmühlen, deren weiße Segel der Wind bläht.

Alle Gäßchen der Ortschaft sind gepflastert und alle Fugen weiß nachgezogen. Jede Gasse ist ein Gemälde, jeder Winkel eine Entdeckung. Rechts vom Hafen reichen die Häuser bis an das Wasser. Die weiße Brandung schlägt an die Mauern, nur wenig unterhalb der bunten Fensterrahmen, die grün, rot, blau und braun gestrichen sind. Überall gibt es Kontraste. Die weißen Häuser, das blaue Meer, die bunten Fensterrahmen. Die Atmosphäre leuchtet von der Frische des Meeres. Dies ist das Venedig Griechenlands, das ist sein Capri, das sein exotisches Honolulu.

Mit wenigen Worten sollte ein Bild von Mykonos gezeichnet werden. Doch die Beschreibungen verblassen immer angesichts der Wirklichkeit, weshalb man auch Mykonos mit eigenen Augen gesehen haben muß. Es ist nicht einmal weit, sechs Stunden Fahrt mit dem Schiff oder eine Stunde mit dem Flugzeug.

Der Ortsteil Alefkandra,
das Venedig Griechenlands.

Wen die vielen Menschen stören, die bunte Menge in Mykonos, der sollte es nicht im Sommer besuchen. Man sollte ein ruhige Jahreszeit wählen, etwa den Beginn des Frühlings oder den Herbst. Jeder wird selbst feststellen, daß die Bezeichnung "malerischste Insel Griechenlands" gerechtfertigt ist.

Mykonos liegt zwischen Tinos und Naxos. Die Insel hat nur wenig Vegetation, ist 85 qkm groß, hat einen Umfang von 80 km und wird von 5.500 Menschen bewohnt.

Erreichbar ist Mykonos mit dem Flugzeug von Athen, Rhodos, Santorin und Iraklio/Kreta.

Fährschiffe gibt es von Piräus (94 Seemeilen), Rafina (71 Seemeilen), der Dodekanes, Samos, Ikaria und Thessaloniki.

Im Sommer verkehren auch schnelle Tragflügelboote (Flying Dolphins) von Piräus und Rafina. Von Mykonos kann man auch das benachbarte Delos mit kleineren Schiffen besuchen.

*Der kosmopolitische
Hafen von Mykonos.*

GESCHICHTE

Die griechische Mythologie erwähnt das antike Mykonos zweimal. So wird berichtet, daß die Insel nach dem Heros Mykonos benannt wurde. Herakles soll hier die Giganten getötet haben, die großen Felsen sollen ihre versteinerten Leiber sein.

Im Altertum gab es zwei Städte auf der Insel. Im 9. Jh. v.Chr. kamen die Ionier aus Attika. Seit jener Zeit erlebte Mykonos in großen Zügen die gleiche Geschichte wie die anderen Kykladeninseln. Ursprünglich lag es im Machtbereich der Athener, doch trat es an Bedeutung hinter dem benachbarten Delos zurück.

Die Venezianer besetzten Mykonos 1207, die Türken 1537. Bemerkenswert war die Beteiligung an dem Freiheitskampf von 1821. Die Bewohner von Mykonos stellten ihre Schiffe Admiral Tobasis zur Verfügung, und als die Türken die Insel angriffen, um sich zu rächen, schlugen die Inselbewohner sie unter der Führung der heroischen Manto Mavrojenus, die aus Mykonos stammte, erfolgreich zurück.

Der berühmte Strand Plati Jalo.

Chora. Dies ist der malerischste Hafen der Kykladen. Die traditionelle Kykladenarchitektur fand hier ihren schönsten Ausdruck. An den strahlendweißen Häusern herrscht die gerade Linie vor, bunt sind die kleinen Türen und Fenster, die Holzbalkone und die Treppen.

Zahlreich sind die Kirchen. Auf der ganzen Insel gibt es mehr als 350, die alle weiß gestrichen sind, aber blaue oder rote Kuppeln haben. Lohnend ist ein Besuch der **Panajia Paraportiani** in dem Ortsteil Kastro am Rand des Hafens. Sie ist vielleicht das schönste Beispiel für die traditionelle Architektur der Kykladen. Ganz in der Nähe liegt das **Volkskundemuseum** mit einer reichen Sammlung. Das **Archäologische Museum**, nordöstlich von Chora, enthält vor allem Funde aus dem benachbarten Rhinia. Von den ausgestellten Stücken ist besonders eine Amphore des 7. Jh. hervorzuheben, die Reliefdarstellungen des Trojanischen Pferdes und der Eroberung Trojas zeigt.

Turlos-Ajios Stephanos. Ein langer Sandstrand 3 km nördlich von Chora.

Ano Mera. Ein Kykladendorf im Inneren der Insel. Es gibt eine Busverbindung mit dem 9 km entfernten Chora. In der Nähe des Dorfes liegt das Mönchskloster Panajia tis Turliani aus dem 18. Jh. mit einem Museum, in dem Kirchenschätze ausgestellt sind.

Ornos. Eine schöne, geschlossene Bucht südlich von Mykonos mit einem herrlichen, vielbesuchten Sandstrand.

Psaru. Ein kosmopolitischer Sandstrand.

Platis Jalos. Der am meisten besuchte Strand von Mykonos. Ein Sandstrand, zu dem man von Chora mit dem Linienbus gelangen kann. Von hier fährt man mit dem Boot an die Strände **Paradise** und **Super Paradise**, die schönsten Strände von Mykonos, die von FKK-Anhängern besucht werden.

Elia. Eine Bucht mit Sandstrand westlich von Super Paradise.

Kalafatis. Eine Ortschaft mit einem berühmten Sandstrand, der von sehr vielen Touristen besucht wird, 12 km von Chora entfernt, 4 km östlich von Ano Mera.

Dragonisi. Eine unbewohnte Insel östlich von Mykonos.

Jeder Winkel ein Gemälde.

Mykonos.

Delos

Die kleine, kahle Kykladeninsel Delos gilt in der Mythologie als die Heimat des Apollo. Und könnte man für den Gott der Sonne eine Insel mit mehr Sonne finden als Delos? Hier gibt es nur Licht. Es gibt keine Berge, keine Bäume und nur wenig Schatten. Als Apollo hier geboren wurde, stand nach der Mythologie nur eine Palme auf der Insel. Auf sie stützte sich Leto, als sie Apollo und Artemis zur Welt brachte.

Als später die Ionier, auf die Insel kamen, machten sie sie zu ihrem religiösen Mittelpunkt. So füllte sich die kleine Insel allmählich mit Tempeln, Villen, Marktplätzen, Stadien, Geschäften und wurde zu einer großen Stadt. Sie war nicht nur ein Zentrum der Religion, sondern auch der Kultur und des Handels.

Die Jahrhunderte vergingen. Auf die Blüte folgte der Niedergang. Kriege, Not, Zerstörung. Heute ist die kleine Insel nur noch ein Fleckchen Erde voller Ruinen. Umgestürzte Marmorsäulen, Fragmente berühmter Mosaiken, die einst reiche Herrenhäuser schmückten. Eine Rennbahn, Sitzreihen eines Theaters, Sportplätze. Und in dieser Fülle von Ruinen stehen noch fünf Marmorlöwen in einer Reihe aufrecht. Einst bewachten sie den heiligen See. Sie blicken noch nach Osten, der Sonne ihres Gottes Apollo entgegen.

Delos liegt 6 km südwestlich von Mykonos. Seine Bodenfläche beträgt nur 5 qkm.

Im Sommer gibt es täglich Verbindungen mit kleinen Schiffen zwischen Delos und Mykonos, Tinos und Naxos. Im Winter sind die Verbindungen seltener.

Es ist verboten, auf der Insel zu übernachten.

Delos bedeutet "Klar sichtbar". Nach der Mythologie tauchte die Insel aus den Wogen auf, damit Leto einen Ort fände, um geschützt vor Heras Zorn Apollo und Artemis zur Welt zu bringen. Im Altertum hatte die Insel noch einen weiteren Namen: Ortygia. Offensichtlich wurde sie seit dem 3. Jahrtausend bewohnt.

Die Ionier kamen zu Beginn des 10. Jh. v.Chr. nach Delos und später, im 7. Jh., wurde die Insel der Mittelpunkt und Sitz eines mächtigen Bündnisses, zu dem sich viele Inseln der Ägäis vereinigten. Die Athener, die ebenfalls Ionier waren, nützten diese Tatsache und kamen als Beschützer und Verehrer der heiligen Insel. 478 v.Chr. schlossen sie den Ersten Delischen Seebund, unterwarfen die meisten Inseln den Interessen Athens und regierten dadurch das Meer.

Zu den Maßnahmen der Athenischen "Schutzherren" gehörte auch die Entscheidung, die Gebeine aller auf Delos Bestatteten auf die benachbarte Insel **Rhinia** zu überführen. Auf der heiligen Insel durfte es keine Geburt und keinen Tod mehr geben. Schwangere Frauen wurden auf die Nachbarinsel Rhinia gebracht, um dort ihre Kinder zur Welt zu bringen. Auf Rhinia wurden auch die Toten bestattet. Deshalb verehrte man

auf einer der beiden kleinen Inseln zwischen Delos und Rhinia - auf **Megalo Revmatari** - auch die Unterweltsgöttin Hekate. Eine andere Maßnahme der Athener, die das Mißfallen der Verbündeten hervorrief, war die Verlegung der gemeinsamen Kasse des Bündnisses von Delos nach Athen im Jahre 454 v.Chr.

Schon seit uralten Zeiten, besonders aber in der Zeit der athenischen Vorherrschaft, waren die Delia berühmt, die Festspiele, die alle fünf Jahre zu Ehren des Apollo, der Artemis und der Leto gefeiert wurden. Die Athener schickten zu den Delia das Schiff des Theseus, das sie renoviert und viele Jahre aufbewahrt hatten. Sie schmückten es, beluden es mit Opfertieren und Weihgeschenken. Bei der Ankunft in Delos wurde es von den Delischen Jungfrauen empfangen, die Hymnen sangen und zu Ehren der drei Gottheiten tanzten.

Die Makedonen machten 315 v.Chr. der athenischen Vormachtstellung ein Ende. Seit diesem Zeitpunkt war die Insel relativ unabhängig, wodurch es ihr möglich war, durch Handel zu Wohlstand zu kommen. Als die Insel römischer Besitz wurde, schadete dies dem Handel und der geistigen Entwicklung nicht, sondern förderten sie.

Die Stadt Delos wurde ein großer Handelsplatz, dessen Bewohner aus allen Teilen der antiken Welt kamen und im Handel tätig waren. Die meisten von ihnen waren Ägypter, Syrer und Italer, die auf der Insel ihre eigenen Heiligtümer errichteten.

Der Niedergang von Delos begann plötzlich im Jahre 88 v.Chr. im Mithridatischen Krieg. Die Stadt wurde niedergebrannt, die Tempel und Häuser zerstört und die 20.000 Einwohner niedergemacht oder in die Sklaverei verkauft. Den letzten Schlag führten wenige Jahre später die Piraten.

Danach war die Insel fast unbewohnt, sie wurde zu einem Schlupfwinkel für Piraten und Antikenräuber, die gelegentlich hierher kamen, um Beute zu machen. Erst gegen Ende des letzten Jahrhunderts begannen die französischen Archäologen mit den Ausgrabungen und brachten ans Licht, was von der einstigen Pracht noch zu retten war.

Besichtigung der Altertümer

Das kleine Schiff aus Mykonos legt gewöhnlich am Westufer von Delos an, etwa 150 m südlich des antiken heiligen Hafens.

Da die Monumente sehr zahlreich und über ein großes Gelände verstreut sind, sollen sie zur Erleichterung für den Besucher in acht Einheiten gruppiert werden.

Das Gelände um den Heiligen Hafen. In diesem Bereich vor dem Kai liegen der Markt der Compitales, die Halle Philipps V. von Makedonien und der Marktplatz der Delier.

Das Heiligtum des Apollo. Geht man auf der Prozessionsstraße nach Norden, dann kommt man zum Haus der Naxier und dem Heiligtum des Apollo (6. Jh.), in dem die Statue des Gottes stand und der Schatz des delischen Bundes untergebracht war. Westlich davon liegen der Artemis-Tempel, der Markt des Theophrastos (2. Jh. v.Chr.) und die Empfangshalle (3. Jh.) und im Norden die Halle des Antigonos. Östlich der Halle des Antigonos befindet sich das Archäologische Museum.

Das Gelände der Feststraße mit den Löwen. Nördlich der Halle des Antigonos kommt man auf den Markt der Italiker, das größte Monument von Delos. Unmittelbar hinter dem Markt der Italiker lagen der heilige See, der heute ausgetrocknet ist, und westlich des Sees die berühmte Löwenstraße. Von den neun Löwen, die aus naxischem Marmor gearbeitet sind und im 7. Jh. v.Chr. von den Naxiern als symbolische Wächter des Heiligen Sees gestiftet worden waren, sind heute noch fünf erhalten. Sie gehören zu den eindrucksvollsten und bekanntesten Statuen der Insel. Nordwestlich der Löwenstraße kommt man zu dem großen Gemeinschaftshaus der Poseidoniasten und weiter westlich zu dem "Granit"-Haus. Nördlich des Heiligen Sees liegen die Palästra am See (3. Jh. v.Chr.) und die Palästra aus Granit (2. Jh. v.Chr.).

Der Bereich des Stadions. Das Stadion liegt ungefähr 1 km nordöstlich der Löwenstraße. In der Mitte der Straße liegt das Heiligtum des Heros Archegetes. Vor dem Stadion befindet sich das Gymnasion.

Der Theaterbezirk. Er erstreckt sich von der Anlegestelle der Schiffe nach Südosten und war der am dichtesten besiedelte und reichste Teil der antiken Stadt.

Hervorzuheben sind von diesen reichen Häusern das Haus des Dionysos, das Haus des Dreizacks, das Haus der Delphine und das Haus der Masken. Benannt sind die Häuser nach berühmten Darstellungen auf den Fußbodenmosaiken, die erhalten sind. Bemerkenswert ist gleichfalls das Haus der Kleopatra mit den Statuen der Eigentümer, der Athenerin Kleopatra und des Dioskourides. Das Theater, in dem 5.000 Besucher Platz fanden, liegt in der Mitte dieses Ortsteiles.

Die Heiligtümer der fremden Gottheiten. Östlich des Theaterbezirkes und unterhalb des Heiligen Hügels Kynthos befinden sich die Ruinen der Heiligtümer der fremden Gottheiten. Zu ihnen gehört das Heiligtum der ägyptischen Götter mit den Tempeln des Sarapis (Serapeion) und der Isis, der Tempel der syrischen Gottheiten und das Heiligtum der Kabiren, der samothrakischen Gottheiten.

Östlich des Heiligtums der ägyptischen Gottheiten befinden sich die Ruinen des Heraions, eines alten Tempels der Hera.

Der heilige Berg Kynthos. Der ansteigende Weg mit den Stufen, der den Besucher von den Tempeln der ausländischen Gottheiten auf den heiligen Berg Kynthos führt, ist der gleiche, den die Sieger der delischen Wettkämpfe hinaufgingen, um vor dem Tempel des Zeus Kynthios und der Athena Kynthia bekränzt zu werden. Die Reste dieser Heiligtümer liegen auf dem Gipfel des heiligen Hügels. Auf dem gleichen Hügel gibt es auch eine prähistorische Höhle, in der Herakles verehrt wurde.

Der südliche Bereich. Der antike Handelshafen erstreckte sich südlich der heutigen Anlegestelle. Am Meer gab es Geschäfte. Die Bucht von Furni und die Ruinen des Asklepios-Tempels sind etwa 1 km entfernt.

Die Marmorlöwen von Delos.

Gegenüberliegende Seite: Gesamtansicht der Altertümer und Luftaufnahme.

Syros

Wer die Kykladen kennenlernen möchte, kann in Syros beginnen, das in ihrer Mitte liegt und auch ihr Verwaltungszentrum ist. Die Entfernung von Piräus beträgt nur 80 Seemeilen (vier Stunden Fahrt) und es gibt regelmäßige Verbindungen. Von Syros ist jede Insel der Kykladen erreichbar. Wer besonders in Eile ist, kann mit dem Flugzeug aus Athen anreisen.

Syros liegt zwischen Kythnos und Tinos und ist 86 qkm groß. Es hat einen Umfang von 87 km und die Bevölkerungszahl übersteigt 20.000. Die Insel ist ein Verkehrsknotenpunkt, die Fährschiffe aus Piräus, Rafina fahren weiter nach Tinos, Mykonos, Paros, Naxos, Ios, Santorin und anderen Kykladeninseln sowie nach Ikaria und Samos.

Zwischen Syros, Kea und Andros liegt die unbewohnte Insel **Jaros.**

Vor dem Hafen von Ermupoli liegen die kleinen Inseln **Didimi** und **Strongilo.**

Syros ist die Hauptstadt der Kykladen. Es ist ein großer Hafen und eine große Stadt, die sich an zwei Hügeln weit hinaufzieht. Eine Stadt mit vielen Herrenhäusern, Plätzen und großen Kirchen. Alte Häuser des letzten Jahrhunderts mit ganz eigenem Charakter und dazwischen große klassizistische Bauten mit Gesimsen an den Fenstern und Stuckaturen. Sie haben schwere Türen, die Balkone sind mit schönen Gittern geschmückt.

Die Stadt Ermupoli mit ihrem großen Hafen, in dem es auch heute noch einiges Leben gibt, war im letzten Jahrhundert durch viele Jahrzehnte der größte Handelshafen Griechenlands.

Und doch ist Sira, wie die Einheimischen es nennen, nicht nur Ermupoli. Es ist eine ganze Insel mit schönen Sandstränden, malerischen Buchten und Altertümern. Eine Insel mit Hotels, Restaurants, Tavernen und Sportmöglichkeiten und einem lebhaften Nachtleben. Kurz gesagt, es gibt alles, was sich der Besucher für einen kürzeren oder längeren Aufenthalt nur wünschen kann.

Ermupoli,
die schöne Hauptstadt
der Kykladen.

GESCHICHTE

Die ersten Siedler auf Syros scheinen Phönizier gewesen zu sein. Die Hinweise für diese Annahme ergeben sich vor allem aus dem Namen der Insel, der wohl phönizischer Herkunft ist, und auch der Tatsache, daß eine Gegend der Insel "Finikas" heißt. Wie auch die anderen Kykladeninseln leistete die Insel ihren Beitrag zur Entwicklung der prähistorischen Kultur der Kykladen. Die Ausgra-

bungen in Chalandriani und in Kastri haben wertvolle Funde ans Licht gebracht, die wichtige Aufschlüsse über diese uralte Kultur geben. Ihre Gliederung in Zeitabschnitte enthält auch eine Phase, die man "Keros-Syros" nannte und zeitlich den Jahren von 2700 v.Chr. bis etwa 2300 v.Chr. entspricht. Soviel über die prähistorische Zeit. Für die historische Zeit stellte man eine Besiedelung durch die Ionier fest. Im 6. Jh. v.Chr. erlebte Syros seine Hochblüte. Damals lebten auf

der Insel der Philosoph Pherekydes, der Lehrer des Pythagoras. Nach den Perserkriegen war Syros mit Athen verbündet. Es folgte die Herrschaft der Makedonen, der Römer und die von Byzanz.

Ein wichtiges Datum für Syros und alle Kykladeninseln war das Jahr 1207, als die Venezianer in Erscheinung traten. Der mächtige Marco Sanudo herrschte über Syros und verleibte es wie die meisten Kykladen seinem Herzogtum ein, dessen Zentrum Naxos war.

Die Insel erlebte zahlreiche venezianische Herren und fiel 1537
schließlich in die Hände der Türken.

In der Zwischenzeit hatten sich
aber auf der Insel viele Katholiken
niedergelassen, die meist Händler
waren. Gegen 1700 war die Zahl
der Katholiken sogar größer als
die der Orthodoxen. Dieser Umstand erweckte das Interesse vieler europäischer Länder, vor allem
das von Frankreich, das den
Schutz der Katholiken auf Syros
übernahm. So wurde im 17. Jh.
das Kapuzinerkloster und im 18.
Jh. das Jesuitenkloster in Ano
Syros gegründet, das damals die
Hauptstadt der Insel war, denn an
der Küste gab es nur den Hafen.
Im Freiheitskampf von 1821 be-
wahrte Syros wegen seiner katholischen Bevölkerungsgruppe eine
neutrale Haltung. Doch nahm es
zahlreiche Flüchtlinge aus den
anderen Landesteilen Griechenlands auf, die auf der Insel Schutz
vor den Gewalttaten der Türken
suchten. Diese waren es, die im
letzten Jahrhundert das heutige
Ermupoli erbauten.

Ein Besuch der Insel

Ermupoli

Sehr malerisch ist der große
Hafen von Ermupoli mit den alten
Cafés und den Läden, die Süßigkeiten - eine einheimische Spezialität - verkaufen. Beim Hafen liegt
der große Miaulis-Platz, den das
berühmte **Rathaus** beherrscht. Es
ist ein klassizistisches Gebäude
des großen Architekten Ziller. Be-
achtenswert ist die Städtische Bibliothek mit einer großen Sammlung alter und neuer Bücher. Lohnend ist auch ein Besuch des
Archäologischen Museums mit
seinen überwiegend prähistorischen Funden. Neben dem Rathaus liegt das städtische Theater
"Apollon", eine Miniaturnachbil-
dung der Mailänder Scala. Es ist
nicht weit bis zur prächtigen Kirche
Ajios Nikolaos und dem Denkmal
des Unbekannten Soldaten. Etwas
höher liegt rechts der Stadtteil
Vaporia mit den dreistöckigen
klassizistischen Herrenhäusern
der Reeder. Im südlichen Teil des
Hafens liegen die großen Werften
von Syros.

Deckenschmuck eines klassizistischen Hauses in Ermupoli.

Der Miaulis-Platz mit dem Rathaus.

Ano Syros. Der mittelalterliche Ort wurde im 13. Jh. von den Venezianern auf einem links gelegenen Hügel gegründet, weshalb die meisten Einwohner heute auch Katholiken sind. Auf der Spitze des Hügels liegt in beherrschender Lage die Kirche Ajios Georgios. Erhalten sind auch das Kapuzinerkloster mit der Kirche Ajios Ioannis (17. Jh.) und das Kloster der Jesuiten mit der Kirche der Gottesmutter Karmilu (18. Jh.). Von Ano Syros hat man eine einzigartige Aussicht.

INSELRUNDFAHRT

Bei einer Inselrundfahrt kommt man an folgenden Strände (die Kilometerangaben sind die direkte Entfernung von Ermupoli). Zu diesen Stränden fahren auch Linienbusse.
Vari (8 km). Eine Ortschaft am Strand einer schönen Bucht südlich von Ermupoli.
Megas Jalos (12 km). An der Südseite der Insel hinter Vari. Schöner Sandstrand, touristisch erschlossen.
Agathopes, **Posidonia** (Delagrazia), **Finikas** (12 km). Ferienorte mit herrlichen Sandstränden an schönen Buchten mit kleinen Inseln. Die Bucht von Finikas ist die größte von ihnen.
Galissas (8 km). Ein weiterer Ferienort an einer Bucht mit sehr schönem Sandstrand. Gilt heute als das Zentrum des Tourismus der Insel.
Kini (9 km). Der malerischste Fischerhafen von Syros mit vielen Booten, kristallklarem Wasser und vielen Fischtavernen.

Altertümer

Lohnende Ausflüge für alle, die sich für Archäologie interessieren.
Chalandriani und **Kastri** (7 km asphaltierte Straße, dann Staubstraße und Fußweg). Hier gibt es die Reste einer prähistorischen Siedlung aus der Bronzezeit.
Grammata. An der gleichnamigen Bucht an der Nordwestküste der Insel gibt es alte Inschriften auf den umliegenden Felsen. Mit einem Boot zu erreichen.

Oben: Der Hafen von Ermupoli und Ano Syros.
Mitte: Megas Jalos. Unten: Der schöne Sandstrand von Galissa.

Paros
Antiparos

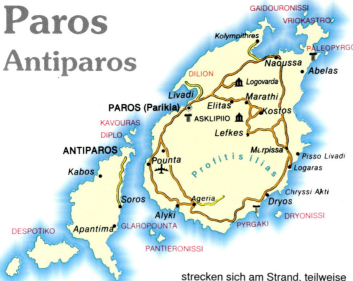

Ekatontapiliani, die am 15. August gemeinsam mit der Panajia von Tinos ihren Festtag feiert.

Sanft sind die Umrisse der Berge der Insel. Man erkennt hoch oben am Hang ein Kloster und auf der höchsten Erhebung eine kleine Kirche.

Wenn man diese Berge betrachtet, dann will man nicht glauben, daß von hier der schönste weiße Marmor der Welt kommt. Aus ihm wurden die Venus von Milo, der Hermes des Praxiteles und viele andere Meisterwerke des antiken Griechenlands geschaffen.

Schon seit Jahren ist Paros das Ziel vieler Touristen. Und bei den Besuchern der Kykladen sind die schöne Hauptstadt, das malerische Nausa und die sauberen Sandstrände besonders beliebt.

Paros liegt in der Mitte der Kykladen, ist 195 qkm groß, hat einen Umfang von 119 km und wird von 8.000 Menschen bewohnt. Die Insel ist für ihren Weiß- und Rotwein berühmt.

Sehr malerisch ist Parikia, die Hauptstadt der Insel, die an einer großen Bucht liegt und vor den Nordwinden geschützt ist. Die strahlendweißen Häuser mit ihrer schönen Kykladenarchitektur erstrecken sich am Strand, teilweise auf flachem Boden und ziehen sich, nur wenige Meter über dem Meer, die Felsen hinauf. Eine alte Windmühle, die immer frisch geweißt ist, steht auf dem Kai und im Hintergund sieht man in einer kleinen grünen Oase eine ziegelgedeckte Kirche. Es ist die Panajia

Man erreicht Paros von Athen mit dem Flugzeug oder von Piräus mit dem Fährschiff (Entfernung 95 Seemeilen), von Rafina, den Kykladen, von Ikaria, Furni, Samos, Kreta und Thessaloniki. Im Sommer gibt es auch eine Verbindung von Piräus mit den schnellen "Katamaran" und von Rafina.

GESCHICHTE

Die Insel wurde nach Paros benannt, dem Anführer der Arkader, die die Insel im 10. Jh. kolonisierten. Vor den Arkadern hatten sich hier die minoischen Kreter niedergelassen, denen die Insel als Stützpunkt diente. Später kamen die Ionier. Die glanzvollste Epoche in der Geschichte war das 8. Jh. v.Chr., als die Insel durch den berühmten Marmor zu Reichtum kam, eine bedeutende Seemacht in der Ägäis wurde und Kolonien gründete. Eine von ihnen war Thasos, die Telesikles, der Vater des berühmten Dichters Archilochos, gründete.

Der parische Marmor war auch der Grund, weshalb die Insel in klassischer Zeit auch berühmte Bildhauer wie Skopas hervorbrachte.

Die Blüte von Paros wurde durch die Niederlage in dem Krieg mit Naxos unterbrochen. In den Perserkriegen schlug sich Paros auf die Seite der Perser, was eine Strafaktion Athens zur Folge hatte.

Im 4. Jh. wurde die Insel von den Makedonen besetzt und später von den Römern. Eine lange Zeit der Bedeutungslosigkeit wurde mit dem Erscheinen der Venezianer beendet, die Paros in das Herzogtum der Ägäis eingliederten, das Marco Sanudo begründet hatte. 1537 eroberten die Türken die Insel und verwüsteten sie. 1770 vertrieben die Russen die Türken von der Insel und blieben sieben Jahre. Ihnen diente Paros als Stützpunkt.

Im Freiheitskampf von 1821 unterstützte die aus Mykonos stammende Manto Mavrojennus, die in Paros lebte, den Kampf ganz entscheidend, da sie alle ihre Schiffe zur Verfügung stellte. 1830 wurde Paros schließlich mit Griechenland vereinigt.

Der Hafen von Parikia.

Parikia

Parikia mit seinen malerischen Gäßchen, den strahlendweißen Häusern mit Arkadenreihen und seiner Fülle berühmter kykladischer Kirchen ist an sich eine einzige Sehenswürdigkeit. Besonders zu erwähnen ist jedoch die große byzantinische **Kirche Ekatontapiliani**, eines der wichtigsten frühchristlichen Monumente Griechenlands. Es ist die einzige Kirche, die nicht weiß gestrichen ist und ein Ziegeldach hat. Dies ist das Ergebnis der sorgfältigen Renovierung durch Prof. Orlandos.

Der Name **Ekatontapiliani** bezieht sich auf die Legende, daß die Kirche einhundert Türen hat. Doch ihr richtiger Name ist Katapoliani, d.h. an der Stelle Katapola erbaut, was "unter der Stadt" bedeutet. Es ist eine frühchristliche Kirche des 4. Jh., an der später viele An- und Umbauten vorgenommen wurden. Nach der Überlieferung wurde sie von der Hl. Eleni, der Mutter von Konstantin dem Großen, erbaut. Sie hatte der Gottesmutter ein Gelöbnis getan, als sie bei ihrer Fahrt in das Heilige Land, wo sie das Kreuz Christi suchte, in einen gefährlichen Sturm geriet, der sie zwang, in Paros zu ankern.

In der Kirche sind verschiedene Wandgemälde und viele alte Ikonen erhalten. Beeindruckend ist das Baptisterium, das eine Wanne in der Form eines Kreuzes ist.

Oberhalb von Parikia liegt an dem Abhang des Berges das Kloster Ajii Anarjiri, von dem man einen zauberhaften Blick auf die Stadt und das Meer hat.

Zu beiden Seiten des Hafens gibt es Badestrände. Doch liegen die schönen und vor den Nordwinden geschützten Sandstrände **Kaminia**, **Krio** und **Ajios Fokas** südwestlich von Parikia.

Zu den weiteren Sehenswürdigkeiten von Parikia gehört das **Byzantinische Museum** neben der Ekatontapiliani. Ganz in der Nähe liegt auch das **Archäologische Museum**, in dem Funde aus dem Neolithikum bis zur Römischen Zeit ausgestellt sind. Zu den wichtigsten Stücken gehören eine geflügelte Nike aus der Schule des Skopas, die Parische Chronik (Marmor Parium), die die Geschichte der Insel vom 16. Jh. v.Chr. bis zum 3. Jh. v.Chr. berichtet, sowie eine Inschrift und ein Relief über den aus Paros stammenden Dichter Archilochos.

In der Festung, die auf einem kleinen Hügel - wenn man mit dem Rücken zum Meer steht - rechts der Mole liegt, gibt es auch die Grundmauern eines antiken Tempels der Demeter und viele alte, malerische Kirchen, von denen die bedeutendste die Kirche Ajios Konstantinos ke Eleni ist. Eine andere herrliche Kirche ist Isodion tis Theotoku hinter der Festung.

In dem Stadtviertel mit den schönen Herrenhäusern beim Archäologischen Museum ist auch das Haus von Manto Mavrojennus, der Heldin des Freiheitskampfes von 1821. In Parikia sind auch die Reste eines Tempels des Pythischen Apollo und des Asklepieions erhalten.

AUSFLÜGE

1. Parikia - Lefkes - Drios - Aliki - Parikia (50 km)

Dies ist eine Insel-Rundfahrt ohne die Umgebung von Nausa, die gesondert beschrieben wird.

3 km: Elitas. Ein kleines Dorf. Hier gibt es eine Abzweigung rechts zum **Kloster Thapsanon**, in dem etwa 20 Mönche leben. Das Kloster wurde an der Stelle eines älteren erbaut.

5 km: Marathi. Rechts von diesem Ort befinden sich die antiken Marmorbrüche. Hier und dort verstreut gibt es noch Stücke des Marmor, aus dem viele Meisterwerke geschaffen wurden, die Museen und antike Tempel in Griechenland schmücken.

7 km: Kreuzung. Die Straße links führt nach 1 km in das Dorf **Kostos**, die Heimat des großen Gelehrten

Athanasios Parios. Man fährt aber nach rechts weiter.

11 km: Lefkes. Das schönste Dorf von Paros. Mit seinen weißen Häusern, alten Kirchen und Klöstern liegt es am Hang eines Hügels. Lohnend ist ein Besuch der Kirche **Ajia Triada**, die aus weißem Marmor erbaut ist. Auch ihr Inneres ist ganz mit weißem Marmor verkleidet. Das **Kloster Ajios Ioannis tou Kaparou** stammt aus dem 16. Jh.

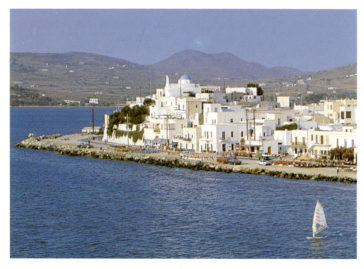

Parikia.

14 km: Die Abzweigung links führt nach Nausa. Wir fahren rechts weiter.

15 km: Prodromos. Das Dorf verdankt seinen Namen der Kirche Ajios Ioannis o Prodromos (17. Jh.). Hier biegt man links nach Marmara ab.

16 km: Marpissa (Tsipidos). Ein weiteres malerisches Dorf mit alten kykladischen Kirchen und Klöstern. Sehenswert ist die **Metamorfosi-Kirche** mit einem hölzernen, geschnitzten Templon aus dem 17. Jh., die **Klöster Ajios Ioannis o Prodromos** und **Ajios Antonios** mit einem herrlichen Katholikon. Das letztere liegt auf einem Hügel beim Dorf. Von Marpissa biegt man nicht nach rechts ab, sondern fährt geradeaus zum Strand weiter.

17,5: Piso Livadi. Einer der Ferienorte auf Paros mit einem lan-

25 km: Drios. Eine Landschaft mit Grün und Quellen, anders als sonst in Paros, wo das Wasser zumeist aus Bohrungen stammt. Es gibt einen schönen Sandstrand, der dazu beiträgt, daß der Ort sich touristisch entwickelt. Gegenüber liegt das kleine **Drionisi**, wo es gute Möglichkeiten zu fischen gibt.

36 km: Angkeria. Es ist der größte Ort im südlichen Paros. Von hier führt eine Nebenstraße links nach 2 km zu dem schönen, großen Sandstrand von **Aliki.**

Gegenüber von Aliki liegen die kleinen unbewohnten Inseln **Pantieronisi, Tigani** und **Glaropunta**.

Von Angkeria fährt man nach Nordwesten weiter und läßt den Flughafen links liegen.

44 km: Eine Abzweigung führt rechts nach 2 km in das Dorf

Psichopiana oder **Petaludes**. Der Name stammt von den vielen Schmetterlingen, die es hier im Sommer gibt. Wenn sich ein Baum oder Busch bewegt, fliegen alle gleichzeitig auf und bilden ein schönes und seltenes Schauspiel.

In nicht allzugroßer Entfernung von Petaludes liegt das malerische Kloster **Christos tu Dasus** mit sehenswerten Kirchenschätzen.

45 km: Eine Abzweigung links führt nach 3 km nach **Punta**, dem nächsten Verbindungspunkt mit der gegenüberliegenden Insel Antiparos (im Sommer gibt es jede halbe Stunde ein Boot).

Gegenüber von Punta liegt zwischen Paros und Antiparos die kleine grüne Insel **Revmatonisi**, die Privatbesitz ist.

50 km: Parikia. Hier schließt sich der Kreis der Rundfahrt.

gen Sandstrand. Man fährt am Meer entlang nach Süden weiter.

18,5 km: Logaras. Ein weniger lebhafter Ort als Piso Livadi. Man biegt nach rechts ab und fährt auf die Hauptstraße.

19 km: Kreuzung mit der Hauptstraße. Man biegt nach links ab.

20 km: Eine kleine Nebenstraße führt links nach **Punta** (Es ist nicht das Punta, das Antiparos gegenüber liegt).

23 km: Eine weitere kleine Nebenstraße führt an den herrlichen, ruhigen Strand **Chrisi Akti**, der für den Tourismus entwickelt wird.

Malerisches Gäßchen in Parikia.

2. Nausa - Ambelas (16 km)

2 km: Tris Ekklesies. Eine sehenswerte Basilika aus dem 6. Jh.

4 km: Taxiarchon-Kloster. In der Nähe des Klosters führt eine Abzweigung von der asphaltierten Straße nach Nausa rechts zu dem **Longovardas-Kloster** aus dem 17. Jh. mit schönen Wandmalereien in seinem Katholikon, einer Bibliothek und einer Werkstatt der Ikonenmaler. Im Kloster leben etwa 25 Mönche.

8 km: Von einer Kreuzung führt links die Straße zu einem der schönsten Badestrände von Paros, nach **Kolibithres**, einem herrlichen Sandstrand, der von riesigen Felsen gerahmt ist.

11 km: Nausa. Einer der malerischsten Häfen der Ägäis. Erholsam ist ein Spaziergang durch die engen Gäßchen mit den alten Häusern und den schönen Kirchen, der im **venezianischen Hafen** endet, in dessen Ouzerien immer gebratener Tintenfisch angeboten wird. Zu den Sehenswürdigkeiten von Nausa und seiner Umgebung gehören das **Byzantinische Museum**, die Kirchen Panajia i Pantanassa und Ajios Ioannis Theologos u.v.a, die Ruinen der venezianischen Festung am Hafen, das Kloster Ajios Athanasios o Parios, das Kloster Ajios Georgios in Merovigli, 1 km südlich von Naousa und andere Klöster. Weil Nausa so viel zu bieten hat, wird es im Sommer von vielen Touristen besucht.

Von Nausa ist **Ambelas** (5 km) leicht zu erreichen, ein Ort am Strand mit vielen Fischtavernen und Restaurants mit einheimischer Musik.

Vor Nausa, an der Nordwestspitze von Paros gibt es zahlreiche Felseninseln, von denen **Gaiduronisi** und **Vriokastro** erwähnenswert sind.

Oben: Der malerische Hafen von Nausa.

Unten: Das berühmte Kolibithres und im Hintergrund Nausa.

Antiparos

Antiparos ist eine kleine Insel südwestlich von Paros, mit dem es einst verbunden war. Es gibt niedrige Hügel, viele schöne Sandstrände und einen malerischen Hafen mit vielen Fischerbooten. Ringsum liegen auch andere kleine Inseln, die schmale Durchfahrten mit flachem Wasser bilden.

Antiparos ist bekannt für seine berühmte Höhle, die historisch und naturgeschichtlich interessant ist.

Die Insel ist 35 qkm groß, hat einen Umfang von 56 km und wird von 700 Menschen bewohnt. Man erreicht sie mit dem Boot von Parikia/Paros (3 Seemeilen) oder mit der Fähre von Punta (0,5 Seemeilen).

GESCHICHTE

Zwischen Paros und Antiparos liegt die sehr kleine Insel **Saliangos**, auf der man 1964 eine neolithische Siedlung (etwa 4.000 v.Chr.) entdeckte. Dies unterstützt die Auffassung, daß in jener Zeit die beiden Inseln eine Einheit bildeten und sich erstmals im Neolithikum Menschen auf Antiparos niederließen.

In historischer Zeit hieß Antiparos Oliaros. Nach der Besetzung der Kykladen durch die Venezianer wurde Antiparos ebenso wie Paros ein Teil des Herzogtums Naxos. In der Mitte des 16. Jh. lösten die Türken die Venezianer ab und für eine kurze Zeit (1770) war die Insel russisch. Antiparos beteiligte sich an dem Freiheitskampf von 1821 und wurde danach mit Griechenland vereinigt.

Ein Besuch der Insel

Der Hafen von Antiparos mit seinen Tavernen, den Cafés und den kleinen Hotels am Strand ist sehr schön. Eine Hauptstraße mit vielen Geschäften führt in den Ort und zu einem kleinen, malerischen Platz. Von hier kann man zum **Sifneiko Jalo** weitergehen, zu der Ruine der venezianischen Befestigung oder zu dem Campingplatz, der an der Nordspitze der Insel an einem Sandstrand liegt, der vor dem Nordwind durch die gegenüberliegende Insel **Diplo** geschützt wird. Hinter Diplo liegt **Kavuras**, eine weitere Insel.

Das Interesse der Besucher gilt aber vor allem der berühmten Grotte. Sie liegt im Südwestteil der Insel auf einem Hügel. Am Eingang liegt die kleine Kapelle Ajios Ioannis und dann beginnen unzählige Treppen. Man steigt durch eine große Öffnung in der Erde hinunter und sieht ringsum riesige Stalaktiten und Stalagmiten von märchenhaften Formen. Bevor man das Ende der Treppe erreicht, gibt es links eine Abzweigung, die zu den schönsten Stalaktiten der Höhle führt, und man steht plötzlich vor einem Stalagmiten, der Altar genannt wird. Eine Inschrift berichtet, daß hier am 24. Dezember 1673 um Mitternacht ein Weihnachtsgottesdienst abgehalten wurde, bei dem der französische Botschafter in Konstantinopel anwesend war. Die Höhle von Antiparos ist auch mit dem Boot erreichbar,

das an der schönen Küste der Insel entlangfährt. Danach geht man etwa eine halbe Stunde zu Fuß oder reitet auf einem Esel zur Höhle. Sie ist aber auch sehr bequem mit dem Bus zu erreichen (jeweils alle ein oder zwei Stunden), danach geht man etwa 20 Minuten zu Fuß oder reitet auf dem Esel.

Ein nahegelegener Badestrand mit herrlichem Sand ist **Psaraliki**, das 5 Minuten vom Ort Antiparos entfernt ist. Andere Sandstrände sind der **Sifneikos Jalos**, die Sandstrände im Nordteil der Insel gegenüber der kleinen Insel Diplo und neben dem Campingplatz. Einen sehr schönen Sandstrand gibt es auch im Südteil der Insel in **Ai Jorgis** gegenüber der kleinen Insel **Despotiko**. Nordwestlich von Despotiko liegt die kleine Insel **Strongili**.

Die Höhle von Antiparos.

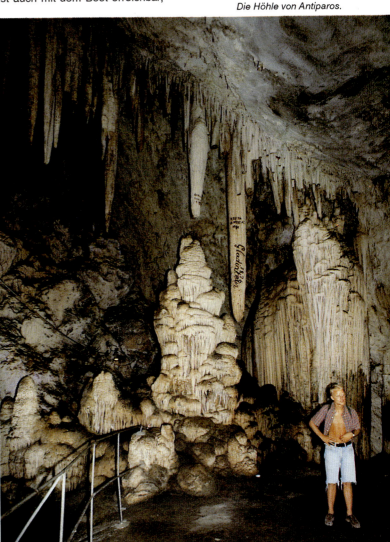

Naxos

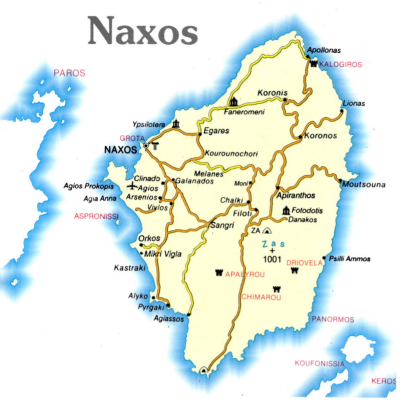

Nach der Mythologie ist Naxos die Insel des Dionysos und der Ariadne. Dionysos, der Gott des Weines hielt sich hier auf, als Theseus bei seiner Rückkehr aus Kreta Ariadne, die Tochter von König Minos, auf der Insel zurückließ, die ihm geholfen hatte, den Minotaurus zu töten. Die verlassene Prinzessin fand schließlich Trost in den Armen des Dionysos, der sie zur Frau nahm.

Naxos war schon vor dem Ende der frühkykladischen Zeit, vor 2000 v.Chr., bewohnt und spielte eine entscheidende Rolle bei der Entwicklung der Kykladenkultur. Ihre goldene Zeit erlebte die Insel aber im 7. und 6. Jh. v.Chr. Damals herrschte Naxos über fast alle Inseln der Kykladen; der Handel und die Kunst, vor allem die Bildhauerei, blühten.

Beispiele dieser Kunst findet man in vielen Heiligtümern Grie-

Naxos ist die größte Insel der Kykladen mit dem höchsten Berg, dem Sa (Zeus), der aus der Ferne wie eine große Pyramide aussieht. Beeindruckend ist Chora mit der fränkischen Festung, eine weiße Stadt auf einem Hügel über dem Hafen. Links der Festung steht auf einer kleinen Insel, die heute mit Chora verbunden ist, das große Tor des Apollotempels, die "Portara". Es gibt eine weitere sehr kleine Insel im Hafen, auf der die malerische, kleine Kirche der Panajia Mirtidiotissa Platz gefunden hat.

Naxos ist die fruchtbare Insel mit abwechslungsreicher Landschaft. Wiesen, die bis an weite Sandstrände reichen, Bachtäler voll Oleander und rauhe Berge, deren Inneres den schwarzen Schmirgel birgt, sind die wesentlichen Kennzeichen der Natur in Naxos.

Es gibt malerische Kykladendörfer und unzählige venezianische Türme, alte byzantinische Kirchen und vor allem die berühmten Marmor-Kuroi, die in Übergröße gearbeitet sind.

Bis vor wenigen Jahren lag Naxos fern des großen Touristenstroms. Doch hat sich die Situation in der letzten Zeit geändert. Die

Reisenden werden immer mehr und mit ihnen die Hotels. Vor allem in Chora ist ein Bau-Boom ausgebrochen, um dem Touristenstrom gewachsen zu sein, der auf der Insel immer größer wird.

Naxos liegt, Paros benachbart, fast im Zentrum der Kykladen und ist von Piräus 103 Seemeilen entfernt. Die Insel ist 428 qkm groß, ihr Umfang beträgt 148 km und sie wird von 18.000 Menschen bewohnt. Naxos ist von Athen mit dem Flugzeug und von Piräus, Rafina, den Kykladen, Ikaria, Samos und der Dodekanes mit Fährschiffen erreichbar. Im Sommer gibt es auch die schnellen "Katamaran" von Piräus und die Tragflügelboote ("Flying Dolphins") von Rafina.

Die Insel ist berühmt für ihren hervorragenden Käse, den Honig und das Fleisch. Als ein spezielles Produkt gilt das Zedrat ("Kitro"), aus dem ein Likör hergestellt wird. Andere Produkte der Insel sind der Marmor und der Schmirgel, ein hartes Gestein, dessen Pulver zum Schleifen von Metall verwendet wird.

Die Stadt Naxos, der Hafen und Palatia.

"Portara", das Tor de Apollo-Tempels

chenlands. So in Delphi die Marmorsphinx der Naxier und in Delos die berühmten Löwen, das Haus und die Halle der Naxier.

490 v.Chr. wurde Naxos von einem großen persischen Heer verwüstet, das den Feldzug gegen Griechenland begann. 479 v.Chr. erkämpfte es mit anderen griechischen Städten in der Schlacht von Platää den Sieg über die Perser. Viele Jahre stand Naxos unter der Herrschaft Athens. 338 v.Chr. wurde es von den Makedonen besetzt und später (166 v.Chr.) von den Römern. Es folgten die langen Jahre der byzantinischen Zeit, in der auf Naxos viele wertvolle Kirchen erbaut wurden, von denen einige zu den ältesten gehören, die auf dem gesamten Balkan erhalten sind. An die byzantinische Zeit schloß sich die venezianische Herrschaft an. 1210 machte sich der Venezianer Marco Sanudo zum Herzog von Naxos und erbaute die berühmte Festung in Chora. Die Dynastie der Sanudi herrschte viele Jahre und ihre Macht erstreckte sich weit über die Insel hinaus.

Die Sphinx, der Naxier.

Auf die venezianische Herrschaft folgte 1566 die türkische Besetzung, während der der Hl. Nikodemos o Agioritis lebte. Die Naxier nahmen am Befreiungskampf von 1821 teil und schickten Truppen auf das griechische Festland.

Naxos oder Chora

Bei der Einfahrt in den Hafen sieht man links auf der kleinen Insel **Palatia** die Reste des **Apollo-Tempels**, dessen Bau im 6. Jh. v.Chr. begonnen worden war, als Lygdamis über Naxos herrschte. Bei Ausbruch des Krieges zwischen Samos und Naxos wurden die Bauarbeiten jedoch eingestellt. Heute gibt es nur noch die Grundmauern und das imposante Marmortor, die **Portara**.

Beeindruckend ist die **venezianische Festung** von Chora, die auf einem Hügel über dem Hafen liegt. Die Mauern der Festung sind zugleich die äußeren Mauern der Herrenhäuser der venezianischen Adeligen, deren Nachkommen sie heute noch bewohnen. Über den Eingängen sieht man noch die

Wappen und Namen dieser Familien: Barozzi, Dellarocca, Sommaripa. In der Festung steht auch der verfallene Turm von Marco Sanudo, dem Herzog von Naxos. Hier befindet sich auch das Gebäude der Klosterschule, die Nikos Kazantzakis einige Zeit besuchte, und in der heute das **Archäologische Museum** untergebracht ist, das Gebäude der Schule der Ursulinen und die römisch-katholische Kathedrale. An der Küste nördlich von Chora fand man in **Grota** die Reste einer mykenischen Siedlung.

Sehenswert sind die Kathedrale und das **Kloster Ajios Ioannis Chrisostomos**, 3 km außerhalb von Chora mit einem herrlichen Blick auf das Meer.

Bei Chora liegen die Badestrände Ajios Georgios und Palatia.

Die kleine Kirche Mirtidiotissa im Hafen von Naxos.

1. Naxos - Apiranthos - Apollonas (48 km)

Man benützt die Hauptstraße, die von Chora in das Innere der Insel führt.

5,5, km: Galanados

6 km: Der **Turm von Belonia** rechts der Straße. Belonia war ein venezianischer Adeliger, der viele Jahre über ganz Livadi herrschte. Neben dem Turm steht die zweischiffige Kapelle Ajios Ioannis. Das eine Schiff war die orthodoxe Kirche, das andere die römisch-katholische.

8 km: Ein abschüssiger Pfad führt rechts nach 15 Minuten zu **Ai Mamas**, einer der ältesten byzantinischen Kirchen der Insel (9. Jh.) mit Reliefs und Resten von Wandmalereien.

11 km: Abzweigung rechts, die zur Straße Chora, Glinados, Pirgakio führt und nach 500 m an **Ano Sagri** vorbeiführt, einem Dorf, das auf einem Hügel mit einer schönen Aussicht liegt. Mitten im Dorf liegt das malerische **Kloster Ajios Eleftherios** mit kykladischer Architektur. Es ist eines der ältesten Klöster von Naxos und war in der türkischen Zeit ein bedeutendes religiöses und geistiges Zentrum.

Von Sagri erreicht man nach einer halben Stunde Fußweg die Ruinen des **Demeter-Tempels** aus dem 6. Jh. v. Chr.

Zehn Minuten von Sagri entfernt liegt die byzantinische Kirche Ajios Nikolaos mit Fresken von 1270.

12,5 km: Eine Abzweigung führt rechts nach 10 km an den Strand von **Ajiasso**, eine kleine Ortschaft mit einem schönen Sandstrand und Restaurant. Von der Straße nach Ajiasso führt links ein Pfad nach 30 Minuten zur Befestigung von **Apaliru**.

16 km: Chalki. Ein herrschaftliches Dorf inmitten eines ausgedehnten Olivenhaines mit einer sehenswerten byzantinischen Kirche, der **Panajia Prothroni**, aus dem 12. Jh. und einem dreistöckigen **venezianischen Turm**, der zu Beginn des 17. Jh. von den Barozzi erbaut wurde. Ganz nahe bei Chalki liegt die Kirche Ajios Georgios o Diasoritis aus dem 11. Jh. mit Wandgemälden.

Der Platz mit den Platanen in Filoti.

Von Chalki kann man mit dem Auto auch in Richtung **Epano Kastro** fahren und den restlichen Weg zu Fuß zurücklegen (etwa 30 Minuten). Ebenfalls von Chalki führt eine Abzweigung links nach 4 km in das Dorf **Moni**. Kurz vor dem Dorf erhebt sich die **Panajia i Drosiani** mit interessanter Architektur und den ältesten Wandmalereien auf dem Balkan. Von hier gibt es eine neue, Kürzere Straße nach Apollonas.

19 km: Filoti. Das größte Dorf auf Naxos liegt amphitheatralisch am Fuße des Sa. Im Dorf gibt es die interessante Kirche Panajia i Filotissa mit einer Ikonostase aus Marmor und alten Ikonen.

In Filoti beginnt nach den ersten kurven der Straße, die nach Apirantho hinaufführt, der Weg zur **Höhle Aria tu Sa**, die man zu Fuß in 45 Minuten erreicht. Wie die Funde zeigen, die im Museum von Apirantho aufbewahrt werden, wurde in der Höhle Zeus kultisch verehrt. Nach der Überlieferung diente die Höhle später als Kirche der Gottesmutter Soodochu Pijis und war zugleich in türkischer Zeit ein Zufluchtsort für Christen. Von Filoti kann man auf einem schlecht befahrbaren Feldweg den **Turm von Chimarru** erreichen, eine

vierstöckige, runde Befestigung im Südosten der Insel, die aus riesigen Marmorblöcken erbaut wurde.

23 km: Eine Abzweigung rechts führt nach 2 km in das Dorf Danako. Oberhalb von Danako liegt das **Kloster Fotodoti**, das älteste Kloster auf Naxos, das wie der Turm eines Märchens aussieht. Nach der Überlieferung wurde es von der Kaiserin Irene gegründet.

27 km: Apiranthos oder **Aperathu**. Es ist ein berühmtes Bergdorf mit Herrenhäusern aus Marmor, byzantinischen Kirchen und interessanten volkskundlichen Besonderheiten. Der einheimische Dialekt mit seiner langezogenen Aussprache, die Geschicklichkeit der Volkssänger im Verseschmie-den und die Liebe der Einwohner zur Volkskunst erinnern an Kreta, woher sie stammen.

In Apiranthos lohnt sich ein Besuch der **Kirche der Panajia tis Aperathitissas**, die eine Ikonostase aus Marmor besitzt, des kleinen, aber sehenswerten **archäologischen Museums**, des herrlichen **Turms des Sefgoli** aus dem 17. Jh., der venezianischen Aristokraten gehörte und renoviert wurde, und des Turmes der Bardani

mit dem Löwenwappen. In der Umgebung von Apiranthos gibt es viele alte Kirchen, darunter auch auf dem Weg zu den Schmirgelbergwerken Ajia Kiriaki aus dem 9. Jh. mit berühmten Dekorationen.

Von Apiranthos führt eine Abzweigung rechts nach 12 km nach **Mutsuna**, dem Hafen des Dorfes.

33 km: Man kommt aus Apiranthos und befindet sich wieder auf der Hauptroute. An dieser Stelle führt eine Abzweigung rechts nach 2 km zu der **Kirche Panajia i Argokiliotissa**. Am Festag der Kirche versammeln sich hier Tausende von Pilgern aus ganz Naxos.

33,5 km: Eine weitere Abzweigung rechts führt nach 6 km zum Starnd von Liona.

34 km: Koronos. Ein malerisches Bergdorf an den Abhängen einer steilen Schlucht. Viele der Einwohner arbeiten in den Schmirgelbergwerken.

39 km: Koronis, das die Einheimischen **Komiaki** nennen. Es ist die höchstgelegene Ortschaft der Insel (700 m) mit einem schönen Blick auf das Meer.

47 km: Kreuzung mit einer unbefestigten Straße, die aus Chora die Küste entlang führt. Eine Abzweigung nach wenigen Metern von dieser Straße führt zu dem kolossalen **Marmor-Kuros des Apollo**, der 10,5 m lang ist. Er liegt ausgestreckt an seiner ursprünglichen Stelle in den Marmorbrüchen und ist, man weiß nicht warum, unvollendet. Nach einer anderen Auffassung handelt es sich nicht um eine Statue des Apollo, sondern des Gottes Bakchos.

48 km: Apollonas. Eine malerische Bucht mit Sandstrand und der gleichnamigen Siedlung.

Hier endet die Rundfahrt. Nach Chora kann man an der Nordwestküste entlang über **Engares** oder über Monis. Km 16 Chalkifahren.

Die Sehenswürdigkeiten dieser Fahrt sind das Kloster und der **Turm von Ajia**, die Bucht von **Abrami** (ein kleiner Umweg) mit Sandstrand und Taverna, das große **Faneromeni-Kloster**, das Dorf **Engares** mit seinen vielen Gärten, in denen die berühmten Aprikosen gedeihen, das Dorf **Galini** und das festungsartige **Kloster Panajia i Ipsiloteri**, das um 1600 erbaut wurde.

2. Naxos - Vivlos (Tripodes) - Pirgaki (20 km)

Dieser Ausflug führt an die herrlichen, großen Sandstrände des westlichen Naxos. Man fährt auf der Straße nach Apiranthos und biegt nach 5 km vor Galanado rechts ab.

5,5 km: Glinado

7 km: Ajios Arsenios. In diesem Dorf, das die Einheimischen **Ajersani** nennen, liegt das Kloster Ajios Ioannis o Prodromos, das 1721 erbaut wurde.

Kurz vor Ajios Arsenios führt eine Abzweigung rechts nach 4 km an den Sandstrand **Ajia Anna**, einem der Schwerpunkte des Tourismus auf Naxos.

Auf der gleichen Straße kann man auch zu dem herrlichen Sandstrand **Ajios Prokopios** fahren, einem weiteren Zentrum des Tourismus. Doch der kürzeste Weg zu diesem Strand führt von Chora an der Küste entlang (6 km).

8 km: Vivlos (Tripodes). Ein malerisches Dorf mit Windmühlen und einer alten Kirche, Panajia Tripodiotissa, die eine schöne geschnitzte Ikonostase und wertvolle Ikonen besitzt.

10 km: Kreuzung mit der Straße, die links nach Sagri führt und dort auf die Hauptstraße Chora - Apirantho trifft. Man fährt geradeaus weiter.

14 km: Eine Abzweigung führt rechts nach 3 km an den schönen Sandstrand **Mikri Vigla** und **Orkos**, die sich zu Badeorten entwickeln. Dieser Strand erstreckt sich 6 km nach Süden.

15 km: Eine weitere Abzweigung rechts führt nach 800 m an den Sandstrand **Kastraki**.

18 km: Aliko. Hier endet die Asphaltstraße neben einer sandigen, mit Zedern bestandenen Halbinsel. Rings um die Halbinsel gibt es kleine Buchten mit den schönsten Sandstränden der Insel und kristallklarem Wasser. Die Buchten im Süden sind vor dem Nordwind geschützt, doch herrlich sind auch die unberührten Strände an der Westseite der Halbinsel.

20 km: Pirgaki. Drei weitere windgeschützte Buchten mit herrlichem Sandstrand.

Oben: der Turm von Chimarro.
Mitte: Ajia Anna.
Unten: Der Sandstrand von Orkos
Der Kuros und der Hafen von Apollona.

3. Naxos - Melanes - Flerio (Kuros) (11 km)

Man folgt der Straße nach Apiranthos und biegt nach 3 km nach Melanes ab.

9 km: Kurunochori. Bemerkenswert ist hier der große Turm von Frangopulos, in dem 1833 König Otto gastlich empfangen wurde.

11 km: Flerio. In dieser malerischen Landschaft liegt bei einer großen Quelle, die am Fuße des Berges entspringt, in einem großen Garten der schönste **Kuros** der Insel. Er stammt aus dem 7. Jh., ist aus Marmor und hat eine Länge von 6,5 m. Ein Bein ist gebrochen.

Ios

Für viele ist Ios die schönste Insel der Kykladen. Beeindruckend sind die malerische, kleine Kirche Ajia Irini rechts an der Hafeneinfahrt, Chora oberhalb des Hafens, das sich schneeweiß einen Hügel hinaufzieht und die Kirche auf dem Gipfel. Und dann ein Rundgang durch Chora. Die

Hafen von Ios.

Gassen sind eng, es gibt Läden, Bars, Pubs, Tavernen. Alles ist klein, puppenstubenartig, anmutig. Und danach ein Spaziergang außerhalb von Chora, hinauf zu der Anhöhe mit den alten Windmühlen, die in einer Reihe nebeneinanderstehen.

Später geht man hinunter an den Strand, der rechts vom Dorf liegt. Eine herrliche Bucht mit wunderbarem Sandstrand breitet sich vor dem Besucher aus. Viele Menschen bevölkern die Cafés, den Strand oder baden. Die meisten sind jung. Sie kommen aus Europa und der ganzen Welt, um die Sonne und das herrliche Meer zu genießen. Dies ist die berühmte Bucht von Milopota. Einer der schönsten Strände Griechenlands, 1 km lang.

Das ist Ios, die Insel, auf der nach einer Überlieferung Homer bestattet

sein soll. Es liegt zwischen Naxos und Santorin und ist von Piräus 111 Seemeilen entfernt. Ios ist 108 qkm groß, hat einen Umfang von 80 km und wird von 1.500 Menschen bewohnt. Das ganze Jahr hindurch gibt es von Piräus Fährschiffe.

Von Ios kann man zahlreiche Kykladeninseln besuchen sowie Kreta und die Dodekanes.

GESCHICHTE

Chora liegt nahe der Stelle der antiken Stadt. Die Überlieferung berichtet, daß Homer in Ios bestattet wurde. Es gibt in Plakoto sogar ein antikes Grab, das man "Grab des Homer" nannte.

Wie auf anderen Kykladeninseln hatten sich auch hier die Venezianer niedergelassen und im 15. Jh. eine Festung erbaut.

Milopotas.

Chora von Ios.

Ein Besuch der Insel

Der Hafen ("**Ormos**" wie man ihn gewöhnlich nennt) hat an seiner Nordseite einen schönen Sandstrand, doch gehen die meisten Besucher zum Baden nach **Milopota**.

Chora ist mit dem Hafen durch ein 2 km lange Asphaltstraße verbunden, die an den Strand von Milopota weiterführt. Wenn man den steilen Weg nicht zu Fuß hinaufgehen will, kann man auch den Bus benützen, der fahrplanmäßig verkehrt. Erholsam ist ein Gang durch Chora mit seinen vielen Kykladenkirchen und einem herrlichen Ausblick auf das Meer.

Die **Bucht von Milopota** ist 3 km von Chora entfernt. Der Bus fährt bis hierher. Es gibt einen sehr langen, herrlichen Sandstrand.

Manganari ist eine Ortschaft an einer sehr großen Bucht mit einem wunderschönen Sandstrand an der Südspitze der Insel.

Ajia Theodoti mit Sandstrand, Campingplatz und einer Taverne liegt an der Ostküste der Insel. Es gibt einen Feldweg bis dorthin. Bei gutem Wetter kann man auch mit dem Boot nach Ajia Theodoti fahren.

Psathi ist eine kleine Ortschaft an der Ostküste, die mit dem Boot oder dem Auto erreichbar ist.

73

"Ägäis", 1988.
Öl auf Leinwand (90 x 110).
Eine Arbeit des
Malers K. Grammatopulos.

Kleine Ost-Kykladen

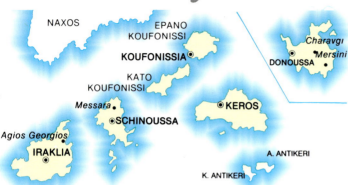

Keros

Bei den Kufonisia liegt die heute unbewohnte Insel **Keros**, die für die uralte Kykladenkultur sehr bedeutend war. In Keros und auf den Nachbarinseln gibt es Überreste dieser Kultur, doch wurden die wichtigen Funde in die Museen gebracht. Zu ihnen gehören, unter anderem, die berühmten Idole (kleine Marmorstatuetten) des Harfenspielers und des Flötenbläsers aus Keros, die heute im Nationalmuseum in Athen ausgestellt sind.

Schinusa.

Diese Inseln, die bis vor kurzem als abgelegen galten, wurden bekannt durch ihre schönen Sandstrände, die vielen Fische und das einfache und ruhige Leben, das sie bieten.

Von ihnen liegen **Iraklia, Schinusa** und die **Kufonisia** etwa drei Meilen südlich von Naxos. Etwas weiter entfernt ist **Keros**, eine unbewohnte Insel mit vielen archäologischen Funden und schließlich **Donusa**, östlich von Naxos und etwas isoliert. Allen sehr nahe liegt Amorgos, von wo es, wie auch von Naxos, fahrplanmäßige Schiffsverbindungen gibt.

Alle diese Inseln sind mit dem Fährschiff von Piräus und im Sommer mit den schnellen "Katamaran" erreichbar. Von Rafina gibt es nach Iraklia, Schinusa und den Kufonisia auch Tragflügelboote ("Flying Dolphins").

Von den kleinen östlichen Kykladen kann man viele der anderen Kykladeninseln besuchen, im Sommer auch die Dodekanes.

Obwohl diese Inseln touristisch noch nicht sehr entwickelt sind, gibt es in den wenigen kleinen Hotels und Pensionszimmern Übernachtungsmöglichkeiten für eine gewisse Anzahl von Besuchern.

Auf den kleinen Ost-Kykladen gibt es außer einigen landwirtschaftlichen Fahrzeugen keine Autos. Eine Gelegenheit also für Spaziergänge, da die Entfernungen gering sind, oder für Fahrten mit dem Boot zu schönen Sandstränden.

Der große Sandstrand auf Kufonisia.

Iraklia.

Iraklia

Vielleicht ist es die ursprünglichste dieser drei Inseln. Es gibt einen Hafen **Ajios Georgios**, die Ruinen der Burg, die 15 Minuten vom Hafen entfernt sind und **Iraklia** oder **Chora**, das eine Wegstunde von Ajios Georgios entfernt liegt. Von Chora kann man die **Höhle des Zyklopen** besuchen, die auf der Südwestseite der Insel liegt und 45 Minuten entfernt ist. Man braucht jedoch einen Führer aus dem Dorf und eine elektrische Taschenlampe.

Donusa.

In Iraklia gibt es einen Sandstrand an der Bucht von Ai Jorgi, an der auch der Hafen der Insel liegt. Ein schöner Sandstrand ist auch in Livadi, das 15 Minuten von Ai Jorgis entfernt liegt. Beide Strände sind nach Norden hin offen.

Schinusa

Es ist ein kleine Insel mit niedrigen Hügeln, die von Buchten mit schönen Sandstränden umgeben sind. **Chora** liegt etwa in der Mitte. An einer der Buchten liegt auch der kleine Hafen **Mersini**. Auf Schinusa gibt es noch eine weitere Siedlung **Mesaria**. Auf der Insel wohnen 150 Menschen. Schinusa hat sechs herrliche kleine Buchten mit Sandstrand, die alle von Chora aus zu erreichen sind. Diese Strände sind Mersini, 10 Minuten von Schinusa, Tsinkura 15 Minuten, Livadi 20 Minuten und die entfernteren Almiros, Liulio und Psili Ammos.

Kufonisia

Es sind zwei Inseln, **Epano** und **Kato Kufonisia**. Kato Kufonisia wird nur zeitweise bewohnt und hat mehrere einsame Strände. Das Interesse der Besucher richtet sich auf Epano Kufonisi (hier legt das Schiff an), das von etwa 300 Menschen bewohnt wird. Hier gibt es viele Fischerboote und schöne Strände.

Auf **Epano Kufonisi** gibt es hintereinander fünf schöne Sandstrände. Am Hafen ist der erste, und wenn man von hier nach Nordosten weitergeht, kommt man nach jeweils 5 Minuten an einen schönen, windgeschützten Strand. Nach 25 Minuten ist man in **Pori**, einer runden Bucht, die aussieht, als wäre sie mit dem Zirkel entworfen. Hier ist der schönste Sandstrand der Insel. Auf der Nordseite der Landzunge, die die Bucht schützt, gibt es eine berühmte Meeresgrotte.

Donusa

Die 130 Bewohner verteilen sich auf die Siedlungen **Donusa** (der Hafen, den die Einheimischen Stavro nennen), **Charavgi, Mersini** und **Kalotaritissa**.

Einen schönen Strand gibt es an der Bucht, in der das Schiff anlegt. Doch bieten sich noch andere an wie Kentros, das vielleicht der schönste Strand der Insel ist.

Amorgos

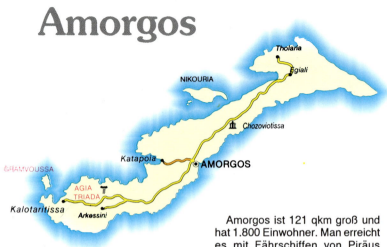

Obwohl die touristische Infrastruktur der Insel noch recht bescheiden ist, gibt es für viele Reisende Hotels und Privatzimmer.

GESCHICHTE

Wie die Funde aus protokykladischer Zeit beweisen, war Amorgos schon in prähistorischer Zeit bewohnt. Man hat ebenfalls festgestellt, daß in minoischer Zeit Kreter auf der Insel ansässig waren. Auf der Spitze eines Hügels in Katapola fand man die Spuren des antiken Minoa, das eine minoische Siedlung gewesen sein soll. Im Altertum gab es auf Amorgos die zwei Städte Arkesine und Aigiale.

In historischer Zeit gehörte die Insel in den Machtbereich der Athener. Später kam es an die Ptolemäer, dann an die Römer.

Andere Eroberer folgten, bis 1209 schließlich der Venezianer Marco Sanudo die Insel dem Herzogtum Naxos angliederte. Drei Jahrhunderte später kamen die Türken und 1832 wurde die Insel befreit und mit Griechenland vereinigt.

Amorgos ist 121 qkm groß und hat 1.800 Einwohner. Man erreicht es mit Fährschiffen von Piräus (Entfernung 138 Seemeilen), Rafina, den Kykladen und der Dodekanes. Im Sommer gibt es von Piräus auch die schnellen "Katamaran", von Rafina die "Flying Dolphins".

Auf der Insel verkehren Linienbusse zwischen Katapola, Chora, dem Chosoviotissa-Kloster und dem Strand Ajia Anna und Ägiali. Mit dem Boot kann man an die schönen Strände Ajios Pandeleimonas, Faros, Paradisia und Kalotaritissa fahren.

Amorgos, die östlichste Insel der Kykladen, ist Astypaläa und den anderen Inseln der Dodekanes benachbart. Die Insel hat zwei Häfen, die malerische Ortschaft Katapola und die Ägiali-Bucht mit einem herrlichen Strand. Hoch oben auf den kahlen Felsen liegt Chora mit seiner traditionellen Architektur. Das berühmte Chosoviotissa-Kloster leuchtet weiß auf dem Felsen über einem Abgrund.

Das malerische Ägiali.

Ein Besuch der Insel

Katapola, der malerische Hafen von Chora, besteht eigentlich aus drei selbständigen Ortschaften, die am Hang der Hügel liegen und auf die windgeschützte Bucht blicken. Auf dem Gipfel des südlichsten Hügels fand man die Spuren des antiken Minoa.

Chora liegt in 320 m Höhe und ist mit Katapola durch eine asphaltierte Straße verbunden. Ein schöner Spaziergang führt durch die malerischen Gassen mit den weißen Häusern, die typisch sind für die Architektur der Kykladen.

Das **Chosoviotissa-Kloster** ist nicht nur die größte Sehenswürdigkeit der Insel, sondern gehört auch zu den schönsten Klöstern Griechenlands. Es wurde 1017 erbaut und 1088 von dem byzantinischen Kaiser Alexios Komninos umgebaut. Es besitzt herrliche Ikonen und andere Meisterwerke kirchlicher Kunst. Besonders eindrucksvoll ist aber die Stelle, an der man es erbaute, denn das Kloster klammert sich an einen senkrechten Felsen, der 300 m über dem Meer aufragt. Traumhaft schön ist die Aussicht auf das Meer.

Der zweite Hafen von Amorgos ist **Ägiali** im Nordteil der Insel mit einem herrlichen Sandstrand. Eine schlechte Straße verbindet Ägiali mit Katapola. Deshalb benutzt man zumeist das Linienschiff, um nach Ägiali zu kommen.

Im Meer zwischen Ägiali und Katapola liegt die kleine, unbewohnte Insel **Nikuria**, im Süden von Amorgos gegenüber der **Kalotaritissa-Bucht** die kleine Insel **Gramvusa** und nordwestlich in großer Entfernung die kleine Insel **Anidro**.

Oben: Chora.

Unten: Das Kloster Chosoviotissa auf dem steilen Felsen und das kristallklare Wasser in Ajia Anna.

Sikinos

Sikinos ist eine Insel, deren Nordwestseite aus einem Abhang besteht, der nahezu senkrecht zum Meer abfällt. In 280 m Höhe liegt an seinem Rand Chora, das zugleich ursprünglich und malerisch ist. Die andere Seite der Insel, die Südostseite, ist sanfter und steigt nach Chora gleichmäßig an. Vor dem Nordwind geschützt liegt hier Alopronia oder Ano Pronia, der Hafen der Insel.

Auf Sikinos gibt es viel Ölbäume, an denen kleine Oliven wachsen. Aus ihnen wird ein hervorragendes Öl gewonnen.

Sikinos liegt in den südlichen Kykladen zwischen Ios und Folegandros. Es ist 41 qkm groß, hat einen Umfang von 41 km und nur 300 Einwohner.

Die Insel ist touristisch recht wenig erschlossen, doch für einen ruhigen Urlaub sind ihr klares Meer und ihre unberührte Natur ideal.

Sikinos ist mit dem Fährschiff von Piräus (Entfernung 113 Seemeilen), von den Kykladen, Kreta und der Dodekanes zu erreichen. Im Sommer verkehren auch die schnellen "Katamaran".

Zwischen Sikinos und Folegandros liegen die unbewohnten kleinen Inseln **Kardiotissa** (die größere) und **Kalojeri.**

GESCHICHTE

Der Name der Insel wird auf Sikinos, den Sohn des Königs Thoas von Limnos zurückgeführt. Weil es hier viel Wein gab, hieß die Insel auch Oinoe. Die ersten Siedler ließen sich anscheinend in minoischer Zeit nieder, denen die Ionier folgten. Im 5. Jh. stand Sikinos unter der Herrschaft der Athener. In venezianischer Zeit gehörte es zum Herzogtum Naxos, das 1537 von den Türken erobert wurde. 1821 wurde die Insel befreit und mit Griechenland vereinigt.

Ein Besuch der Insel

Alopronia ist der kleine Hafen der Insel mit einem kleinen Strand.
Chora liegt am Rande eines Abhangs über dem Meer. Der vom großen Touristenstrom noch unberührte Ort beeindruckt durch seine Ursprünglichkeit. Mitten im Ort strahlt die Pantanassa-Kirche. Sie hat ein hölzernes, geschnitztes Templon und alte Ikonen. Nordöstlich von Chora führt ein ansteigender Weg zu dem festungsartigen Kloster Chrisopiji (20 Min.), von dem man eine herrliche Aussicht hat. Hierher flohen die Einwohner der Insel, um sich vor den Piraten zu verstecken. Das Katholikon des Klosters ist die Kirche Soodochos Piji.
Episkopi liegt etwa 1 1/4 Stunden Fußweg südwestlich von Chora. Hier fand man Spuren eines Tempels, der wahrscheinlich dem pythischen Apoll heilig war. Auf seinen Trümmern erbaute man die Kirche Kimisis tis Theotoku.

Weitere Sehenswürdigkeiten der Insel sind Ajia Marina und Paliokastro.

Folegandros

Die ersten Bewohner der Insel waren Karer und Phönizier. Dann kamen die Kreter, die nach einer Überlieferung von Folegandros angeführt wurden. Nach ihm wurde die Insel benannt. Dann folgten die Dorer und später die Athener. Die Venezianer unter Marco Sanudo erbauten zu Anfang des 13. Jh. den alten Teil von Chora und die Burg.

Die Panaja-Kirche.
Unten: Ein Gäßchen in Chora.

Die bis vor kurzem völlig unbekannte Kykladeninsel Folegandros findet immer mehr Freunde. Sie nehmen jede Strapaze auf sich, um diesen Felsen zu besuchen, der zwischen Sikinos und Milos liegt. Im Hafen Karavostasis gehen sie an Land und steigen, ohne Zeit zu verlieren, nach Chora hinauf. Denn dort oben bietet sich Interessantes.

Kykladenarchitektur in ihrer unverfälschtesten Form verbindet sich hier mit der eindrucksvollen Landschaft zu einer Einheit. Einerseits malerische Gassen mit weißgekalkten Platten, strahlendweiße Häuser mit Treppen und Holzbalkonen und andererseits der senkrecht abfallende Felsen, der 200 m aus dem Meer in die Höhe ragt.

Am Rande des Felsen endet Chora und bildet so über dem Abgrund einen wunderbaren Balkon über der Ägäis, der, wenn es nicht Santorin gäbe, in ganz Griechenland einzigartig wäre. Ganz in der Nähe von Chora liegen die herrliche Kirche der Panajia mit ihrer eigenartigen Architektur und das Kloster der Panajia auf der Spitze des Hügels. Dorthin führt der malerische Weg, der immer weiß gekalkt ist und auf dem Hang neben dem eindrucksvollen Felsabfall eine weiße Zickzacklinie beschreibt.

Für alle, die an Unterwasserjagd interessiert sind, ist die Insel ein Paradies. Sie ist 32 qkm groß, hat einen Umfang von 40 km und wird von 600 Menschen bewohnt. Von Piräus, von dem sie 105 Seemeilen entfernt ist, gibt es ganzjährig Fährschiffe und im Sommer die schnellen "Katamaran".

Ein Besuch der Insel

Karavostasis. In dem kleinen Hafen, an dessen Einfahrt einige kleine Felseninseln liegen, gibt es Fischtavernen, Kafenia, einige Hotels und Pensionen. Das Wasser des kleinen Badestrands ist herrlich sauber.

Chora. Der Hauptort der Insel, 4 km vom Hafen entfernt, ist eines der malerischsten und typischsten Dörfer der Kykladen. Die Häuser des alten Teils von Chora, die in der **venezianischen Burg** liegen, sind an den Rand des senkrecht abfallenden Felsen gebaut und haben einen wunderbaren Blick auf das Meer. In Chora gibt es kleine Hotels und Privatzimmer.

Außerhalb von Chora leuchtet weiß die schöne **Kirche der Panajia** und auf der Spitze des Hügels 20 Wegminuten entfernt, erhebt sich das **Kloster der Panajia**.

Ano Mera. Die dritte Siedlung der Insel liegt 5 km nordwestlich von Chora und besitzt ein schönes Volkskundemuseum.

Angali. Ein kleiner Ort am schönsten Sandstrand der Insel. Um ihn zu erreichen, benötigt man auf der Straße Chora - Ano Mera 20 Minuten.

Chrisospilia. Eine herrliche Tropfsteinhöhle mit Stalaktiten und Stalagmiten am Meer an der Nordküste der Insel. Sie ist aber nur mit einem Boot von Karavostasis zu erreichen.

Santorin

Hätte man unter den Sehenswürdigkeiten Griechenlands nur eine oder zwei auszuwählen, dann würde man ohne zu zögern Santorin nennen. So groß ist die Schönheit dieser Insel. Eine wilde, urtümliche Schönheit, die geprägt ist von einem erdgeschichtlichen Phänomen, dem Vulkan, der wie ein schwarzes Ungeheuer halbversunken unter dem Meer in der Tiefe liegt. Und rings um ihn liegt halbmondförmig der Rest der einstigen, jetzt versunkenen Insel. Es ist ein gewaltiger Felsen in vielen Farben: Schwarz, rot, grau und braun. Hoch oben auf dem Felsen trifft man die Zivilisation, eine Versöhnung mit dem Urtümlichen und Urweltlichen, den weißen Kranz der Häuser, Arkaden, Dächer und Kirchen mit ihren Kuppeln. Es sind Fira, Firostefani, dahinter Ia und gegenüber, auf einer kleinen Insel, die ebenfalls der Rest einer großen Insel ist, Thirasia.

Deutlich sichtbar ist die Gegenwart des Menschen, der die Wildheit geringachtete und sich mutig dort oben niederließ. War es vielleicht die Unkenntnis der Gefahr, die ihn dort an den Rand des

Blick auf Santorin mit dem Vulkan. Aus der Zeitschrift "Illust.

Abgrundes führte? War er geblendet von dieser außerordentlichen Landschaft, gebannt von diesem fantastischen Schauspiel, das ihn anzog? Oder war es die wagemutige Seele des Griechen, der alles auf eine Karte setzt, um das zu erreichen, was ihm gefällt?

Dies nun ist das berühmte Santorin. Auch die Reise zu dieser Insel bildet ein unvergeßliches Erlebnis. Man genießt einen Bummel durch die malerischen Gäßchen von Fira. Dann fährt man mit dem Auto nach Ia, das auf roten Felsen liegt, besucht mit dem Boot den

n News" vom 31. März 1866.

Vulkan und vergnügt sich am Abend in einem der vielen, verschiedenartigen Lokale. Man besucht das antike Thera und Akrotiri, die unter der Vulkanasche begrabene minoische Stadt. Wenn dann noch Zeit bleibt, fährt man zu einem der schwarzen Kieselstrände in Kamari oder Perissa hinunter, um in dem herrlich klaren Wasser zu baden.

Santorini oder Thira ist die südlichste Insel der Kykladen. Sie ist 76 qkm groß, hat einen Umfang von 70 km und wird von annähernd 8000 Menschen bewohnt. Die Insel ist berühmt für ihren guten Wein und ihre gelben Erbsen (Fava). Andere Erzeugnisse der Insel sind Tomatenmark, Bimsstein und Santorinerde.

Santorin erreicht man mit dem Flugzeug von Athen, Mykonos, Rhodos und Iraklio/Kreta, mit dem Fährschiff von Piräus (130 Seemeilen), den Kykladen, Kreta, der Dodekanes und Thessaloniki. Im Sommer verkehren von Piräus auch die schnellen "Katamaran".

GESCHICHTE

Auf Santorin ließen sich die ersten Siedler gegen 3000 v.Chr. nieder. Der Einfluß des minoischen Kreta wurde deutlich, als man die Ausgrabungen in Akrotiri begann und unter einer dicken Schicht von Vulkanasche eine ganze Ortschaft freilegte. Die zweistöckigen Häuser waren mit Wandgemälden geschmückt, die denen der minoischen Paläste gleichen.

Als Akrotiri erbaut wurde, hieß die Insel wegen ihrer Form Kalliste oder Strongyle, denn der Vulkan hatte seine zerstörerische Tätigkeit noch nicht begonnen.

Doch gegen 1450 v.Chr. ereignete sich etwas, das den ganzen Verlauf der antiken Geschichte änderte. Ein ungeheuerlicher Ausbruch des Vulkans, der in der Mitte der Insel lag, ließ den größten Teil von Santorin im Meer versinken. Die Flutwelle, die der Vulkanausbruch hervorrief, muß etwa 100 m hoch gewesen sein. Sie erreichte die Nordküste Kretas, verwüstete

Herrliche Wandmalereien aus Akrotiri.

sie und verursachte die Zerstörung des Palastes von Knossos. Das bedeutete auch das Ende der minoischen Kultur. Die Katastrophe begleitete ein ungeheuerliches Erdbeben und der Vulkan schleuderte seine Asche in einen weiten Umkreis hinaus. Von dem ehemaligen Strongyle blieb das halbmondförmige Gebilde, das heute zu sehen ist. Seither ragt auf der Westseite ein mehr als 300 m hoher Felsen senkrecht in die Höhe und verläuft auf der Ostseite die Küste normal. Diesen Halbmond bedeckte auch eine Aschenschicht, die 30 - 40 m dick war. In geringerem Ausmaß kam es im 3. Jh. v.Chr. zu weiteren Vulkanausbrüchen, als Thirasia von der Insel getrennt wurde, und im 2. Jh. v.Chr., als die durch die Vulkantätigkeit entstandenen kleinen Inseln (Paläa Kameni) in der Mitte der Bucht auftauchten. 1928 ereignete sich ein größerer Ausbruch und 1956 wurden die meisten Häuser auf Santorini durch ein Erdbeben zerstört.

In vielen Studien und Untersuchungen wurde der Frage nachgegangen, ob die versunkene Insel vielleicht das märchenhafte **Atlantis** war. Trotz der Vulkantätigkeit ging die Geschichte in Santorin, vielleicht etwas verzögert, ihren Gang. Im 11. Jh. v.Chr. ließen sich hier Dorer unter Führung von Thira nieder, dem die Insel ihren neuen Namen verdankt. Die Dorer gründeten das antike Thira hoch oben auf der Südostseite von Santorin. Der moderne Name Santorin wird von Santa Irini abgeleitet, die von den Bewohnern der Insel sehr verehrt wird. Im Peloponnesischen Krieg war die Insel mit Sparta verbündet, später kam sie unter die Herrschaft Athens. Die Venezianer unter Marco Sanudo machten sie 1207 zu einem Teil des Herzogtums Naxos.

Die Türken besetzten die Insel etwas später als die anderen Kykladen (gegen 1570), die Vereinigung mit Griechenland erfolgte 1832 mit den anderen Kykladeninseln.

Ein Besuch der Insel

Fira. Die Hauptstadt der Insel liegt am Rand des senkrecht abfallenden Felsens 260 m über dem Meer. Die Verbindung von herrlicher Vulkanlandschaft mit der berühmten Kykladenarchitektur machen Fira zu einem der schönsten Orte der Welt. Fira erreicht man mit dem Auto von dem Hafen **Athinio** (10 km), in dem die Fährschiffe anlegen. Man kann von dem kleinen Hafen auch zu Fuß oder auf einem Esel den malerischen Weg nach Fira hinaufgehen oder -reiten, der als weiße Zickzacklinie zwischen den Felsen verläuft. Wer jedoch bequemer und moderner den Weg zurücklegen will, kann den Lift benutzen. Natürlich haben die Bautätigkeit, die vielen Menschen und der Lärm den Charakter der Insel ganz wesentlich verändert. Trotzdem ist ein Spaziergang durch die Gäßchen von Fira ein einzigartiger Genuß. Die weißen Häuser mit ihren Arkaden, die Dächer und Balkone mit wunderbarem Ausblick, die Kuppeln der Kirchen, die Tavernen, Bars und Läden mit ihrem lebhaften Betrieb verzaubern den Besucher. Lohnend ist ein Besuch des **Archäologischen Museums**, in dem wertvolle Funde aus Akrotiri (vor allem Keramik) und aus dem antiken Thera ausgestellt sind. Zu den weiteren Sehenswürdigkeiten zählen das alte katholische **Dominkanerkloster,** die orthodoxe und die katholische Kathedrale. Keinesfalls sollte man aber versäumen, die Insel **Nea** und **Paläa Kameni** zu besuchen, um den Vulkan zu sehen. Man verläßt in Nea Kameni das Boot und kann 30 Minuten zu Fuß in den Krater hinabsteigen. Man braucht allerdings geeignete Schuhe, da der Boden heiß ist. Dieser Ausflug mit dem Boot beginnt in Skala ton Firion (die Fahrt dauert nur 10 Minuten). Ein größerer Ausflug führt zu dem Vulkan und dann zu der kleinen Insel **Aspronisi,** der malerischen Insel **Thirasia** (s. S. 89) (beide gehörten zu dem versunkenen Santorin) und in das herrliche **Ia.**

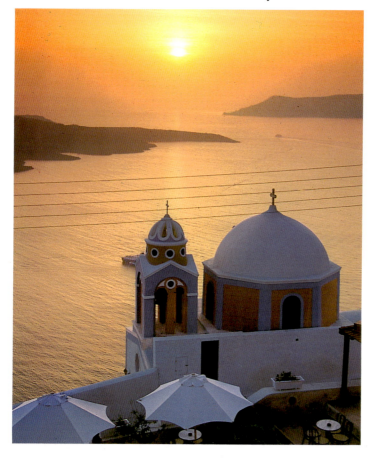

Das berühmte Ia.

Ein schöner Spaziergang führt nach **Firostefani** (1 km) und nach **Imerovigli** (3 km), das nördlich von Fira liegt, aber mit ihm verbunden ist. Von hier hat man einen überwältigenden Ausblick. In Imerovigli gibt es das alte orthodoxe **Nonnenkloster Ajios Nikolaos**.

Finikia (10,5 km). Dieser schöne Ort mit interessanten Kirchen liegt kurz vor Ia.

Ia (11 km) im Norden ist sehr malerisch und viel ursprünglicher als Fira. Hier ist die Endstation der Buslinie. Es gibt eine venezianische Burg und alte Häuser. Die kleine Straße, die auf der eindrucksvollen roten Erde abwärts führt, endet in dem Fischerhafen von Ia, wo auch oft das Schiff anlegt. Nordöstlich von Ia liegt etwa 7 km vor der Küste ein zweiter Vulkankrater im Meer, der **Kalubos**, dessen Ausbruch 1650 n.Chr. große Zerstörungen verursachte.

Eine Treppe mit mehr als zweihundert Stufen führt zu den Stränden Armeni und Amudio hinunter.

Mesaria (3,5 km). Ein Dorf zwischen Weinfeldern in der Mitte der Insel.

Monolithos (7 km). Der Fira am nächsten gelegene Badestrand im Südosten, zu dem man mit dem Bus fahren kann.

Pirgos Kallistis (6 km). Das höchstgelegene Dorf der Insel südlich von Fira am Fuße des Profitis Ilias.

Kloster Profitis Ilias (10 km). Auf dem Gipfel des Berges (560 m) erhebt sich das orthodoxe Mönchskloster mit alten Ikonen, sehenswerten Kirchenschätzen und einem Volkskundemuseum.

Episkopi oder **Mesa Gonia** (8 km südöstlich von Fira). In der Nähe des Dorfes liegt die byzantinische Episkopi-Kirche aus dem 11. Jh.

Kamari (10 km). Ein schöner Strand mit schwarzen Kieseln, 2 km von Episkopi entfernt, der von sehr vielen Touristen besucht wird. Das **Antike Thera** ist von Kamari 2,5 km entfernt und liegt in **Mesa Vuno**. Die Ruinen, die bei dem Vulkanausbruch von Asche und Bimsstein verschüttet wurden, erstrecken sich über eine große Fläche und umfassen Tempel, einen Markt, ein Theater, Bäder und Gräber. Die Stadt wurde in der Vergangenheit von den Dorern, den Römern und den Byzantinern bewohnt.

Die **Altertümer von Akrotiri** (16 km). 2 km hinter dem Dorf Akrotiri an der Südwestküste der Insel liegt die wichtigste archäologische Ausgrabung von Santorin. Zu Recht hat man den Ort ein prähistorisches Pompei genannt. Unter einer dichten Schicht von Bimsstein und Santorin-Erde entdeckte Prof. **Marinatos** 1967 eine ganze minoische Stadt mit zwei- und dreistöckigen Häusern. Die schö-

Der berühmte Strand von Kamares.

nen Wandgemälde erinnern an die der minoischen Paläste auf Kreta. Zu den bedeutendsten Wandgemälden, die heute im Athener Nationalmuseum ausgestellt sind, gehören die "Seeschlacht", der "Frühling" und die "boxenden Kinder". In den Häusern fand man auch Keramik in großer Fülle, Vorratsgefäße, Bronzegeräte und Möbel. Bei dem riesigen Vulkanausbruch gegen 1450 v.Chr. wurde die ganze Stadt zerstört. Die Ruinen sind heute durch eine große Überdachung geschützt, die aber das Tageslicht nicht ausschließt.

Emborio (11 km). Ein malerisches Dorf, das zweitgrößte der Insel, mit engen, alten Gäßchen im Südteil der Insel.

Perissa. (14 km). Ein weiterer sehr schöner Badestrand unterhalb des antiken Thera, südöstlich von Fira.

Der "Rote Strand" bei Akrotiri.

Unten: Farbige Kiesel.

Rauhe Natur und Kykladenarchitektur.

Santorini - Fira.

Thirasia

Thirasia ist die zweitgrößte Insel innerhalb des Kraters. Sie ist von der Hauptmasse von Santorin getrennt und liegt 1 Seemeile südwestlich von Ia. Die Siedlung auf Thirasia trägt den Namen der Insel und liegt mit Blick auf Fira und ganz Santorin am Rande eines Abhanges. Um in den Ort zu kommen, muß man von dem kleinen Hafen 145 Treppenstufen hinaufsteigen.

An der Südspitze der Insel gibt es in der Nähe des Meeres die prachtvolle **Tripiti**-Grotte. An der Nordspitze der Insel muß es interessante Altertümer geben, die aber noch nicht ausgegraben sind. Hier liegt auch die kleine Kirche Ajia Irini.

An dem kleinen Hafen gibt es Fischtavernen und einige Privatzimmer zu mieten.

Anafi

Eine kleine Insel mit einem unverhältnismäßig hohen Berg, weshalb sie so aussieht, als wäre sie ein großer Kegel, der aus dem Meer aufsteigt. Ein einfacher Hafen und hoch oben die strahlendweiße Chora. Das ist der erste Eindruck von Anafi, der kahlen Insel am Südostrand der Kykladen, einst von der Welt vergessen und nur als Verbannungsort bekannt.

In der Zeit von König Otto verließen die meisten Bewohner ihre Insel und ließen sich an der Nordseite der Akropolis nieder. Heute heißt dieser Stadtteil Anafiotika.

Jede der abgelegenen Kykladeninseln hat ihre eigene Schönheit und ihren eigenen Reiz. Man besucht sie, weil man von den Menschenmassen und dem Lärm der Großstadt erschöpft ist. Zwar kann man nicht für immer bleiben, doch zumindest für einige Zeit. Man möchte die Ruhe, die Einfachheit und die Natur erleben. Man möchte in dem klaren Wasser schwimmen, in einer malerischen Taverne gemeinsam mit den gastlichen Einheimischen essen und in einem einfachen Zimmer wohnen, weit weg von Hektik und Luxus.

Die Mythologie berichtet, daß die Insel Anafi auf Befehl des Apollo aus dem Wasser auftauchte, um den Argonauten auf ihrer Fahrt in einem gewaltigen Sturm Schutz zu gewähren. Und warum sollten nicht auch wir heute einen Nutzen von diesem "Wunder" haben? Warum sollte man die Insel nicht besuchen? Nicht als Schiffbrüchige, als Reisende.

Anafi liegt 12 Seemeilen östlich von Santorin. Es ist 38 qkm groß und wird von 300 Menschen bewohnt. Die Entfernung von Piräus, mit dem es durch Fährschiffe und im Sommer die "Katamaran" verbunden ist, beträgt 145 Seemeilen.

GESCHICHTE

Neben der Überlieferung, die Anafi als einen Zufluchtsort Jasons und der Argonauten erwähnt, gibt es noch eine andere Tradition, die sagt, daß Mevliaros als erster die Insel bewohnte, der mit Kadmos nach der geraubten Europa suchte. Die Insel hieß deshalb auch Memvliaros oder Vliaros.

Auf dem Hügel, auf dem heute das Kloster Panajia Kalamiotissa liegt, stand im Altertum ein Tempel des Apollo, der zu der antiken Stadt gehörte. Im 5. Jh. war Anafi mit Athen verbündet. 1207 wurde es von dem Venezianer Marco Sanudo besetzt. Die Insel erlebte mehrere venezianische Herren und wurde wiederholt von Piraten verwüstet. Schließlich kam sie 1537 in türkischen Besitz. Am Freiheitskampf von 1821 war sie aktiv beteiligt und wurde 1832 mit Griechenland vereinigt.

Ein Besuch der Insel

Das Schiff legt im Hafen **Ajios Nikolaos** an. Eine einzige Autostraße, 2 km lang, verbindet den Hafen mit Chora. Zu Fuß benötigt man 30 Minuten. **Chora** mit seinen strahlendweißen Häusern in echter Kykladenarchitektur und den malerischen Windmühlen leuchtet am Abhang des kahlen Felsens, auf dem es wie auf einem großen Balkon über dem offenen Meer liegt.

Östlich von Chora befindet sich **Kastelli** und die wenigen Ruinen der antiken Stadt. An der Ostküste der Insel erhebt sich das Kloster **Panajia Kalamiotissa**. Auf dieser Seite fand man auch die Spuren eines Apollo-Tempels aus klassischer Zeit.

Vaja mit noch ungenützten Heilquellen liegt eine Stunde von Chora entfernt auf der Westseite der Insel.

Oben: Chora auf Anafi, ein herrlicher Balkon über der Ägäis.

KLEINERE INSELN DER KYKLADEN

KEA
Makronisos.......................... W v. Kea.
Grionisi............................. N v. Kea.
Spanopula.......................... N v. Kea.

KITHNOS
Piperi........................... Sö v. Kithnos.

SERIFOS
Serfopula......................Nö v. Serifos.
Vus.............................. Ö v. Serifos.
Mikronisi.......................S v. Serifos.

SIFNOS
Kitriani............................ S v. Sifnos.

MILOS
Akrathi............................ N v. Milos.
Arkudia............................ N v. Milos.
Antimilos....................... NW v. Milos.
Paximadi...................... SW v. Milos.
Glaronisia....................... N v. Milos.

KIMOLOS
Poliegos.................... Sö v. Kimolos.
Ajios Efstathios.......... S v. Kimolos.
Ajios Georgios. .... S v. Kimolos.
Ajios Andreas.........SW v. Kimolos.

ANDROS
Gavrionisia. .... S v. Gavrio.
   Gaidaros................. S v. Gavrio.
   Turlitis................... S v. Gavrio.
   Akamatis. .... S v. Gavrio.
   Praso...................... S v. Gavrio.
   Megalo. .... S v. Gavrio.
Aginara........................... N v. Chora.
Theotokos....................... N v. Chora.

TINOS
Kalojeros......................NW v. Tinos.
Disvato..........................NW v. Tinos.
Panormos...........Bucht v. Panormos.
Drakonisi.......... Bucht v.Kolimbithra.

MYKONOS
Ajios Georgios. .... W d. Hafens.
Kavuras......................... W d. Hafens.
Marmaronisi. .....Bucht v. Panormos.
Moles.................Bucht v. Panormos.
Dragonisi................. Ö v. Mykonos.
Ktapodia. .... Ö v. Mykonos.
Praso. .... SW v. Mykonos.
Kromydi.................. SW v. Mykonos.

DELOS
Rinia................................ W v. Delos.
Megalos Revmataris.... W v. Delos.

SYROS
Jaros............................ NW v. Syros.
Glaronisi........................ Sö v. Jaros.
Didimi..............................Ö v. Syros.
Strongilo..........................Ö v. Syros.
Aspro.............................Ö v. Vari.
Ampelos.......................... S v. Vari.
Strongilo................ SW v. Posidonia.
Schinonisi............ SW v. Poseidonia.
Varvarusa...................... N v. Kinio.
Komeno........................N v. Ermupoli.
Nata............................... Sö v. Syros.

PAROS
Portes...........................Ö v. Parikia.
Ajios Spiridon. .... W v. Parikia.
Saliangonisi. .... W v. Paros.
Revmatonisi. .... W v. Paros.
Turlos. .... SW v. Paros.
Presa. .... SW v. Paros.
Glaropunta. .... SW v. Paros.
Tigani. .... SW v. Paros.
Pantieronisi. .... SW v. Paros.
Drionisi. .... SW v. Drios.
Kripsida. .... Ö v. Drios.
Prasonisi. .... Ö v. Drios.
Filisi. .... Nö v. Ambela.
Vriokastro.....................Nö v. Paros.
Fonisses.......................Nö v. Paros.
Turlites..........................Nö v. Paros.
Gaiduronisi....................Nö v. Paros.
Ikonomu. .... Bucht v. Nausa.

ANTIPAROS
Kavuras. .... N v. Antiparos.
Diplo. .... N v. Antiparos.
Petalides. .... Sö v. Antiparos.
Despotiko............... SW v. Antiparos.
Tsimidiri. .... SW v. Antiparos
Strongili.................. SW v. Antiparos

NAXOS
Aspronisi....................... W v. Naxos.
Parthenos. .... W v. Orkos.

IOS
Petalidi................................ N v. Ios.
Diakofto........................... W v. Ios.
Psathi............................... Nö v. Ios.

KLEINE KYKLADEN
Iraklia............................... S v. Naxos.
Megalos Avdelas....... SW v. Iraklia.
Mikros Avdelas. .... SW v. Iraklia.
Venetiko. ....Nö v. Iraklia.

SCHINUSA
Schinusa........................ S v. Naxos.
Argilos. ....S v. Schinusa.
Fidusa..........................S v. Schinusa.
Aspronisi.....................Sö v. Schinusa.
Klidura. ....Nö v. Schinusa.
Kato Kufonisi. .... Sö v. Naxos.
Glaronisi. .... Nö v. K. Kufonisi.
Kufonisia. .... Sö v. Naxos.
Prasura.....................Nö v. Kufonisi.
Keros........................... Sö v. Naxos.
Megali Plaka................. S v. Keros.
Mikri Plaka.................. S v. Keros.
Tsulufi.......................... S v. Keros.
Lazaros......................... S v. Keros.
Ajios Andreas............... S v. Keros.
Plaki............................. S v. Keros.
Ano Antikeri................. S v. Keros.
Kato Antikeri............... S v. Keros.
Vulgaris......................Ö v. Keros.
Donusa. ....Ö v. Naxos.
Makares...................... W v. Donusa.
Skilonisi. .... Nö v. Donusa.

AMORGOS
Fokia.............................N v. Egiali.
Nikuria. .... W v. Amorgos.
Grambonisi. .... W v. Amorgos.
Petalidi.................... NW v. Amorgos.
Gramvusa.............N v. Kalotaritissa.
Psalida. .... W v. Amorgos.
Feluka......................... W v. Amorgos.
Paraskopos. .... W v. Amorgos.
Megalo Viokastro........Sö v. Chora.
Mikro Viokastro. .... Ö v. Chora.

SIKINOS
Kalojeri. ....SW v. Sikinos.
Karavos. ....SW v. Sikinos.
Kardiotissa...................SW v. Sikinos.

FOLEGANDROS
Aj. Ioannis. ... Gegüb. v. Karavostasi.
Pelagia.................Sö v. Folegandros.

SANTORINI
Thirasia...................... W v. Santorini.
Nea Kameni............. W v. Santorini.
Palia Kameni........... W v. Santorini.
Aspronisi. .... W v. Santorini.
Christiana. .... NW v. Santorini.
Eschati.................... NW v. Santorini.

ANAFI
Pachia............................. S v. Anafi.
Makra. .... S v. Anafi.
Anidros............zw. Anafi u. Amorgos.

3 DODEKANES

RHODOS SIMI CHALKI TILOS
KALYMNOS LEROS PATMOS LIPS

Die Inseln der Dodekanes bilden die Fortsetzung der Kykladen nach Osten. Die Geologen wissen, daß es sich um die Bergspitzen einer Landbrücke handelt, die vor Millionen von Jahren in den Wassern des Mittelmeeres versank. Die Inseln der Dodekanes waren seit prähistorischer Zeit bewohnt, zuerst machten sich die Minoer, später die Achäer zu Herren über diese Inseln. Ihre wirtschaftliche und kulturelle Entwicklung setzte nach der Ankunft der Dorer gegen 1100 v.Chr. ein und erreichte im 8. Jh. eine Hochblüte. Dorisch waren die drei großen Städte Lindos, Kamiros und Jalysos, die auf Rhodos im 6. Jh. erbaut wurden und sich mit Kos, Knidos und Halikarnaß in Kleinasien zu der dorischen Hexapolis verbündeten. Diesen Aufschwung unterbrach der Persersturm, der ganz Griechenland verheerte. Nach der Niederlage der Perser wurden die

Inseln der Dodekanes Mitglieder des attischen Seebundes und 408 v.Chr. vereinigten sich die drei größten Städte auf Rhodos zu einer politischen Einheit. Kos erlebte im 4. und 3. Jh. v. Chr. eine besondere Blüte dank der ärztlichen Schule, die Hippokrates hier gegründet hatte. Die Römer besetzten 146 v. Chr. die Inseln. Es folgte die lange byzantinische Zeit, die von der Epoche der Kreuzritter abgelöst wurde. Die Kreuzritter des Johanniterordens herrschten seit 1309 über Rhodos und

PATMOS
LIPSI
LEROS
KALYMNOS
KOS
NISSYROS
SYMI
ASTYPALEA
Rodos
TILOS
CHALKI
RODOS
KARPATHOS
KASSOS
KASTELLORIZO

dehnten ihre Macht auch auf die anderen Inseln aus. 1522 besetzten die Türken die Inseln, 1912 die Italiener. Die Vereinigung der Inseln der Dodekanes mit Griechenland fand 1948 statt. Als ein Kreuzungspunkt zwischen drei Kontinenten sind die Inseln der Dodekanes ein starker Anziehungspunkt für die Besucher, die hierher kommen, um das gesunde Klima, die Sonne und das saubere Meer zu genießen, um Ferien ganz nach ihren Vorstellungen zu verleben. Die Inselgruppe der Dodekanes besteht aus mehr als 1000 Inseln, Inselchen, Felseninseln und Felsen. Die wichtigsten von ihnen, 163, werden im folgenden beschrieben oder ihre Lage erwähnt. Von ihnen sind nur 26 bewohnt.

Rhodos

Rhodos, das man die Perle des Mittelmeeres nannte, ist wegen seiner Naturschönheiten und seiner archäologischen Schätze außerordentlich interessant. Die UNESCO ernannte deshalb vor kurzem die Insel zu einem Monument des internationalen kulturellen Erbes.

Das hervorragende Klima und die ausgezeichnete touristische Infrastruktur machen Rhodos das ganze Jahr hindurch zu einem Ferienort.

Nach Rhodos kommt man von vielen europäischen Großstädten direkt mit dem Flugzeug, aber auch von Athen, Thessaloniki, Kreta, Mykonos, Paros, Santorin, Kos, Karpathos, Kasos, Kasteloriso und Lesbos. Fährschiffe nach Rhodos gibt es von Piräus, Rafina, der Dodekanes, den Kykladen, den nördlichen und östlichen Inseln der Ägäis, von Kavala und Zypern.

GESCHICHTE

Homer erwähnt in der Ilias, daß Rhodos am trojanischen Krieg mit 9 Schiffen teilnahm, die Tlepolemos führte.

Die Funde der Ausgrabungen zeigen, daß die Insel im Neolithikum bewohnt war. Im 16. Jh. v. Chr. kamen die Minoer nach Rhodos, im 15. Jh. die Achäer. Der Aufstieg der Insel begann aber nachdem sich im 11. Jh. die Dorer niedergelassen hatten. Die Dorer gründeten später auch die drei wichtigen Städte Lindos, Jalysos und Kameiros, die sich mit Kos, Knidos und Halikarnaß zu einem Städtebund, der dorischen "Hexapolis" zusammenschlossen.

In den Perserkriegen war Rhodos gezwungen, auf der Seite der Perser zu kämpfen, doch schloß es sich später, im Jahre 478 v.Chr., dem attischen Seebund an.

Eine neue Epoche begann für die Insel 408 v.Chr., als sich die drei Städte verbündeten und beschlossen, eine neue Stadt an der Nordküste der Insel, an der Stelle des heutigen Rhodos, zu gründen.

Die Schiffe aus Piräus kommen gewöhnlich bei Sonnenaufgang in Rhodos an. Die Sonne vergoldet dann das Meer und die beiden Statuen, den Hirsch und die Hirschkuh, die Symbole der Insel, die auf zwei Säulen an der Einfahrt zum antiken Hafen stehen. Hier befand sich im Altertum der berühmte Koloß von Rhodos, eines der sieben Weltwunder. Er war ein riesiges bronzenes Standbild des Gottes Helios, der eine brennende Fackel hielt. Mit dem einen Fuß stand er auf der einen Seite der Hafeneinfahrt, mit dem anderen auf der anderen und die Schiffe fuhren dazwischen durch. Noch heute sucht mancher nach den Resten dieser Statue, die ein großes Erdbeben umstürzte. Doch ist die Suche vergeblich, denn der Koloß wurde in kleine Stücke zerlegt und von den Sarazenen als Altmetall verkauft.

Gegenüber den Statuen der Hirsche erhebt sich etwas über dem alten Hafen das Kastell, der Palast der Großmeister der Ritter von Rhodos. Daneben erstreckt sich die mittelalterliche Stadt, die vom Lauf der Zeit nahezu unberührt ist. Die neue Stadt mit ihren modernen Gebäuden und großen Hotels dehnt sich hauptsächlich nach Nordwesten aus.

Rhodos, die größte Insel der Dodekanes und die viertgrößte Griechenlands, liegt im Südosten des ägäischen Meeres dicht an der kleinasiatischen Küste. Die Entfernung von Piräus beträgt 260 Seemeilen. Die Berge sind meist bewaldet, zwischen ihnen öffnen sich tiefgrüne Täler, deren Fruchtbarkeit dem Wasserreichtum zu verdanken ist. Der höchste Berg, der Ataviros, ist 1.215 m hoch. Die Insel ist 1.398 qkm groß und hat einen Umfang von 220 km. Die Bevölkerung, die meist im Tourismus arbeitet, beträgt mehr als 90.000. Die Haupterzeugnisse der Insel sind Wein und Öl, doch wird auch viel Volkskunst wie Keramik, Stickereien, Webereien und Teppiche hergestellt.

Die mittelalterliche Stadt Rhodos.

Die fantasivolle Rekonstouktion des Kolosses durch den Franzosen Rottiers 1826.

Diese neue Stadt war eine der schönsten Städte des Altertums, die im 4., 3. und der ersten Hälfte des 2. Jh. v.Chr. eine große Blüte erlebte. Berühmt waren die Schulen der Philosophen, Philologen und Redner, die auch von vielen Römern besucht wurden. Die Stadt war ein Mittelpunkt der Schiffahrt, des Handels und der Kultur. Ihre Münzen waren fast im ganzen Mittelmeergebiet im Umlauf.

In der Zeit des Peloponnesischen Kriegs verfolgte Rhodos eine schwankende Politik, doch wurde Alexander der Große später begeistert empfangen. Die Auseinandersetzungen unter den Nachfolgern Alexanders des Großen hatten unmittelbare Auswirkungen auf Rhodos, das wegen seiner Handelsbeziehungen zu Ägypten sich mit den Ptolemäern verbündete. Dadurch kam die Insel in Konflikt mit Antigonos, der Demetrios Poliorketes mit einem großen Heer entsandte, um die Insel zu erobern. Trotz seiner berühmten Belagerungsmaschinen konnte Demetrios die Stadt Rhodos nicht einnehmen und unterzeichnete nach einer einjährigen Belagerung einen Waffenstillstand.

164 v.Chr. schloß Rhodos einen Vertrag mit Rom und sicherte sich dadurch zahlreiche Privilegien, die es aber später in den Wirren der römischen Politik wieder verlor. Von Cassius wurde die Stadt dann zerstört.

Im 1. Jh. n.Chr. verkündete der Apostel Paulus das Christentum auf der Insel. 297 n.Chr. begann für Rhodos die lange byzantinische Zeit, in der es aber viele Überfälle von Arabern und Kreuzrittern erlebte.

Für Rhodos begann eine neue Blütezeit, als sich 1309 die Kreuzritter des Johanniterordens auf der Insel niederließen. Sie kamen aus acht Ländern (Frankreich, Provence, Auvergne, Kastilien, England, Deutschland und Italien), beschützten ursprünglich die Heiligen Stätten und betreuten später die Pilger. In der Zeit der Kreuzritter wurde die mittelalterliche Stadt Rhodos mit ihren berühmten Gebäuden errichtet. Die mächtigen Stadtmauern der Kreuzritter hielten den Angriffen des Sultans von Ägypten (1444) und Mohammeds II. stand. Schließlich mußte sich Rhodos aber vor dem unermeßlichen Heer von Suleiman dem Prächtigen beugen (1522) und die wenigen Kreuzritter sicherten sich freien Abzug nach Malta. 1912 wurde Rhodos von den Italienern besetzt und 1948 mit den übrigen Inseln der Dodekanes mit Griechenland vereinigt.

Die Stadt Rhodos

Sie ist eine der schönsten Städte des ganzen Mittelmeerraumes und wurde im Norden der Insel erbaut. Von Osten und von Westen umgibt sie das Meer und eine strahlende Sonne scheint fast das ganze Jahr. Der kosmopolitische Charakter einer hypermodernen Stadt verbindet sich hier mit den malerischen Zügen einer alten, mittelalterlichen Stadt, von der man sagen könnte, daß sie vom Lauf der Zeit beinahe unberührt geblieben ist.

Die neue Stadt

Im Osten der neuen Stadt liegt der antike Hafen, ein wichtiger Teil des antiken Rhodos. Er heißt heute **Mandraki** und an seiner Einfahrt stehen die Statuen mit den Hirschen.

Nach der Überlieferung soll an dieser Einfahrt auch der berühmte Koloß von Rhodos gestanden haben, eines der sieben Weltwunder des Altertums. Auf der langen Mole, die den Hafen schützt, stehen drei alte malerische Windmühlen. An der Nordspitze liegt die Festung Ajios Nikolaos mit einem Leuchtturm. In Mandraki legen die kleinen Schiffe an, die Tagesfahrten nach Simi, Kalymnos, Pserimos, Patmos und Nisyros unternehmen.

Dicht an der Einfahrt zum antiken Hafen liegt die Evangelismos-Kirche, die orthodoxe Kathedrale, die in gotischem Stil erbaut und mit Wandgemälden von Fotis Kondoglu ausgeschmückt ist. In dem Bereich von Mandraki, aber auch anderswo, errichteten die Italiener verschiedene Bauten, die von großen Freiflächen umgeben sind. Zu ihnen gehört das Verwaltungsgebäude, das typisch gotische Bögen rahmen, das etwas nördlich der Evangelismos-Kirche liegt (heute ist darin die Präfektur untergebracht), das Rathaus, das Nationaltheater und das Gerichtsgebäude südlich der Evangelismos-Kirche. Ganz in der Nähe des Verwaltungsgebäudes liegt umgeben von einem türkischen Friedhof die Murad Reis Moschee.

Die Statue der Aphrodtie in dem Museum von Rhodos.

Geht man von hier die Hauptstraße entlang, die an der Westküste entlangläuft, kommt man an dem **Kasino** in dem Hotel Astir Palace vorbei.

An der Nordspitze der Stadt liegt das berühmte **Aquarium**. Der Sandstrand westlich des Segelvereins ist einer der beliebtesten Badestrände von Rhodos.

Geht man am Uferkai von Mandraki in Richtung Altstadt, dann kommt man zum **Neuen Markt**, einem großen, polygonalen Gebäude, dessen Fassade mit Apsiden geschmückt ist. In seiner Mitte ist ein großer, nicht überdachter Platz.

Ganz in der Nähe befindet sich in einem schönen Park unter den imposanten Mauern des Großmeisterpalastes die Anlage für *"Son et Lumière"*.

Rechts: Hirsch und Hirschkuh an der Hafeneinfahrt.

Unten: Blick auf die Stadt Rhodos.

Die mittelalterliche Stadt

Man betritt die mittelalterliche Stadt durch das Freiheitstor ("Pili tis Eleftherias") beim Neuen Markt. Der erste Platz, auf den man kommt, ist die Platia Simi mit einigen Reste eines Tempels der Aphrodite. Links liegt die Städtische Gemäldegalerie, in der Werke griechischer Maler ausgestellt sind. Ganz in der Nähe des Platzes ist das Kunstgewerbemuseum und die "Herberge" der Auvergne. "Herbergen" nannte man die Häuser, in denen die Ritter des in acht Landsmannschaften gegliederten Ordens lebten. Kurz danach beginnt die berühmte **Ritterstraße**, die, von den Renovierungen an den Gebäuden abgesehen, durch das halbe Jahrtausend, das seit der Erbauung der Gebäude (14. Jh.) verging, nahezu unberührt erhalten geblieben ist. Die goti-

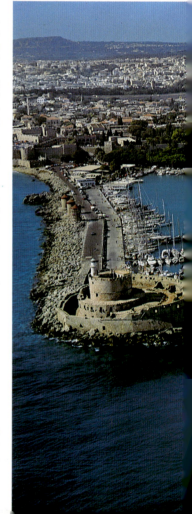

schen Stilelemente sind deutlich ausgeprägt. Die verschiedenen Herbergen der einzelnen Landsmannschaften liegen in einer Reihe hintereinander. Sie besitzen imposante Tore, über denen Wappen eingemeißelt sind. Man befindet sich jetzt in Kolakio (Collachium) und geht zum Palast der Großmeister, dem heutigen Kastell hinauf. Die erste Herberge rechts ist die der Italiener, an die sich die der Franzosen, die größte von allen, anschließt. Es folgen rechts die Herberge der Provence und links die Herberge Spaniens. Vor dem Kastell liegt die Loggia des Hl. Johannes.

Der **Palast der Großmeister** - das Kastell -, das eindrucksvollste Gebäude des mittelalterlichen Rhodos, erhebt sich am Ende der Ritterstraße. Er wurde im 14. Jh. erbaut und 1856 bei einer Explosion von Schießpulver zerstört, das die Türken im Keller gelagert hatten. In der Zeit der italienischen Besatzung wurde er 1939 wieder aufgebaut. Bei dem Wiederaufbau war man bemüht, dem ursprünglichen Plan treu zu bleiben. Der Palast war als Residenz für den italienischen König Vittorio Emmanuele II. oder Mussolini bestimmt.

Vom Kastell geht man durch die **Odos Orfeos** (Orpheus-Straße) nach Süden und kann dabei den Uhrturm und die Suleiman-Moschee besichtigen. Dann kommt man in die **Odos Sokratus** (Sokrates-Straße), in der es zahlreiche Geschäfte und viel Betrieb gibt, der an manchen Stellen an einen orientalischen Basar erinnert.

Man geht die Odos Sokratus bis zum Ende weiter und kommt auf die **Platia Ippokratus** (Hippokrates-Platz), einen der malerischsten Plätze von Rhodos. Hier liegt auch das Handelsgericht, ein Bau des 15. Jh. Von hier führt die **Odos Aristotelus** (Aristoteles-Straße) an der Stadtmauer entlang auf die schöne **Platia ton Evräon Martiron** (Platz der Jüdischen Märtyrer), in deren Mitte drei bronzene Hippokampen stehen. Man geht an der Mauer entlang nach Osten und kommt zur Kirche Ajios Pandeleimonas (15. Jh.) und der Ruine der Kirche Panajia tis Nikis, die nach dem Ende der türkischen Belagerung von 1480 erbaut wurde. Wenn man danach durch das Tor Ajias Ekaterinis geht, das bei Ajios Pandeleimonas liegt, dann ist man im Handelshafen, in dem die großen Schiffe anlegen.

Man geht zurück zur Platia Ippokratus, immer an der Stadtmauer entlang, und durch die **Odos Ermu** (Hermes-Straße) bis zum Museum. Hier liegt die Herberge der englischen Ritter. Das **Archäologische Museum** ist in dem wiederaufgebauten Hospital der Ritter aus dem 15. Jh. untergebracht.

Monte Smith

Zum Monte Smith gibt es Linienbusse in dichter Abfolge (Endstation in der Odos Averof, Neuer Markt). Auf dem Hügel lag die antike Akropolis. Heute kann man hier das Stadion besichtigen, das aus dem 2. Jh. v.Chr. stammt, und das wiederaufgebaute Theater sowie die wenigen Reste des Tempels des Zeus Polias, der Athena und des Pythischen Apollo, von dem vier Säulen wieder aufgerichtet wurden. Von der Spitze des Hügels hat man einen herrlichen Blick auf die Stadt Rhodos und das Meer. Der Hügel ist von der Stadt etwa 2 km entfernt.

Eingang zum Palast der Großmeister.

Rechts oben: Sokrates-Straß und Platz Evräon Martiro

Unten: Luftaufnahme der Altsta

AUSFLÜGE

1. Rhodos - Ixia - Ialysos - Filerimos - Petaludes - Kamiros - Monolithos - Kattavia (99 km)

Man verläßt die Stadt auf der Straße nach Ixia.

Links kommt man an der kleinen Ortschaft Kritika vorbei und erreicht danach den langen Strand von **Ixia**.

Man ist nun in dem touristisch am stärksten entwickelten Gebiet von Rhodos. Zwischen der Stadt und Ialysos befindet sich die Hälfte aller Hotels der Insel. Hintereinander liegen die großen Hotelanlagen an dem lichtüberströmten Sandstrand und dem herrlich klaren Meer.

8 km: Ialysos (Trianta).

Von hier macht man einen 5 km langen Abstecher nach links und fährt zu dem Hügel von **Filerimos**, von dem man eine herrliche Aussicht auf die Stadt und in alle Himmelsrichtungen hat.

Die Kirchen Panajia tis Filerimu und unten Blick auf die Ixia.

Auf der Spitze des Hügels lag einst die Akropolis des **antiken Jalysos**, eine der drei großen dorischen Städte der Insel. Zwischen den Ruinen erkennt man die Grundmauern des Zeus-Tempels aus dem 4. Jh. v.Chr., des **Athena-Tempels** aus dem 3. Jh. und einen dorischen Brunnen aus dem 4. Jh. Neben den antiken Resten gibt es auch byzantinische und mittelalterliche. Sehenswert sind die Kirchen **Panajia tis Filerimu**, die von den Rittern im 15. Jh. gebaut wurde, und **Ajios Georgios** mit Wandmalereien aus dem 14. und 15. Jh. Eindrucksvoll ist auch der **Weg nach Golgotha** mit vielen Stufen und Darstellungen der Leiden Christi.

12 km: Kremasti. Eine Ortschaft im Grünen, 800 m vom Meer entfernt.

15 km: Paradisi. Ein Ort in der Nähe des Flughafens.

18 km: Straßenkreuzung. Die Straße links führt nach 6 km in das berühmte Tal der **Schmetterlinge**. Durch dieses schattige Tal fließt ein Bach, der kleine Teiche bildet. Auf den Ästen der Bäume sitzen unzählige kleine, rot-goldene Schmetterlinge. Dieses einzigartige Schauspiel kann man allerdings nur im Sommer zwischen Juni und September erleben.

30 km: Kalavarda. Von hier führt eine Abzweigung links nach 8 km in das Dorf **Salako**. Man fährt den von einigen Bäumen bestandenen Hügel hinauf und hat nach 12 km **Profitis Ilias** erreicht, wo es in 800 m Höhe ein Hotel gibt.

34 km: Ein kleiner Abstecher nach links führt zu dem Ausgrabungsgelände von **Kamiros**, einer der drei großen dorischen Städte von Rhodos. Im Unterschied zu den beiden anderen Städten war Kamiros unbefestigt. Das ausgedehnte Ruinenfeld erstreckt sich am Hang eines Hügels mit Blick auf das Meer. Von den vielen Ruinen sind zu nennen: Die dorische Halle der Agora, Reste des Athena-Tempels, eine Hauptstraße der Stadt und ein Haus aus hellenistischer Zeit, dessen Säulen wieder aufgerichtet wurden.

47 km: Skala Kamiru. Ein kleiner Hafen an der Stelle, wo der antike Hafen von **Kritinia** lag, den die minoischen Kreter bauten. Von hier gibt es Boote zu dem nahegelegenen **Chalki**.

52 km: Kritinia. Ein Dorf mit alten Häusern und einer venezianischen Burg.

57 km: Eine Abzweigung links führt 5 km nach **Embona** hinauf, einem der malerischsten und zugleich am höchsten gelegenen Dörfer von Rhodos (825 m). Das Innere der schönen Häuser ist in ortsüblicher einheimischer Weise dekoriert und viele der Einwohner tragen noch die traditionelle Tracht. Von hier führt der Weg auf den **Ataviros**, den höchsten Berg von Rhodos (1.215 m).

65 km: Die Straße links führt nach **Ajios Isidoros, Laerma** und **Lardos** und stößt auf die Straße der Ostküste.

68 km: Sianna. Ein Dorf mit einer schönen Aussicht und alten Steinhäusern.

73 km: Monolithos. Ein Bergdorf. Es liegt 3 km entfernt von der eindrucksvollsten venezianischen Burg von Rhodos, die im 15. Jh. auf einem monolithischen Felsen erbaut wurde und aus der Höhe das Meer überblickt.

83 km: Apolakkia. Das Dorf ist ziemlich isoliert und hat deswegen noch manche alten Sitten und Bräuche bewahrt.

99 km: Kattavia (s. S. 103).

Teil des Ausgrabungsgeländes von Kamiros.

2. Rhodos - Kallithea - Lindos - Kattavia (93 km)

3 km: Rhodini. Ein üppig grüner Park mit kleinen, künstlichen Teichen.

7 km: Reni Koskinu. Der Sandstrand des Dorfes **Koskinu**, das noch viele traditionelle Züge aufweist.

10,5 km: Kallithea. Der Ort war einst für seine Heilquellen bekannt, die heute aber nicht mehr genutzt werden. Er liegt an einer Bucht mit kleinen Felsen und ist von Grün umgeben.

16 km: Faliraki. Eines der interessantesten Touristenzentren von Rhodos, das vor allem wegen seines schönen, langen Sandstrands, an dem es Einrichtungen für Wassersport gibt, bei den Reisenden beliebt ist.

23 km: Afantu. Der Ort verdankt seinen Namen der Tatsache, daß er zum Schutz vor den Piraten in einer großen Senke erbaut wurde und vom Meer nicht zu sehen ist (afanto: unsichtbar). Der sandige Strand liegt 1 km entfernt. Die Kirche **Panajia i Katholiki** in der Nähe des Ortes ist auf den Grundmauern einer frühchristlichen Basilika erbaut. Weiter nördlich gibt es einen Golfplatz.

Der malerische kleine Hafen Kallithea.

27 km: Kolibia. Ein weiteres, touristisch sehr stark entwickeltes Gebiet. Der schöne Strand ist von der Hauptstraße 3 km entfernt. Eine Abzweigung rechts in das Innere der Insel führt nach 4 km nach **Epta Pijes**, eine tiefgrüne Landschaft mit Quellen und Teichen. Von hier geht die Straße weiter nach **Archipolis** und **Profitis Ilias** und trifft auf die Straße an der Westküste.

30 km: Straßenkreuzung. Die Straße links führt an den schönen Strand von **Tsambikas**. Auf einem Hügel über dem Strand liegt das Kloster **Panajia tis Tsambikas** mit schöner Aussicht auf das Meer.

Das kosmopolitische Faliraki.

32 km: Archangelos. Eine große Ortschaft mit vielen Werkstätten, in denen traditionelle Teppiche und Keramik hergestellt werden.

36 km: Straßenkreuzung. Die Straße links führt nach 4 km nach **Charaki** mit einem kleinen Strand. In der Nähe erhebt sich die Burg **Faraklu**, eine der mächtigsten von Rhodos, die von den Kreuzrittern erbaut wurde. Weiter nördlich kommt man an den herrlichen Sandstrand **Ajia Agathi** in der Bucht von **Malonas**.

46 km: Kalathos. Eine Ortschaft 6 km nördlich von Lindos. Südlich liegt die **Vlichas**-Bucht mit einem schönen Badestrand.

LINDOS

52 km: Lindos. Vielleicht der schönste Ort von Rhodos, in dem sich vieles verbindet: Die berühmte Akropolis, traditionelle Architektur und überlieferte Dekoration der Häuser im Ort, ein schöner Badestrand und der malerische Hafen Ajios Pavlos.

Auf die **Akropolis** geht man zu Fuß hinauf oder benützt bis zu einem gewissen Punkt die geduldigen Esel. Am Beginn der Treppe, die zur Akropolis hinaufführt, wurde in hellenistischer Zeit links in den Felsen eine Triere gemeißelt. Rechts die Stufen der antiken Treppe. Sobald man den Haupteingang durchschritten hat, sieht man die Ruinen der **Burg der Kreuzritter** und die byzantinische Kirche **Ajios Ioannis**. Auf der Akropolis besichtigt man die **Große Halle**, die wiederaufgebaut wurde, und den Tempel der **Athena Lindia** aus dem 4. Jh., von dem ebenfalls mehrere Säulen wieder aufgerichtet wurden. Dann geht man zu dem antiken Theater und den wenigen Resten des **Dionysos-Tempels**.

Einzigartig ist der Blick von dem Felsen der Akropolis, der sich 115 m senkrecht über dem Meer erhebt.

Sehr schön ist der Ort mit seinen weißen Häusern, deren Inneres in traditioneller Form mit hölzernen, geschnitzten Decken und Schmucktellern an den Wänden gestaltet ist. Die Höfe sind mit schwarz-weißen Kieseln verziert. Viele dieser Häuser, die in der Zeit der Kreuzritter erbaut

wurden (15. und 16. Jh.), stehen unter Denkmalschutz. Sehenswert ist die **Panajia**-Kirche mit Wandmalereien aus dem 15. Jh.

Der Ort mit seinen 700 Einwohnern lebt ausschließlich vom Tourismus. Am nahegelegenen Strand gibt es Restaurants und viele Wassersportmöglichkeiten.

Sehr malerisch ist auch die kleine Bucht, in der man ebenfalls baden kann, mit der **Ajios Pavlos**-Kirche südlich der Akropolis. Südwestlich von Lindos liegt der Badestrand **Pefki**.

61 km: Lardos. Ein Dorf, dessen schöner Sandstrand etwa 2 km entfernt ist. Von hier führt eine asphaltierte Straße bis **Laerma** (12 km) und verbindet die Route der Ostküste mit der der Westküste.

74 km: Jennadi. Ein Dorf, das vom Tourismus noch unberührt ist und einen schönen, ruhigen Strand hat. Von Jennadi führt eine Abzweigung von der Hauptstraße rechts

nach **Apolakkia** an der Straße der Westküste (s. Rundfahrt 1).

83 km: Lachania. Dieser Ort liegt etwa 2 km vom Meer und ausgedehnten Sandstränden entfernt.

85 km. Chochlakas. Die Straße links führt nach Plimmiri, einen herrlichen Sandstrand, der nicht so stark besucht ist.

91 km: Ajios Pavlos. Von dem Dorf führt eine Straße zum südlichsten Punkt der Insel, nach **Prasonisi**. Es ist eine Halbinsel umgeben von flachem Gewässer. Im Winter überflutet das Meer den Zugang zur Halbinsel und trennt sie von der übrigen Insel.

93 km: Kattavia, der letzte Ort unseres Ausfluges. Traditonell werden hier Webereien hergestellt. In Kattavia endet auch der 1. Ausflug, der an der Westküste entlangführt. Für die Rückfahrt kann man deshalb der Route von Ausflug 1 in umgekehrter Reihenfolge folgen.

Die Akropolis, die Ortschaft und der schöne Strand von Lindos.

Simi

Mit seinen Bergen, die sich steil aus dem Wasser erheben und zauberhafte Buchten umschließen, ist Simi eine der malerischsten Inseln der Dodekanes. Ano Simi oder Chorio, wie die Einheimischen sagen, klammert sich an einen dieser Berge, erstreckt sich über die beiden Hügel rechts und links des Hafens bis zum Gipfel des einen und bildet so eine kleine Stadt.

Der malerische Charakter, die traditionelle Architektur, die klassizistischen Häuser mit ihren Giebeln, die mit Kieseln ausgelegten Höfe sind alles Schöpfungen des 19. Jh., die sehr beeindrucken, obwohl viele Häuser verlassen und verfallen sind.

Die Insel hatte zu Beginn des 20. Jh. 30.000 Einwohner, war die Hauptstadt der Dodekanes und zugleich weltweit der Mittelpunkt der Schwammfischerei. Nach einer Phase des Niedergangs wohnen heute hier nur noch 2500 Menschen, zumeist in Chora und im Hafen. Dank des Tourismus aber nimmt die Bevölkerung langsam wieder zu.

Eine asphaltierte Straße, die in Chorio beginnt und nach Süden führt, durchquert einen kleinen Wald wilder Zypressen und bietet einen herrlichen Ausblick aus der Höhe. Die Straße endet bei dem berühmten Kloster Moni Panormitis an der Südspitze der Insel.

Simi liegt nahe an der kleinasiatischen Küste südwestlich von Rhodos, von dem es 21 Seemeilen entfernt ist. Seine Größe beträgt 58 qkm, sein Umfang 85 km. Die Entfernung zum Hafen von Piräus beläuft sich auf 230 Seemeilen.

In Simi kann man jeden Tag an einem anderen Strand baden, zu dem man mit dem Boot fährt. Auch im Mai und im Oktober ist hier Reisezeit, denn das milde Klima und die große Zahl sonniger Tage machen den Sommer sehr lange.

Simi erreicht man mit dem Fährschiff von Piräus, den Kykladen, Kreta, Rhodos und den anderen Inseln der Dodekanes (einmal wöchentlich). Tägliche Schiffsverbindungen gibt es von Rhodos. Man kann auch mit dem Flugzeug nach Rhodos reisen und dann mit dem Schiff nach Simi weiterfahren.

GESCHICHTE

Die Mythologie erzählt, daß der Gott Glaukos die Tochter des rhodischen Königs Jalysos, Simi, raubte und auf diese Insel brachte, die nach ihr benannt ist.

Schon in prähistorischer Zeit war Simi bewohnt. Homer berichtet, daß die Insel mit drei Schiffen an dem Feldzug gegen Troja teilnahm, die ihr König Nereus führte. Die ersten Siedler waren vermutlich Karer. Später kamen die Dorer, danach die Rhodier, die Römer und die Byzantiner und im 14. Jh. die Ritter des Johanniterordens. Alle fremden Herrscher scheinen die antike Akropolis, das heutige "Kastro" befestigt zu haben, das auf der Spitze des Hügels von Ano Simi liegt. In der Zwischenzeit erlebte Simi einen Blütezeit, die es dem Aufschwung in Schiffbau, Seefahrt und Handel verdankte. Die schnellen kleinen Segelschiffe, die in Simi von spezialisierten Handwerkern gebaut wurden, waren sehr berühmt. Um von diesen Schiffen einen Nutzen zu haben, verliehen die Johanniter der Insel zahlreiche Privilegien. Das gleiche geschah auch, als Simi 1522 von den Türken besetzt wurde. Die Türken waren auch an der Schwammfischerei interessiert und gestatteten sie an der ganzen kleinasiatischen Küste. Trotz der Beteiligung der Insel am Freiheitskampf von 1821, der zur Folge hatte, daß Simi seine Privilegien verlor, dauerten die wirtschaftliche

Blüte und der Wohlstand das ganze 19. Jh. hindurch. Zu den bereits vorhandenen reichen Herrenhäusern wurden neue erbaut und die Bevölkerung von Chorio erreichte zu Beginn des 20. Jh. die Zahl 30.000. Damals war Ano Simi die Hauptstadt der Dodekanes. Der Niedergang setzte mit den Dampfschiffen ein und der Besetzung der Insel 1912 durch die Italiener. Sie unterbrachen die Verbindung zur gegenüberliegenden Türkei und machten Rhodos zur Hauptstadt der Dodekanes.

Simi wurde im 2. Weltkrieg bombardiert und von den deutschen Truppen in Brand gesetzt. 1948 wurde es schließlich mit Griechenland vereinigt.

Ein Besuch der Insel

Ano Simi oder **Chorio.** Wenn man das Schiff verläßt, erblickt man sofort das eindrucksvolle Ano Simi, die Hauptstadt der Insel. Die Häuser beginnen in **Kato Poli** (das Ufer mit dem sicheren Hafen) und reichen hinauf bis auf die Spitze des Hügels mit der **Burg** und **Megali Panajia.**

Der Aufstieg beginnt auf dem Platz vor der Treppe und man steigt dann die "Kali Strata" mit ihren 500 breiten Stufen hinauf. Rechts und links stehen herrliche alte Häuser in klassizistischem Stil. Die zweistöckigen Häuser mit schönen Türen, eisernen Balkongittern, Giebeln unter den Dächern, in Ocker und anderen hellen Farben gestrichenen Wänden und Fensterrahmen und Türen in lebhaften Farben fügen sich zu einem herrlichen Bild. Die ganze Stadt wie auch Jalos steht zu Recht unter Denkmalschutz.

Lohnenswert ist ein Besuch der Burg und der Megali Panajia, von der aus man einen herrlichen Ausblick hat. Aber auch die anderen Kirchen mit ihren hölzernen, geschnitzten Templa, byzantinischen Ikonen und den mit weißen und schwarzen Kieseln ausgelegten Höfen sind sehenswert. Man sollte auch das **Museum** nicht vergessen, das in einem alten Herrenhaus untergebracht ist. Der große Platz von Jalos war einst der Ort, an dem die schnellen und bewunderten Schiffe von erfahrenen Handwerkern aus Simi gebaut wurden.

Nach Ano Simi kann man auch von **Jalos** mit dem Bus nach **Chorio** und **Pedi** fahren. Pedi ist eine Ortschaft am Meer 2 km östlich von Ano Simi in einer nahegelegenen Bucht mit Sandstrand.

Emborios. Ein kleiner Hafen, der zweite von Simi, westlich von Chorio. Nur wenige Menschen wohnen hier.

Panormitis. Das wichtigste Kloster von Simi und nach dem Kloster des Hl. Johannes auf Patmos das zweitgrößte der Dodekanes.

Es liegt an der Südspitze von Simi in einer geschlossenen Bucht mit Sandstrand. Über seine Architektur ist nur bekannt, daß die Anlage Ende des 18. Jh. erweitert wurde. Es ist dem **Erzengel Michael** geweiht. In der Kirche gibt es eine vergoldete Ikone des Erzengels, zahlreiche Weihungen und ein künstlerisch wertvolles, geschnitztes Templon aus Holz.

Zu seinem Festtag am 8. November kommen Besucher nicht nur aus Simi, sondern auch von den anderen Inseln der Dodekanes. In dem Gästehaus können 500 Menschen übernachten. Es gibt auch einen Speisesaal.

Nach Panormitis fährt man mit dem Boot von Jalo oder mit dem Auto (es gibt regelmäßige Exkursionen).

Fahrten mit dem Boot

Im Sommer gibt es von Jalos täglich Boote zu den herrlichen Stränden der Insel.

Es sind an der Ostküste:

Ajia Marina. Eine anmutige, kleine Felseninsel in der Nähe von Jalos mit der Kirche der Ajia Marina. Das Wasser ist kristallklar.

Ajios Georgios Disalonas: Vielleicht der eindrucksvollste Strand, denn dahinter erhebt sich senkrecht ein 300 m hoher Felsen.

Nanu. Eine weite, malerische Bucht mit einigen wilden Zypressen und einer kleinen Taverne.

Marathunta. Südlich von Nanu gelegen. Eine engere Bucht mit kristallklarem Wasser.

Faneromeni. Eine schöne Bucht, die 20 Minuten Gehweg von Panormitis entfernt ist.

Panormitis. Das berühmte Kloster liegt an der Westküste, aber die Fahrt entlang der Ostküste ist viel kürzer.

Seskli. Eine kleine Insel an der Südspitze von Simi mit herrlich klarem Wasser. Gute Möglichkeiten zu fischen.

Nimos. Eine Insel an der Nordspitze von Simi mit Strand und einer kleinen Taverne.

An der Westküste:

Ajios Ämilianos. Ein sehr malerischer Strand. Eine kleine Insel mit einer Kirche, die mit dem Festland durch eine steinerne Brücke verbunden ist.

Ajios Vasilios. Einer der schönsten Strände an einer großen und weiten Bucht, die von Bergen umgeben ist. Hier wachsen einige wilde Zypressen.

Klöster

Andere Klöster, außer dem bereits erwähnten Panormitis, sind: Die **Moni Rukunioti** westlich von Chorio, dem Erzengel Michael geweiht. Die Kirche besitzt Wandmalereien aus dem 14. Jh.

Die **Moni Kokkimidi** ist ein altes Kloster, das 1697 renoviert wurde.

Die Klöster **Moni tu Sotiru tu Megalu** und **Moni tu Stavru tu Polemu** sieht man hoch oben auf dem Berg an der Westküste, wenn man von Tilos nach Simi fährt.

Die traditionelle Architektur ist ein bestimmendes Kennzeichen von Simi.

Chalki

Chalki ist schön, ursprünglich, mit herrlichen Sandstränden, ganz sauberem Wasser und wenigen Menschen, obwohl die Insel dem vielbesuchten Rhodos am nächsten liegt. In dem malerischen Hafen, der aussieht, als ob er verlassen wäre, gibt es zwei bemerkenswerte Kirchen mit hohen Glockentürmen. Die eine am Abhang des Hügels ist ernst und schmucklos, ein wirkliches Kunstwerk, die andere am Hafen. Das Eindrucksvollste ist aber Palio Chorio.

Auf der Spitze des Hügels erkennt man die weißen Mauern der antiken Akropolis und der mittelalterlichen Burg. Kein Leben, keine Bewegung ist zwischen den grauen Ruinen zu erkennen. Nur irgendwo dazwischen sieht man die frischgeweißte Kirche der Panajia, die an die alten Zeiten erinnert, als die Hauptstadt der Insel 4000 Einwohner hatte.

Chalki liegt westlich von Rhodos und ist von dessen Hafen 35 Seemeilen entfernt. Von Skala Kamiru ist es 11 Seemeilen entfernt. Mit einer Fläche von nur 28 qkm und einem Umfang von 34 km gehört Chalki zu den kleineren Inseln der Dodekanes. Die wenigen Bewohner leben in der einzigen Ortschaft Nimborio, die auch der Hafen der Insel ist.

Die Insel ist felsig, nur im Sommer gibt es Besucher, die in Tagesausflügen aus Rhodos kommen. In den letzten Jahren wurde die Insel zu einem internationalen Zentrum der Begegnung Jugendlicher ernannt und die Gemeinde erbaute dafür ein Gästehaus.

GESCHICHTE

Der Name Chalki stammt von dem Kupferbergwerk, das es auf der Insel gab. Über die prähistorische Zeit weiß man nichts, doch haben die Ausgrabungen gezeigt, daß die Jahrhunderte vom 10. bis zum 5. Jh. v.Chr. für die Insel eine Zeit der Blüte waren. Vom Ende der klassischen Zeit bis zum Auftreten der Venezianer versank die Insel in Bedeutungslosigkeit. 1522 wurde sie von den Türken, 1912 von den Italienern besetzt. 1948 wurde Chalki mit Griechenland vereinigt.

Ein Besuch der Insel

Nimborio. Der Hauptort der Insel liegt an der Ostküste an einer Bucht, deren Einfahrt eine kleine Insel schützt. Ringsum erheben sich an den Abhängen des Hügels die zumeist zweistöckigen Häuser. Man hat den Eindruck in einem großen, ausgestorbenen Ort zu sein, denn die meisten Häuser sind von ihren Besitzern verlassen. Sehenswert ist die Kirche **Ajios Nikolaos** unten am Hafen mit einem sehr schönen Glockenturm.

Ganz in der Nähe liegt der schöne Sandstrand **Pontamos**. Das gleiche gilt für **Ftenaja**, wogegen der dritte Strand auf der kleinen Insel **Alimia** liegt.

Eine Betonstraße erreicht nach 2,5 km **Palio Chorio**. Dies ist die verfallene, einstige Hauptstadt der Insel am Fuße eines imposanten, felsigen Hügels. Auf der Hügelspitze sieht man die Mauern der **venezianischen Burg**. Innerhalb der Mauern steht die Kirche Ajios Nikolaos, deren Wandmalereien erhalten sind.

Die Straße, die zur Hälfte betoniert ist, führt nach Westen weiter und erreicht nach etwa 3,5 km das Kloster **Ajios Ioannis**. Andere Klöster der Insel sind **Stavru** und **Taxiarchis Michail**.

Tilos

In einer Höhle, die etwa 3,5 km vom Hafen der Insel Tilos entfernt ist, fand man Knochen von 30 Zwergelefanten. Daran läßt sich erkennen, daß Tilos in der Vorzeit mit der gegenüberliegenden kleinasiatischen Küste zusammenhing und mit den Kykladeninseln eine Landbrücke bildete, die Griechenland mit Kleinasien verband. Als die Insel sich davon trennte - vielleicht vor 6 Millionen Jahren - waren die Elefanten genötigt, sich ihrer neuen, ärmlicheren Umgebung anzupassen. So entstand vielleicht eine Rasse von Zwergelefanten, deren Höhe zwischen 1,20 und 1,60 m betrug.

Tilos liegt zwischen Nisyros und Chalki, ist 63 qkm groß und hat einen Umfang von 63 km. Von Piräus ist die Insel 220 Seemeilen entfernt. Mit Ausnahme eines kleinen fruchtbaren Tals in der Inselmitte, das an dem schönen Sandstrand von Eristos endet, ist der Boden felsig. Nur 300 Menschen, die überwiegend in Landwirtschaft und Viehzucht arbeiten, leben ständig auf der Insel. Der Grund dafür ist eine Auswanderungsbewegung, die kurz nach der italienischen Besetzung 1912 begann und bis in die fünfziger Jahre anhielt.

Tilos ist außer Kasteloriso vielleicht die isolierteste Insel der Dodekanes. Aber diese Isolierung macht es auch reizvoll und zu einem Ort für ruhige Ferien.

Tilos erreicht man mit dem Fährschiff von Piräus, Rafina, den Kykladen, Kreta, Rhodos und den anderen Inseln der Dodekanes. Man kann auch mit dem Flugzeug nach Rhodos reisen und dann mit dem Schiff nach Tilos weiterfahren.

GESCHICHTE

Daß Tilos in neolithischer Zeit bewohnt war, haben verschiedene Funde bewiesen. Sicher ist auch, daß sich Minoer aus Kreta und später Mykener hier niederließen. Die Dorer kamen gegen 1000 v.Chr. auf die Insel und gründeten später, wie Herodot berichtet, zusammen mit Kolonisten aus dem rhodischen Lindos die Stadt Gela in Sizilien. Im 5. Jh. v.Chr. wurde Tilos Mitglied des Attischen Seebundes, doch war es im 4. Jh. selbständig und prägte eigene Münzen. Später verbündete es sich mit Kos und danach mit Rhodos.

Von 42 v.Chr., als die die Insel römisch wurde, bis 1310, als die Johanniter von Rhodos die Insel besetzten, gibt es keine historischen Zeugnisse. Nach mehreren Angriffen eroberten die Türken die Insel und hatten sie bis 1912 in Besitz, als die Italiener sie ersetzten. 1948 wurde Tilos mit Griechenland vereinigt.

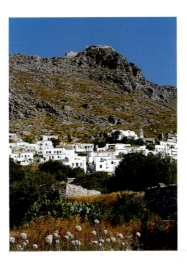

Ein Besuch der Insel

Livadia. Es ist der Hafen von Tilos an einer Bucht mit Kieselstrand und ganz sauberem Wasser. Im Ort wohnen nur wenige Menschen. Mit Ausnahme eines großen Gebäudes, das die Italiener errichteten, hat Livadia sein Gepräge durch die einheimische Architektur bewahrt. In der Umgebung gibt es einiges Grün. Zu den Sehenswürdigkeiten gehören eine

benachbarte **frühchristliche Basilika**, die Überreste der mittelalterlichen **Burg Agrosikia**, die **Kirche Politissa in Misoskali** (2,5 km) und die südöstlich gelegene Kapelle **Ajios Nikolaos** mit Wandmalereien des 13. Jh. Noch weiter entfernt, an der Ostküste der Insel, liegen der alte Ort **Jera** und die Kapelle **Taxiarchis Michail** mit Wandmalereien von 1580. Nordwestlich von Livadia liegen das verlassene **Mikro Chorio** mit den interessanten Kirchen Sotira und Timia Soni mit Wandgemälden des 18. und des 15. Jh.

Megalo Chorio. Der imposante Hauptort von Tilos liegt am Fuße eines Felsenhügels, den die **Burg** bekrönt. Bis zum 18. Jh. war der Ort innerhalb der Mauern der Burg. Dort hatte man auch auf den Grundmauern eines antiken Tempels die alte **Taxiarchis-Kirche** erbaut, von der noch einige Wandmalereien aus dem 16. Jh. erhalten sind. Doch verlegte man allmählich den Ort an seine heutigen Platz und baute später (1827) eine neue Taxiarchis-Kirche am Fuße des Hügels.

In dem kleinen Museum des Dorfes sind unter anderem auch die Knochen der Zwergelefanten aus der **Charkadio-Höhle** ausgestellt, die zwischen Chorio und Livadia am Abhang eines Hügels nicht weit von der Straße entfernt ist. Die Entfernung von Megalo Chorio nach Livadia beträgt 7 km.

2,5 km südlich liegt der berühmte Strand **Eristos**, der einen Kilometer lang ist.

Zwei- bis dreimal täglich fährt ein Bus von Megalo Chorio mach Livadia, Ajios Antonios und Eristos. 2 km nordwestlich befindet sich der kleine Hafen **Ajios Antonios** mit einem kleinen Sandstrand. Von Ajios Antonios sind es 2 km zu dem schönen Sandstrand **Plakas**. Die Straße führt weiter zu dem Kloster **Ajios Pandeleimon** (2 km).

Kloster Ajios Pandeleimon. In einem kleinen, grünen Tal mit einer Quelle und einem weiten Ausblick auf das Meer liegt das Kloster, das dem Schutzherren der Insel geweiht ist. Es ist an der Ostküste 13 km von Livadia entfernt und wurde Ende des 15. Jh. gegründet. Es gibt Wandmalereien von 1776. Der Festtag des Klosters ist der 27. Juli.

Kos

Kos, die Insel des Hippokrates, ist nach Rhodos und Karpathos die drittgrößte Insel der Dodekanes. Sie hat einen schönen Hafen, endlose Sandstrände, ein herrlich klares Meer und ist archäologisch außerordentlich interessant.

Die Insel liegt dicht an der kleinasiatischen Küste zwischen Kalymnos und Nisyros, die Entfernung zum Hafen Piräus beträgt 201 Seemeilen.

Die Insel ist größtenteils flach und besitzt nur an ihrer Ostseite einen Bergzug, dessen höchster Gipfel der Dikäos (846 m) ist. Die Größe beträgt 290 qkm und der Umfang 112 km. Kos hat mehr als 20.000 Einwohner, von denen die meisten in der Landwirtschaft, im Tourismus, in der Viehzucht und Fischerei arbeiten.

Das Klima ist in den meisten Monaten des Jahres gemäßigt. In Verbindung mit den vielen Sonnentagen, den herrlichen Sandstränden und dem malerischen Charakter der Stadt Kos entwickelte sich die Insel zu einem internationalen Zentrum des Tourismus.

Kos erreicht man mit dem Flugzeug von Athen und Rhodos oder mit dem Fährschiff von Piräus, Rafina, den Kykladen, den Inseln der nördlichen und östlichen Ägäis, Kavala, Kreta, Rhodos und den anderen Inseln der Dodekanes.

GESCHICHTE

Kos wurde in prähistorischer Zeit von den Karern besiedelt, die aus dem gegenüberliegenden Karien kamen. Ihnen folgten die minoischen Kreter und im 14. Jh. die Mykener, die später am trojanischen Krieg teilnahmen.

Mehrere Jahrhunderte danach ließen sich die Dorer nieder, die die Stadt Kos erbauten, die sich mit Lindos, Kamiros und Jalysos auf Rhodos, Knidos und Halikarnaß in Kleinasien zur sogenannten dorischen Hexapolis zusammenschloß.

Im 5. Jh. wurde Kos von den Persern besetzt, aber nach deren Niederlage in Griechenland wurde die Insel Mitglied des attischen Seebundes (479 v.Chr.). 460 v.Chr. wurde auf Kos Hippokrates geboren, der Vater der Heilkunst, der bis heute in der ganzen Welt bekannt ist, weil er die erste Schule für Ärzte gründete. Nach seinem Tod (357 v.Chr.) erbauten die Einwohner von Kos das berühmte Asklepieion als Kultort für den Gott Asklepios, das aber gleichzeitig ein Krankenhaus war. Tausende von Kranken aus dem ganzen Mittelmeergebiet kamen hierher, um nach den Methoden geheilt zu werden, die Hippokrates gelehrt hatte.

Die Statue des Hippokrates

366 v.Chr. wurde die Stadt Kos an ihrer heutigen Stelle gegründet und die alte Hauptstadt der Insel, Astypalaia, die an der Südspitze lag, hierher verlegt. Die neue Stadt, in einer günstigen Lage zwischen Osten und Westen, erlebte eine große Blüte, die bis in das 6. Jh. n.Chr. anhielt, als sie von einem verheerenden Erdbeben zerstört wurde. In der Zeit ihrer Hochblüte war sie berühmt für die Weberei feinster Stoffe, die in Rom sehr geschätzt waren.

Alexander der Große besetzte die Insel 336 v.Chr., nach seinem Tod fiel sie an die Ptolemäer. In byzantinischer Zeit erlebte sie erneut zu eine Blüte, doch gab es immer wieder feindliche Angriffe, unter denen auch die besonders gefährlichen Sarazenen waren.

1315 machten sich die Ritter des Johanniterordens aus Rhodos zu Herren der Insel und erbauten nach etwa einem Jahrhundert die große Festung an der Hafeneinfahrt und andere Befestigungen. Dazu benutzten sie als Baumaterial die Trümmer der vom Erdbeben zerstörten antiken Stadt. Die Türken griffen die Kreuzritter mehrfach erfolglos an, doch nach der Eroberung von Rhodos fiel ihnen 1522 auch Kos zu, das sie fast vier Jahrhunderte besetzt hielten. 1912 wurden sie von den Italienern abgelöst. Noch einmal sollte Kos 1933 von einem Erdbeben verwüstet werden. 1948 wurde Kos mit Griechenland vereinigt.

Blick auf den Hafen.

Die Stadt Kos

Kos, die Hauptstadt und der wichtigste Hafen, liegt an der Südostküste der Insel nahe an der türkischen Küste. Es ist eine schöne Stadt, die nach dem Erdbeben von 1933 neu aufgebaut wurde. Es gibt viel Grün, Gärten voller Blumen, von Palmen bestandene Alleen und herrliche Sandstrände, die sich rechts und links des Hafens kilometerlang hinziehen. Besonders interessant sind auch die wichtigen Altertümer, die mitten in der Stadt oder wie das berühmte **Asklepieion** ganz in ihrer Nähe liegen.

Die Platane des Hippokrates und die Festung der Stadt.

Asklepieion. Altar des Asklepios und Tempel des Apollo (2. Ebene).

Wenn man mit dem Schiff nach Kos reist, dann ist der erste Eindruck die große venezianische **Festung der Ritter des Johanniterordens**. Sie gleicht einem riesigen Schutzwall vor dem Hafen und läßt nur im Norden eine schmale Einfahrt für kleine Schiffe frei. Diese Festung mit ihrer doppelten Mauer und Graben wurde im 15. Jh. mit Trümmern der antiken Stadt erbaut, die durch ein Erdbeben zerstört worden war.

Südlich der Festung führt eine Brücke über die schöne Allee mit den Palmen und verbindet die Festung mit einem Platz, auf dem die berühmte **Platane des Hippokrates** steht. Von dieser riesigen Platane erzählte man, daß Hippokrates sie gepflanzt und in ihrem Schatten die Heilkunst gelehrt habe. Gegenüber der Platane steht die schöne **Gasi Hassan-Moschee** mit einem hohen Minarett. Sie wurde 1786 erbaut, wobei auch Baumaterial von der antiken Stadt verwendet wurde.

Weiter südlich erstreckt sich das Ausgrabungsgelände, das dem Hafen am nächsten liegt. Hier fand man die Ruinen der **antiken Agora**, von der zwei Säulen wieder aufgerichtet wurden, einen Tempel der Aphrodite, eine **Halle** des 4. Jh. (auch hier wurden einige Säulen wieder aufgerichtet), eine große Basilika, ein Heiligtum, das vermutlich Herakles geweiht war, Reste der antiken Stadtmauer u.a.

Lohnend ist ein Besuch des **archäologischen Museums** an der Platia Eleftherias, dem zentralsten und malerischsten Platz von Kos.

Ankunft des Asklepios in Kos. Am Empfang nimmt auch Hippokrates teil. Mosaik des 2. Jh. n. Chr.

Erholsam sind ein Bummel am Hafen mit seinen Cafés und Konditoreien, den Jachten und Fischerbooten oder ein abendlicher Spaziergang durch die Straßen der neuen Stadt nördlich des Hafens mit ihren zahllosen Bars. Es gibt auch Bars, die sich an Angehörige bestimmter Nationen wenden, wie man an den Schildern erkennt, mit denen sie geschmückt sind.

Das Asklepieion

Das interessanteste Ausgrabungsgelände der Insel liegt 4 km südwestlich der Stadt Kos in einer grünen Landschaft. Wegen des abfallenden Geländes wurde die Anlage im 4. Jh. in verschiedene Ebenen gegliedert, die durch Treppen verbunden sind.

Auf der ersten Ebene gibt es die Ruinen eines kleinen Tempels und eines Brunnens. Auf drei Seiten öffnen sich große Hallen, die offensichtlich die medizinische Schule beherbergten und der Ort waren, an dem man die Kranken behandelte.

In der Mitte der zweiten Ebene fand man die Reste eines Altars des Asklepios. Westlich davon liegen die Ruinen eines Tempels des Asklepios in ionischem Stil, der zu Beginn des 2. Jh. erbaut wurde. Im Osten erheben sich die Ruinen eines Apollotempels im ionischen Stil aus dem 3. Jh. Seine sieben strahlendweißen Säulen wurden von den Italienern neu aufgerichtet und heben sich von der ganzen Anlage des Asklepieions ab.

Auf der noch höher gelegenen dritten Ebene sind die Fundamente und Säulenreste eines dorischen Asklepiostempels erhalten. Dieser Tempel wurde im 2. Jh. v.Chr. erbaut und war das größte und bedeutendste Heiligtum des Gottes. Von hier hat man einen herrlichen Blick über das ganze Asklepieion und das Meer.

AUSFLÜGE

1. Kos - Asfendiu - Tingaki - Antimachia - Mastichari - Kardamena

Man fährt auf der Straße zum Asklepieion geradeaus weiter.

9 km: Sibari. Links führt eine Abzweigung nach 4 km ansteigender Straße in die malerischen Dörfer von **Asfendiu** am Fuße des Berges Dikäos. Diese Dörfer sind **Evangelistria, Lagudi, Sia, Asomatos** und **Ajios Dimitrios**. Ihre Häuser sind immer frisch geweißt und die Gäßchen und Höfe voller Blumen. Man hat einen ganz außergewöhnlich schönen Blick auf das Meer und die gegenüberliegende kleinasiatische Küste. Sehenswert ist die **Kirche Ton Taxiarchon** in Asomati aus dem 11. Jh. und die **Basilika Ajios Pavlos**.

10 km: Straßenkreuzung. Rechts führt die Straße nach etwa 2 km nach **Tingaki**, einem Ferienort mit herrlichem Sandstrand.

13 km: Linopotis. Eine Abzweigung links führt nach 2 km in das Dorf Pili und nach 5 km in die Dörfer von Afendiu.

13,5 km: Straßenkreuzung. Rechts führt die Straße nach 2 km nach **Marmari**, einen Ort am Strand.

23 km: Antimachia. Ein Gebiet mit vier Ortschaften fast in der Mitte der Insel. Es bildet einen Verkehrsknotenpunkt und liegt sehr nahe zum Flughafen. Daneben die sehr gut erhaltene **venezianische Festung**.

Die Straße rechts führt nach 5 km nach **Mastichari**, einer Bucht mit Sandstrand und viel Betrieb im Sommer. Von Mastichari gibt es täglich Verbindungen zu dem gegenüber liegenden Kalymnos (Fahrzeit 45 Minuten). Geradeaus führt die Straße nach **Kefalo** weiter. In Antimachia biegen wir aber nach **Kardamena** links ab.

29 km: Kardamena. Ein beliebter Ferienort, der zweitwichtigste nach der Stadt Kos. Seine Entwicklung verdankt er dem herrlichen, endlosen Sandstrand, dem schönsten der Insel. Sowohl der anspruchsvolle Reisende wie auch der Besucher, der bescheiden leben möchte, werden hier zufriedengestellt. Im Sommer hat man hier täglich die Möglichkeit, mit dem Boot nach **Nisyros** zu fahren.

Oben: Tingaki. Unten: Kardamena.

2. Kos - Paradisi - Ajios Fokas - Thermes

Man verläßt die Stadt auf der Allee mit den Palmen und fährt nach Osten.

2 km: Paradisi. Ein Gebiet mit Hotels in Strandnähe, das sehr populär ist.

3 km: Psalidi. Hier gibt es einen Campingplatz.

13 km: Thermes. Heilquellen, deren Wasser für die Behandlung von Rheumatismus und Arthritis benutzt wird. Hier endet die Straße.

3. Kos - Antimachia - Ajios Stefanos - Kefalos

23 km: Antimachia.

40 km: Ajios Stefanos. Eine Ortschaft neben einem der schönsten Strände von Kos. Ganz in der Nähe liegen die Hotelanlagen des Club Mediterranée neben der frühchristlichen **Basilika Ajios Stefanos**, von der nur einige Säulen und ein wunderbarer Mosaikfußboden erhalten sind. Gegenüber der Basilika liegt die kleine, malerische Felseninsel **Kastri** mit der Kapelle Ajios Nikolaos.

43 km: Kefalos. Der südlichste Ort von Kos auf einer Anhöhe. Die Häuser sind sehr gepflegt, auf der Spitze des Hügels steht eine Windmühle. Der zugehörige Hafen **Kamari** ist 1 km entfernt. Südlich des Ortes liegen die Ruinen des antiken Astypalaia, der Hauptstadt der Insel, die gegen Ende des 5. Jh. v.Chr. gegründet wurde. Von Kefalos führt eine Straße nach 8 km zum Kloster **Ajios Ioannis**, das in einer schönen Landschaft an der Südspitze der Insel liegt.

Die kleine Insel Kastri bei Ajios Stefanos.

Säulen der Basilika Ajios Stefanos.

Nisyros

Pali
Loutra
MANDRAKI
Spiliani
Emporios
Panaghia Kyra
Krateras
698
LAKKI
Nikia
Avlaki

Poseidon, der Gott des Meeres nahm einen Felsen von Kos und warf ihn nach dem Giganten Polybotes, um ihn zu töten. Dieser Felsen, der in das Meer fiel, ist Nisyros, die Vulkaninsel mit den schwarzen Felsen.

So berichtet die Mythologie. Sie erzählt weiter, daß Polybotes zwar von dem Felsen getroffen wurde, aber nicht starb. Jedes Mal, wenn die Insel von einem Erdbeben erschüttert wird oder der Vulkan ausbricht, bäumt sich der Verwundete auf und stöhnt.

Am meisten beeindrucken auf Nisyros die wilde Schönheit und die intensiven Farben. Es gibt nur wenige Sandstrände. Die Felsen sind schwarz, weiß die Häuser, ihre Türen und Fensterrahmen in lebhaften Farben gestrichen.

Ein Vulkan mit einem riesigen Krater befindet sich in der Mitte der Insel. Eindruck macht auch das viele Grün, das es in Nisyros gibt.

Nisyros, das zwischen Kos und Tilos liegt, ist 41 qkm groß und hat einen Umfang von 28 km. Nicht mehr als 1200 Einwohner leben ständig hier, von denen die meisten in Mandraki wohnen. Nisyros wird vor allem von Reisenden besucht, die bei einem Tagesausflug von Kos und anderen Inseln herüberkommen. Es gibt aber auch Reisende, die auf dieser stillen und eigenwilligen Insel der Dodekanes ihre Ferien verbingen.

Nisyros erreicht man mit dem Fährschiff von Piräus (Entfernung 200 Seemeilen), von Rafina, Rhodos und den anderen Inseln der Dodekanes. Kürzer ist die Fahrt von Piräus über Kos (Fahrtdauer Kos - Nisyros 2 Stunden und Kardamena auf Kos - Nisyros 1 Stunde).

GESCHICHTE

Die ersten Siedler auf Nisyros scheinen Karer gewesen zu sein. Die Insel wurde von Artemisia, der Königin von Halikarnaß besetzt. Aus den Funden, die man auf der Akropolis machte, ergibt sich, daß die antike Stadt, die innerhalb ihrer Mauern lag, vom 5. Jh. v.Chr. bis zum 5. Jh. n.Chr. kontinuierlich bewohnt war. Eine noch ältere Stadt gab es in der Bronzezeit am Hafen, wie die Ruinen einer antiken Mole bezeugen.

Die Ritter des Johanniterordens, die sich zu Herren der Insel machten, erbauten 1315 die venezianische Festung. Neben ihr wurde später, um 1600, das Kloster Panajia Spilianis erbaut (die alte Ikone wurde ursprünglich in einer Höhle im Felsen verehrt).

1522 besetzten die Türken die Insel, 1912 die Italiener. 1948 wurde Nisyros mit Griechenland vereinigt.

Ein Besuch der Insel

Mandraki

Unterhalb des imposanten Felsens, auf dem das Kloster **Panajia Spilianis** (1600 n.Chr.) liegt, und hinter den schwarzen Felsen, die am Ufer verstreut sind, liegt Mandraki. Die Hauptstadt und Hafen der Insel hat malerische Gäßchen und einen schönen Platz, der von vielen großblättrigen Bäumen bestanden ist.

Sehr lohnend ist ein Besuch des Klosters und der **venezianischen Festung**, von der man einen herrlichen Ausblick hat. Dies gilt auch für die **Akropolis** mit den Mauern des 4. Jh. v.Chr. und den antiken Friedhof, der bei der Kirche Ajios Ioannis gefunden wurde. Die Gräber enthielten Gegenstände des 7. und des 6. Jh. v.Chr.

Bei Mandraki liegt der Strand **Chochlaki** mit interessanten schwarzen Kieseln und gegenüber die kleine Insel **Jali** mit einem herrlichen Sandstrand.

Oben: Mandraki.
Rechts: Panajia Spiliani.

Unten: Der Vulkan.

Mandraki - Pali - Emborios - Vulkan - Nikia

1 km. Pali. Schönes Fischerdorf.
8 km: Emborios. Ein Dorf auf einer Anhöhe, das fast verlassen ist. In dem kleinen Café des Ortes bekommt man einige Schnellgerichte.

Die Hauptstraße führt aber nicht nach Emborio hinauf, sondern nach Nikia. Kurz danach kommt man an eine Abzweigung rechts, die an einem der drei Krater des Vulkans endet. Dieser Krater hat einen Durchmesser von 260 m und ist 30 m tief. Auf einer Seite kann man hinuntersteigen. Die Kratersohle ist warm und aus verschiedenen Öffnungen steigen Wasserdampf und Schwefeldämpfe auf, die einen üblen Geruch verbreiten. Doch lohnt es sich, den Abstieg zu wagen. An der Wandung des Kraters erkennt man deutlich die gelben Schichten des Schwefels; die ganze Umgebung gleicht einer Mondlandschaft.

Man geht wieder zur Hauptroute zurück und kommt nach etwa 3,5 km an eine neue Kreuzung. Von hier führt eine Abzweigung links sehr bald zu dem **Kloster Panajia tis Kiras**, das in 450 m Höhe liegt.

Es besitzt ein Gästehaus und man hat eine herrliche Aussicht. Man kehrt zur Hauptstraße zurück.
14 km: Nikia. Ein malerisches Dorf in 400 m Höhe mit einer überwältigenden Aussicht.

Nach 3 km erreicht man den Strand Avlaki, den südlichsten Punkt der Insel.

Astypaläa

Astypaläa ist die westlichste Insel der Dodekanes, die den Kykladen am nächsten liegt. Bei der Ankunft mit dem Schiff sieht man das strahlendweiße Dorf auf einem Hügel und daneben eine Reihe von Windmühlen. Man könnte meinen, auf den Kykladen zu sein.

Bräunlich und grau ist der Boden mit kleinen Fleckchen Grün, an schönen Buchten gibt es Sandstrände.

Ein Hof mit Blumen unterhalb der imposanten Festung von Astypaläa.

Das Land wird an einer Stelle in der Mitte der Insel so schmal, daß es aussieht als würde die Insel in zwei Teile geteilt. In dem südwestlichen Teil, auf dem Chora liegt, wohnen die meisten der etwa 1000 Einwohner. Die Insel ist 97 qkm groß und hat einen Umfang von 110 km.

Einst gab es nur selten ein Schiff nach Astypaläa oder Astropaläa, wie es die Einheimischen nennen, und auch heute liegt es abseits der großen Touristenströme. Doch empfiehlt es sich für alle, die ruhige Ferien machen wollen.

Astypaläa erreicht man mit dem Flugzeug von Athen und mit dem Fährschiff von Piräus, den Kykladen, Rhodos und den anderen Inseln der Dodekanes.

GESCHICHTE

Neben vielen anderen Namen hieß die Insel im Altertum auch Ichthyoessa, was darauf hinweist, daß es hier einst reiche Fischgründe gegeben haben muß.

Der Name Astypaläa bedeutet zwar "alte Stadt", doch wurde nach der Mythologie die Insel nach Astypaläa, der Schwester der Europa, der Mutter des Minos benannt.

Seit prähistorischer Zeit war die Insel bewohnt, die in mykenischer Zeit eine Hochblüte erlebte. Die spätere Geschichte gleicht in allgemeinen Zügen der der übrigen Inseln der Dodekanes und der Kykladen.

Den Römern diente die Insel als Stützpunkt gegen die Piraten. Die Venezianer, die 1207 nach der Eroberung von Byzanz durch die Kreuzfahrer die Insel besetzten, bauten unter den Guerini auf der Spitze des Hügels von Chora die imposante Burg an der Stelle, wo schon eine byzantinische Burg und wohl auch die antike Akropolis gestanden hatte. 1540 wurde die Insel von den Türken besetzt, 1912 von den Italienern. Die Vereinigung mit Griechenland erfolgte 1948 gemeinsam mit den anderen Inseln der Dodekanes.

Gegenüberliegende Seite: Bl *auf Chora mit den Windmüh* *und der Festu*

Chora. Der Hauptort der Insel, der Astypaläa oder, wie die Einheimischen sagen, Chora heißt, ist sehr malerisch. Er breitet sich amphitheatralisch am Hang eines Hügels unter der imposanten Burg aus, neben der eine Reihe von Windmühlen steht. Schon der erste Blick beeindruckt. Die traditionelle Architektur, die natürlich an die der benachbarten Kykladen erinnert, zeigt hier einige zusätzliche Elemente, die ihr einen anmutigeren Charakter verleihen. Es gibt hölzerne Balkone und hölzerne Außentreppen, die in lebhaften Farben gestrichen sind. Die Terrassen und Höfe sind voller Blumen.

Die **Burg** wurde von den Guerini erbaut, als die Venezianer die Insel beherrschten. Ein Besuch lohnt auf jeden Fall. In der Burg gibt es zwei sehenswerte Kirchen: **Ajios Georgios**, die älteste Insel der Kirche und die **Evangelismos**-Kirche.

Der Ausblick von hier oben ist einzigartig. An der Südseite erhebt sich vor dem blauen Hintergrund des Meeres die Kirche **Panajia i Portaitissa**, eine der schönsten Kirchen der Dodekanes. Ihre Kuppel mit reliefierten Girlanden und der hohe Glockenturm mit Reliefschmuck fügen sich zu einem Bild von außergewöhnlicher Schönheit. In der Ferne sieht man den Sandstrand von **Livadia** und in der Nähe Chora. Von der Nordwestseite der Burg hat man einen Blick auf den Hafen, den man **Pera Jalos** nennt. In Pera Jalos sind die wenigen Hotels der Insel. In den Restaurants kann man täglich frischen Fisch essen.

In der Gemeindebibliothek ist das **archäologische Museum** untergebracht.

Relativ nahe bei Chora sind die Badestrände **Ajios Konstantinos** (mit dem Boot erreichbar) und **Marmaria** (an der Straße nach Maltesana).

Westlich von Chora liegt in 12 km Entfernung das Kloster **Ajios Ioannis** in einer sehr interessanten Landschaft. Andere Klöster der Insel sind **Panajia Flevariotissa** und **Ajia Liviis** nordwestlich von Chora und **Panajia Poularianis** an der Ostspitze der Insel.

Livadia. Eine Ortschaft am Ufer, 2 km westlich von Chora in einer Bucht mit schönem Sandstrand.

Maltesana oder **Analipsi**. Die Hauptstraße der Insel, die von Chora nach Südosten führt, verläuft zuerst über die Landenge in den Ostteil der Insel und erreicht kurz darauf Maltesana, das 8 km von Chora entfernt ist. Hier ist der flachste und fruchtbarste Teil der Insel. Die Häuser sind schön und stehen locker nebeneinander.

Im Meer vor Maltesana liegen die unbewohnten Inseln **Chondronisi, Ligno, Ajia Kiriaki, Kutsomiti** und **Kunupi**.

Vathi. Ein kleiner Küstenort im Inneren einer geschlossenen Bucht, deren flaches Wasser an einen See erinnert. Vathi liegt 20 km nordöstlich von Chora, es gibt ein Gästehaus und ein Fischrestaurant.

Kalymnos

Überall auf der Welt verbindet man mit dem Namen Kalymnos die Schwammfischerei. Wer sich diese Insel vorstellt, denkt an einen langen Uferkai, an dem zahllose Boote der Schwammfischer ankern. Am Ufer sind viele Menschen zu sehen. Es ist der Tag, an dem die Schwammfischer zu ihrer langen Reise aufbrechen. Die mutigen Männer aus Kalymnos werden bis an die afrikanische Küste fahren und dort unter Lebensgefahr in die Tiefe des Meeres tauchen, um Schwämme zu fischen. Seit Jahrhunderten tun sie das. Am Ufer sind Frauen, Kinder und Greise versammelt und winken zum Abschied. Monate vergehen, bis sie ihre Männer, Brüder und Söhne wiedersehen, die von den geschmückten Booten die Grüße erwidern. Die Boote der Schwammfischer drehen im Hafen drei Runden und verlassen ihn dann unter Sirenengeheul.

Doch das geschieht nur einmal im Jahr. Die restlichen Tage vergehen still in Kalymnos. Mit Ausnahme des Sommers, in dem es viel Betrieb gibt, da der Tourismus in raschem Rhythmus mit jedem Jahr zunimmt. Dies ist nicht überraschend, da die Insel mit ihrem malerischen Hafen, den schönen Stränden und dem sauberen Meer schon vom ersten Augenblick an den Besucher fasziniert.

Die Schwammfischerei hat in Kalymnos eine lange Tradition.

Mit 111 qkm Bodenfläche ist Kalymnos eine kleine Insel, die größtenteils felsig ist. Es gibt viele Buchten mit Meeresgrotten, zwischen den kahlen Bergen befinden sich zwei kleine Täler, in denen Zitrusfrüchte, zumeist Mandarinen, gedeihen.

Die Bevölkerungszahl beträgt mehr als 14.000, von denen früher fast alle in der Fischerei und in der Schwammfischerei arbeiteten. Heute finden sehr viele durch den Tourismus ihr Auskommen.

Kalymnos liegt zwischen Kos und Leros und ist von Piräus 183 Seemeilen entfernt.

Kalymnos erreicht man mit dem Fährschiff von Piräus, Rafina, den Kykladen, Kreta, den Inseln der östlichen und nördlichen Ägäis, von Kavala, Rhodos und den anderen Inseln der Dodekanes.

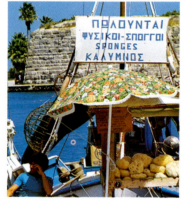

GESCHICHTE

Kalymnos war schon in neolithischer Zeit bewohnt. Die ersten Siedler scheinen Karer gewesen zu sein, die aus dem gegenüberliegenden kleinasiatischen Karien kamen. Ihnen folgten die Kreter und später, etwa gegen 1100 v.Chr., die Dorer aus Argos, die eine Stadt gründeten, die sie Argos nannten. Homer berichtet in der Ilias, daß Schiffe von den "Kalydnas-Inseln" am trojanischen Krieg teilnahmen. Anscheinend bezeichnete man damit eine kleine Inselgruppe, zu der auch Kalymnos gehörte. Von diesem homerischen Wort stammt auch der heutige Name der Insel.

Im 5. Jh. eroberte Königin Artemisia von Halikarnaß in Karien, die mit den Persern verbündet war, die Insel.

Nach den Perserkriegen gehörte Kalymnos zum attischen Seebund. Anschließend wurde es von dem benachbarten Kos abhängig. Später besetzten die Römer die Insel, gegen Ende des 13. Jh. die Genuesen.

Damals wurde die Burg von Chora und Pera Kastro (in Chrisochera) erbaut. Die Ritter des Johanniterordens machten sich 1306 zu Herren der Insel und herrschten über sie bis 1522. In diesem Jahr zogen sie sich vor dem drohenden türkischen Sturm zurück, um den letzten Kampf um ihren Stammsitz Rhodos zu führen. Die türkische Besatzung dauerte bis 1912, als die Italiener Kalymnos besetzten. Der Widerstand der Bevölkerung gegen den Beschluß der Italiener, die griechischen Schulen zu schließen, rief große Bewunderung hervor. Die Häuser auf Kalymnos wurden in den griechischen Farben Blau und Weiß gestrichen. Die blaue Farbe, die zwar etwas verblichen ist, findet sich heute noch an allen Häusern.

Mit den anderen Inseln der Dodekanes wurde Kalymnos 1948 mit Griechenland vereinigt.

Gesamtansicht von Pothia

Kalymnos oder Pothia

Sehr malerisch ist der Hauptort der Insel, der zugleich auch ihr Hafen ist. Er ist amphitheatralisch an den Hang eines felsigen Berges gebaut, die in lebhaften Farben gestrichenen Häuser wirken sehr heiter. Den Ort bewohnen mehr als 10.000 Menschen.

Bei einem abendlichen Bummel am Ufer mit den vielen Läden und Restaurants, den Fischerbooten und Jachten und den hin- und hergehenden Menschen bemerkt man, wie lebendig diese kleine Stadt ist.

Am Ufer steht die Kirche **Christu Sotiros**. Sie hat ein Marmortemplon, das der berühmte, aus Tinos stammende Bildhauer und Maler Jannulis Chalepas gearbeitet hat. Geschmückt ist die Kirche mit schönen Ikonen und Wandgemälden großer Maler aus Kalymnos.

Teil des Hafens.

Die berühmten Schwämme von Kalymnos.

1. Kalymnos - Chorio - Mirties - Telendos - Emborios (24 km)

3 km: Chorio oder **Chora.** Die alte Hauptstadt der Insel mit der Panajia-Kirche, die einst die Kathedrale von Kalymnos war. Einige Säulen im Inneren der Kirche stammen von dem antiken Tempel des Apollo. Rechts von Chorio das eindrucksvolle Pera Kastro.

3,5 km: Straßenkreuzung. Links führt die Straße nach 3 km in das Dorf **Argos.** Die genaue Lage der antiken Stadt ist noch nicht bekannt. In der Nähe dieser Kreuzung liegt in Richtung Mirties die Ruine der Kirche **Christu tis Jerusalim,** der bedeutendsten Kirche der Insel. Sie wurde im 6. Jh. von dem byzantinischen Kaiser Arkadios erbaut, der bei seiner Rückkehr aus Jerusalem aus einem schweren Sturm gerettet wurde. Als Baumaterial verwendete man die Steine des Apollo-Tempels. Fragmente des antiken Tempels sieht man noch heute in der Ruine der Kirche.

4 km: Neue Straßenkreuzung. Die Straße links führt zu den malerischen Stränden **Kantuni,** über dem hoch auf einem Felsen das Kloster Tu Stavru liegt, und **Linaria.** Das ganze Gebiet wie auch das Dorf, das man dann erreicht, heißt **Panormos.**

7,5 km: Mirties. Vielleicht der schönste am Strand gelegene Ort der Insel, der bei den Touristen sehr beliebt ist. Es gibt ein sauberes Meer, einen Kieselstrand und gegenüber links die kleine, malerische Insel **Telendos,** die durch eine schmale Meerenge getrennt ist.

8,5 km: Masuri. Wegen seines schönen Strandes wird auch dieser Ort von vielen Touristen besucht.

17 km: Arginontas. Eine Ortschaft im Inneren der gleichnamigen Bucht.

19 km: Skalia. Ein malerischer Ort an der Küste. In der Nähe liegt die **Skalion-Grotte,** eine der schönsten der Insel.

Eine andere interessante Höhle ist die **Kefala-Grotte** an der Südwestspitze der Insel.

24 km: Emborios. Der letzte, von nur wenigen Menschen bewohnte Ort an der Küste mit langem Sandstrand. Ein Ort für alle, die entspannen wollen.

Das **archäologische Museum** ist in einem schönen klassizistischen Gebäude untergebracht und liegt nördlich des Ufers in dem Ortsteil Ajia Triada. Zu seinen Ausstellungsstücken gehören eine Marmorstatue des Asklepios, mykenische Keramik und verschiedene andere Funde aus neolithischer bis römischer Zeit.

Nordöstlich liegt in geringer Entfernung von Pothia am Fuße des Berges Flaskias die Höhle der Sieben Jungfrauen, die auch Nymphenhöhle heißt. Nach der Legende stammt die Bezeichnung von sieben Jungfrauen, die sich auf der Flucht vor Piraten hierher retteten, aber dann nie mehr gesehen wurden.

In der gleichen Richtung, aber weiter südlich erhebt sich die **Burg von Chrisocheria,** die von den Rittern des Johanniterordens auf den Resten einer älteren byzantinischen Festung erbaut wurde. In der Burg liegt die **Kirche Panajia tis Chrisocheras.**

2. Kalymnos - Vathi (12,5 km)

Vathi, das die Einheimischen auch **Vathis** nennen, ist ein Dorf 12,5 km östlich von Kalymnos in einem tiefgrünen Tal, in dem Zitrusfrüchte, vor allem Mandarinen, gedeihen. Sein kleiner Hafen **Rina** liegt im Inneren einer langgestreckten Bucht. Zu beiden Seiten erheben sich steile Felswände, das ruhige Meer dazwischen ist strahlendblau. Ein Bad in diesem herrlich klaren Wasser gehört sicher zu den schönsten Erholungen des Besuchers von Kalymnos.

Rina, der kleine Hafen an der engen Bucht von Vathi.

Das malerische Mirties und gegenüber die kleine Insel Telendos.

Telendos

Diese kleine Insel, die wie ein großer Felsen aussieht, war mit Kalymnos verbunden und wurde im 6. Jh. durch ein großes Erdbeben getrennt.

Es gibt regelmäßige Verbindungen mit kleinen Schiffen von Mirties. Ein Besuch der Insel bietet angenehme Überraschungen. Die malerischen Tavernen, die wenigen Privatzimmer, die vermietet werden, und vor allem der herrliche Sandstrand mit schwarzem Sand auf der Rückseite der Insel verlocken den Besucher, seinen Aufenthalt auszudehnen und ruhige und ungestörte Ferien zu erleben.

Pserimos

Eine andere, ruhige Insel. Es gibt hier einen wunderbaren Sandstrand, Restaurants, Fischtavernen und einige Privatzimmer. Pserimos liegt zwischen Kos und Kalymnos, zu dem es im Sommer täglich eine Verbindung mit kleinen Schiffen gibt, im Winter zweimal in der Woche. Die Fahrt dauert 40 Minuten.

Leros

Zwischen Patmos und Kalymnos gelegen, ist Leros eine Insel mit vielen, herrlichen Buchten. In einer von ihnen liegt auch Lakki, der Hafen der Insel, einer der größten und sichersten der Dodekanes.

Die Insel ist verhältnismäßig flach und es gibt viel Grün, vor allem Kiefern. Leros ist 53 qkm groß und hat einen Umfang von 71 km. Die Bevölkerung beträgt mehr als 8000, von denen die meisten in

Profitis Ilias.

Lakki und den drei großen Ortschaften wohnen, die miteinander verbunden sind. Es sind Platanos, der Hauptort der Insel, Ajia Marina, der zweite Hafen und Panteli. Auf diese drei Orte und Lakki konzentriert sich auch das Interesse des Besuchers.

Von der imposanten Burg auf einem Felsen oberhalb von Platanos hat man einen traumhaften Ausblick. Von hier kann man den gezackten Küstenverlauf, die schönen Sandstrände und das blaue Meer bewundern, das in der Sonne funkelt.

Leros ist malerisch und hat ein gutes Klima, weshalb es merkwürdig ist, daß es von den großen Touristenströmen der Nachbarinseln nicht erreicht wurde. Es empfiehlt sich deshalb allen, die ruhige Ferien verbringen wollen.

Leros erreicht man mit dem Flugzeug von Athen oder mit dem Fährschiff von Piräus, den Inseln der nördlichen und östlichen Ägäis, Kavala, Rhodos und den anderen Inseln der Dodekanes.

GESCHICHTE

Die Insel war schon in prähistorischer Zeit bewohnt. Möglicherweise waren die ersten Siedler Pelasger, Leleger und Karer. Später kamen die Dorer, die von den Ioniern vertrieben wurden. Danach war Leros sehr eng mit den ionischen Städten verbunden, vor allem mit Milet. Es folgte die Besetzung durch die Perser, die sich aber nach ihrer Niederlage aus Griechenland zurückzogen. Im Peloponnesischen Krieg stand Leros auf der Seite Spartas. In byzantinischer Zeit gehörte es zu dem Verwaltungsbezirk Samos. 1316 machten sich die Ritter des Johanniterordens zu Herren der Insel. Von 1522 bis 1912 herrschten die Türken, die von den Italienern abgelöst wurden, die Leros zu einem Marinestützpunkt machten. Das hatte zur Folge, daß Leros im 2. Weltkrieg auch zum Schauplatz von Kampfhandlungen und Lakki rücksichtslos bombardiert wurde. Leros wurde 1948 mit Griechenland vereinigt.

Die imposante Burg mit den traditionellen Häusern.

Ein Besuch der Insel

Lakki. Der wichtigste Hafen der Insel liegt in der gleichnamigen geschlossenen Bucht. Große Gebäude, breite Straßen und viel Grün verleihen dem Ort ein ganz anderes Aussehen als die anderen Dörfer, die man auf der Insel kennenlernen wird. Die Entfernung zum Hauptort Platanos beträgt 3,5 km.

Platanos: Die Hauptstadt der Insel liegt amphitheatralisch unterhalb der imposanten Burg. Das Bild bestimmen die traditionelle Architektur der Häuser, die malerischen Gäßchen und ein kleiner Platz mit einer großen Platane in der Mitte, auf dessen einer Seite das Rathaus, auf dessen anderer ein Cafeteria liegt.

Der Ort ist ideal, um sich zu entspannen und künftige Unternehmungen zu planen. Im Rathaus gibt es eine archäologische Sammlung und hoch oben im Ort liegt am Fuß der Burg die alte Kirche **Ajia Paraskevi**.

Sehr lohnend ist ein Besuch der Burg. Man kann auch zu Fuß hinaufsteigen (es gibt eine Treppe).

Anscheinend lag im Altertum hier oben die Akropolis (man fand ein Grab aus dem 7. Jh.). Später erbaute man eine byzantinische Festung, die von den Rittern des Johanniterordens ausgebaut wurde und dadurch ihre heutige Form erhielt.

Innerhalb der renovierten Mauern steht die **Kirche Panajia** oder tis Kiras tu Kastru aus dem Anfang des 14. Jh., in der schöne Wandmalereien und eine legendenumwobene Ikone der Gottesmutter erhalten sind.

Ajia Marina. Von dem Platz in Platanos führt eine Straße nach etwa 500 m hinunter zu dem malerischen Ajia Marina, dem zweiten Hafen der Insel, der im Nordwesten liegt. Hier fand man einige Spuren der antiken Stadt. Die beiden Ortschaften sind miteinander verbunden.

Pandeli. Südlich von Platanos liegt die dritte Ortschaft Pandeli im Inneren der gleichnamigen Bucht mit Sandstrand.

Alinda. Ein schöner Ort an der Küste mit einem langen Sandstrand und sehr sauberem Wasser. 3 km nordwestlich von Platanos an der Bucht von Alinda (oder Ajias Marinas) gelegen.

Westlich der Bucht von Ajia Marina liegt in geringer Entfernung (es gibt hier eine Landenge) die **Bucht von Gurna** mit zwei berühmten Sandstränden, **Kokkalis** und **Drimonas**. In dieser Landschaft steht die malerische kleine Kirche **Ajios Isidoros**, auf einer kleinen Insel, die man auf einem Betonübergang erreicht.

Partheni. Ein kleines Dorf mit einem geschlossenen Hafen an der Nordküste der Insel, 9 km von Platanos entfernt. Von hier kann man mit dem Boot nach Lipsi fahren, das ganz in der Nähe liegt. Bei **Partheni** befindet sich auch der **Flughafen** von Leros.

Xirokambos. Ein Ort an der Küste an der Südspitze der Insel, 8 km von Platanos entfernt. Er liegt an der engen, gleichnamigen Bucht mit einem Sandstrand.

Auf dem nahegelegenen Paläokastro-Hügel gibt es die Reste einer antiken Akropolis aus dem 4. Jh. v.Chr.

Leros.

Lipsi

AGATHONISSI

ARKI

LIPSI

Es ist eine stille Insel, 11 Seemeilen östlich von Patmos und 8 Seemeilen nördlich von Leros, die der große Strom der Touristen noch nicht erreicht hat. Deshalb ist sie ein idealer Ort, um ruhige Tage zu verbringen, das Meer und die Sonne zu genießen und die einfachen und herzlichen Einwohner kennenzulernen.

Die Insel ist 16 qkm groß und die Zahl der Bewohner, die vor allem Bauern und Fischer sind, beträgt nicht mehr als 600. Weich sind die Linien der Hügel. Der höchste im Osten der Insel ist nicht höher als 300 m. Ringsum gibt es schöne Buchten und in einer von ihnen, der größten und geschlossensten, liegen der Hafen und die einzige Ortschaft auf Lipsi. Auf der malerischen Platia, die weiße Häuser mit blauen Türen und Fensterrahmen umgeben, erwarten den Besucher kleine Tavernen.

Ein Spaziergang führt zu der wichtigsten Kirche der Insel, **Panajia tu Charu**, die Anfang des 17. Jh. erbaut wurde.

Lipsi erreicht man mit dem Schiff von Rhodos und den anderen Inseln der Dodekanes. Kürzer ist die Anreise mit einem Boot von Patmos oder von Partheni oder Ajia Marina auf Leros. Auf der Insel gibt es außer landwirtschaftlichen Fahrzeugen keine Autos.

Arki

Arki ist die größte Insel einer Gruppe nördlich von Lipsi und ist 11 Seemeilen von Patmos entfernt. Der Hafen liegt an einer schmalen, langgestreckten Bucht, deren Einfahrt von anderen, kleineren Inseln geschützt ist. Die Häuser des einzigen Dorfes sind aus Feldsteinen gebaut und unverputzt. Es werden nur einige Zimmer vermietet, und es gibt nur wenige Kafenia.

Die gegenüberliegende kleine Insel **Marathi** oder **Marathonisi** hat einen schönen Sandstrand mit einer Pension und einem Restaurant. Im Sommer gibt es täglich Verbindung zwischen Arki und Patmos.

Agathonisi

Agathonisi ist die nördlichste Insel der Dodekanes, 36 Seemeilen von Patmos entfernt, mit 130 Bewohnern, die Fischer und Viehzüchter sind. Im Sommer besteht zweimal wöchentlich eine Schiffsverbindung mit Patmos.

Der Hafen von Lipsi.

Patmos

Die Insel wird beherrscht von dem beeindruckenden Kloster Ajios Ioannis o Theologos, das auf einem Hügel über dem Hafen liegt.

Wer zufällig am Abend in den malerischen Hafen von Patmos einfährt, sieht ein großes Kreuz aus Licht auf der Spitze des Hügels rechts, das ihn darauf vorbereitet, daß die Insel, die er besucht, heilig ist. Täglich bringen Kreuzfahrtschiffe eilige Besucher. Die Busse erwarten sie, um sie nach Chora zu fahren, damit sie das berühmte Kloster besichtigen und einen Rundgang durch die malerischen Gäßchen des Ortes machen können. Bald sind sie wieder verschwunden.

Patmos ist schön, es gibt zahlreiche Buchten, die schon auf den ersten Blick faszinieren. Man möchte alles sehen, aber vor allem möchte man das Kloster und die Höhle des Hl. Johannes besuchen, in der er die Apokalypse schrieb. Wenn man in ihr steht und den großen Felsen sieht, der nach der Überlieferung durch ein Erdbeben entstand, bevor die Apokalypse geschrieben wurde, dann verspürt man eine gewisse Beklommenheit angesichts dessen, was man sieht und hört.

Patmos liegt am Nordwestrand der Dodekanes zwischen Ikaria und Leros. Es ist 34 qkm groß, hat einen Umfang von 63 km und wird von 2500 Menschen bewohnt. Die Entfernung von Piräus beträgt 163 Seemeilen. Es ist der erste Halt der Schiffe, die nach Rhodos fahren.

Patmos erreicht man mit dem Fährschiff von Piräus, den Inseln der nördlichen und östlichen Ägäis, Kavala, den Kykladen, Rhodos und den anderen Inseln der Dodekanes.

GESCHICHTE

Über die ersten Siedler der Insel weiß man wenig. Sicher ist, daß die Dorer von den Ionern abgelöst wurden und der alte Name der Insel Patnos war, wie eine Inschrift aus dem 5. Jh. v.Chr. zeigt. Funde auf dem Kastelli-Hügel westlich des Hafens (Skala) beweisen, daß es hier im 4. Jh. v.Chr. eine Akropolis gab und um sie herum zwischen dem 6. und dem 4. Jh. v.Chr. eine große Stadt. In römischer Zeit war Patmos ein Verbannungsort.

Der Evangelist Johannes, den man auch den Theologen nennt, wurde 95 n.Chr. aus Ephesos, wo er das Christentum gelehrt hatte, von Kaiser Domitian hierher verbannt. Der Hl. Johannes, der als Asket in einer Höhle lebte, schrieb hier die Visionen der Apokalypse nieder. Nach zwei Jahren verließ er die Insel. Patmos wurde anschließend zu einem Wallfahrtsort, der aber immer wieder von Piraten heimgesucht wurde.

1088 erbaute der Hl. Christodulos mit Hilfe des byzantinischen Kaisers Alexios I. Komninos das Kloster Ajios Ioannis an einer Stelle, an der ein Tempel der Artemis gestanden hatte.

Etwa fünfzig Jahre später gestattete das Kloster, dem die ganze Insel gehörte, daß unterhalb der Klostermauern Häuser gebaut wurden. So entstand allmählich Chora.

1207 kam Patmos an die Venezianer und fiel an das Herzogtum Naxos, das aber dem Kloster und der Insel fast völlige Unabhängigkeit gewährte. 1537 begann die langjährige türkische Herrschaft. Ein gewisses Licht bildete in der Dunkelheit dieser Jahre die Gründung der "Schule von Patmos" im Jahre 1713. Vom 16. bis 19. Jh. erlebte die Insel durch Handel und Schiffahrt eine gewisse Blüte.Die türkische Herrschaft dauerte bis 1912, als die Insel von den Italienern besetzt wurde. Nur von 1821 bis 1832 hatte es eine kurze Phase der Unabhängigkeit gegeben.

1948 wurde Patmos schließlich Griechenland angegliedert.

Der Hl. Johannes diktiert seinem Schüler Prochoros die Apokalypse Ikone aus dem Dionisiu - Kloster auf dem Berg Athos.

Ein Besuch der Insel

Die Höhle der Apokalypse. Sie liegt auf dem halben Weg von Skala nach Chora. Es handelt sich um ein Kloster des 17. Jh., das rings um die Höhle gebaut wurde, in der etwa zwei Jahre (95-97 v.Chr.) der Hl. Johannes gelebt und die Apokalypse seinem Schüler Prochoros diktiert hatte.

Neben der Höhle steht die Kirche **Ajia Anna**, die der Hl. Christodulos erbaute.

Oberhalb des Klosters der Apokalypse liegt das Gebäude der "Schule von Patmos", die heute eine theologische Schule ist.

Chora und das Kloster Ajios Ioannis

Chora. Es gibt in ganz Griechenland kein eindrucksvolleres Bild einer "Chora". Das gewaltige Kloster **Ajios Ioannis** beherrscht mit

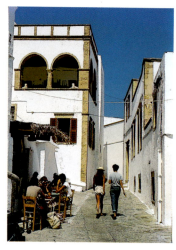

seiner dunklen Masse die Spitze des Hügels und die schneeweißen zwei- und dreistöckigen Häuser ringsum, die zumeist in klassizistischem Stil erbaut sind.

Enge Gäßchen mit Arkaden und in der Mitte des Dorfes ein kleiner, malerischer Platz. Am Ortseingang gibt es Kafenia und Läden und hoch oben befindet sich der Eingang zum Kloster, das hohe, dicke Mauern schützen, die von Zinnen bekrönt sind. 1088 erbaute es der Hl. Christodulos. Es ist byzantinisch und untersteht dem Patriarchat von Konstantinopel. Das Katholikon ist eine Kreuzkuppelkirche mit einem herrlichen Templon und Wandmalereien. Neben dem Katholikon liegt die Sakristei mit den Reliquien zahlreicher Heiliger, bedeutenden Kirchenschätzen und wertvollen Weihungen. Außer dem Katholikon gibt es noch acht Kapellen, von denen die Kapelle des Hl. Christodulos mit seinen sterblichen Überresten besonders zu erwähnen ist. Sehr bedeutend ist Bibliothek des Klosters. Sie umfaßt etwa 3000 Bände, von denen sehr viele große Seltenheiten sind, 900 Handschriften und 1300 Schriftstücke, darunter auch die Goldbulle des Stifters, des Kaisers Alexios I. Komninos. Vom Dach des Klosters hat man einen überwältigenden Blick auf fast ganz Patmos und die Nachbarinseln.

Südöstlich von Chora liegt das **Kloster Evangelismu**, das 1937 an der Stelle einer Einsiedelei aus dem Jahre 1613 erbaut wurde.

Skala. Der einzige Hafen von Patmos liegt etwa in der Mitte der Insel in einer schmalen Bucht. Die Insel bildet an dieser Stelle eine schmale Landzunge, die scheinbar die Insel in zwei Hälften teilt. Seit einigen Jahren entwickelt sich Skala touristisch ziemlich stark, um die vielen Besucher der Insel aufzunehmen. In **Meloi** gibt es auch einen Campingplatz.

Grikos. Ein malerischer Ort an der Küste (4 km südöstlich von Skala). Grigos liegt an der gleichnamigen Bucht mit einem Sandstrand. Gegenüber befindet sich die kleine Insel **Tragonisi**, die ihn vor dem Wind schützt. Ganz in der Nähe ist der schöne Sandstrand **Kalikatzu** mit einem konischen Felsen auf einem Kap, weiter im Süden kommt man an den Strand **Diakofti** mit sehr klarem Wasser. Das berühmte **Psili Ammos** mit einigen Bäumen in Strandnähe liegt südlich von Diakofti. Einfacher ist, es mit einem Boot von Skala aus zu erreichen.

Kambos. Es liegt im Norden, 6 km von Skala entfernt, im fruchtbarsten Teil der Insel. Der Sandstrand von Kambos ist nahe. Östlich von Kambos liegen in einiger Entfernung das Kloster **Panajia tu Apollu** und die Kirche **Panajia tu Jeranu**.

Rechts: Im Kloster Ajios Ioannis. Unten: Die eindrucksvolle Chora von Patmos mit dem Kloster. Im Hintergrund Skala.

Karpathos

Viele Griechen denken bei dem Wort Karpathos an ein Mädchen, das in eine farbenfrohe, traditionelle Tracht gekleidet ist und die Haare zu Zöpfen geflochten trägt. Vielleicht ist das so, weil auf der Insel, vor allem in dem Dorf Olimbos, die Frauen im Gegensatz zur Zeit und zur Entwicklung weiterhin voll Stolz ihre schöne Tracht in den lebhaften Farben tragen.

Karpathos, die zweitgrößte Insel der Dodekanes, ist 301 qkm groß und hat einen Umfang von 160 km. Es liegt zwischen Rhodos und Kreta, die Entfernung von Piräus beträgt 227 Seemeilen.

Auf der langgestreckten, bergigen Insel gibt es malerische Dörfer, die sich an den tiefgrünen Abhängen hinziehen, aber auch schöne Fischerhäfen und Sandstrände. Der höchste Berg, Kali Limni, liegt etwa in der Mitte der Insel und ist 1.214 m hoch. Die ungefähr 5000 Einwohner arbeiten zumeist in der Landwirtschaft, Viehzucht und Fischerei. In den Sommermonaten ist ein Teil von ihnen mit dem Tourismus beschäftigt. Karpathos empfiehlt sich für alle,

die ruhige Ferien erleben wollen, aber auch für jeden, der an der faszinierenden Volkskunde der Insel interessiert ist. Karpathos ist berühmt für seine traditionelle Architektur, die Gestaltung und Dekoration des Inneren der Häuser, die Sitten und Bräuche, die durch die Jahrhunderte in dem von der Welt abgeschnittenen Dorf Olimbos im Norden der Insel nahezu unverändert erhalten geblieben sind.

Karpathos ist mit dem Flugzeug von Athen (über Rhodos), Kasos und Sitia auf Kreta erreichbar, mit dem Fährschiff von Piräus, den Kykladen, Kreta, Rhodos und den anderen Inseln der Dodekanes.

GESCHICHTE

Weil Karpathos verhältnismäßig nahe bei Kreta liegt, ist es vermutlich von den Minoern besiedelt worden.

Später ließen sich die Dorer hier nieder und im 5. Jh. erlebte die Insel eine Zeit der Blüte. Damals gab es auf der Insel, die zum attischen Seebund gehörte, vier bedeutende Städte (Poseidion oder Potidaion, Arkesia, Brukuntas und Nisyros). Es folgte die Zeit der römischen Herrschaft und nach dem Untergang des römischen Reiches die lange byzantinische Zeit, in der die Insel wieder-

holt von Piraten geplündert wurde. 1206 kam Karpathos in den Besitz von Leone Gavala, anschließend an die Genuesen, die Ritter des Johanniterordens und die Venezianer. Die Türken besetzten Karpathos 1538 und blieben vier Jahrhunderte. Am Freiheitskampf von 1821 nahm die Insel teil und errang sich eine siebenjährige Unabhängigkeit. 1832 wurde sie allerdings durch das Protokoll von London wieder türkisch, bis 1912 die Italiener kamen. Mit den anderen Inseln der Dodekanes wurde Karpathos schließlich 1948 mit Griechenland vereinigt.

Ein Besuch der Insel

Karpathos (Pigadia)

Die Hauptstadt und der wichtigste Hafen der Insel liegt zwischen einem Hügel und einem großen Sandstrand. Auf dem Hügel erhob sich die Akropolis der antiken Stadt Poseidion (Poseidonion).

Sie liegt an der Südostküste am Fuße des tiefgrünen Berges **Kali Limni**. Die Häuser sind neu, die meisten wurden von Auswanderern nach Amerika erbaut, die jedes Jahr ihre Heimat besuchen und hier Ferien machen. Erholsam ist ein abendlicher Spaziergang am Hafen auf der Straße hoch über dem Meer.

AUSFLÜGE

1. Pigadia - Aperi - Othos - Arkasa - Menetes - Pigadia (39 km)

Bei dieser Rundfahrt besucht man mit dem Auto die wichtigsten Ortschaften der Insel (außer Olimbos). Man fährt an der Küste nach Norden.

1,5 km: Basilika Ajia Fotini. Rechts der Straße tauchen vor dem Hintergrund des blauen Meeres die schneeweißen, renovierten Säulen dieser Basilika aus dem 5.-6. Jh. auf, die 1972 entdeckt wurde.

8 km: Aperi. Die ehemalige Hauptstadt der Insel ist ein Ort mit herrschaftlichem Charakter und schönen Häusern, von denen die meisten Auswanderern in Amerika gehören. Hier hat auch der Metropolit von Karpathos seine Residenz. Das Dorf liegt in 320 m Höhe in einer tiefgrünen Landschaft.

Von Aperi kann man auf einer unbefestigten Straße weiterfahren und die herrlichen Landschaften **Mertonas** und **Katodio** besuchen oder zu den berühmten Stränden von **Achatas** und **Kira-Panajia** hinunterfahren.

10 km: Volada. Ein schönes Bergdorf (440 m) mit einer herrlichen Aussicht auf das Meer und vielen Häusern im traditionellen Baustil der Insel.

12 km: Othos. Das höchstgelegene Dorf (510 m), von dem man eine herrliche Aussicht auf das Meer und den ganzen Südosten der Insel hat. Lohnend ist ein Besuch des Hauses, in dem das volkskundliche Museum untergebracht ist. Sehenswert ist die **Panajia-Kirche** aus dem 17. Jh.

3 km vom Dorf entfernt liegt die schöne Landschaft von **Stes**, in dem es Quellen gibt.

15 km: Piles. Ein malerisches Dorf mit Aussicht auf die Westküste der Insel. Von hier führt eine Abzweigung rechts nach 16 km nach **Mesochori**, einem der ältesten und malerischsten Dörfer von Karpathos und nach 4 km in das Dorf **Spoa**.

In beiden Orten haben sich die überlieferte Architektur, die Ausgestaltung und Dekoration der Innenräume sowie alte Sitten und Bräuche unverfälscht erhalten. Das Dorf Spoa kann man auch von Aperi erreichen, das näher liegt.

Der berühmte Sandstrand Kira Panajia.

Die Straße führt nach Norden weiter nach Olimbos. Zwischen **Piles** und **Mesochori** gibt es eine kleine Abzweigung zum Meer, die nach **Lefko** führt, einem kleinen Ort an einem schönen Sandstrand.

In dem ganzen Gebiet und auf der gegenüberliegenden kleinen Insel **Sokastro** gibt es Altertümer, doch haben noch keine Ausgrabungen stattgefunden.

Man fährt nach Piles zurück und nach links weiter.

21 km: Finiki. Ein kleiner Ort am Meer mit Sandstrand, einem kleinen Hafen und Tavernen.

23 km: Arkasa. Ein Ort am Meer mit Sandstrand in einer fruchtbaren Landschaft. Sein Name ist von der alten Stadt Arkesia abgeleitet, von der einige Reste auf dem benachbarten **Paläokastro**-Hügel erhalten sind. In dem gleichen Gebiet liegen auch die Ruinen der Kirche **Ajia Anastasia**. Ihre herrlichen Fußbodenmosaiken wurden in das Museum von Rhodos gebracht. Die Entfernung nach Pigadia beträgt 17 km.

31 km: Menetes. Das Dorf liegt am Hang eines Berges in 350 m Höhe. Die alten Häuser haben sich noch unverändert erhalten.

Sehenswert sind die Kirchen **Ajios Mamas** und **Panajia**.

34 km: Kreuzung mit der Straße, die von Pigadia zum Flughafen führt, der am Südende der Insel liegt. Von hier kommt man über eine Abzweigung rechts (1 km) und anschließend nach links (2,5 km) an den schönen Sandstrand von **Ammopi**. Im Sommer gibt es auch von Pigadia eine Busverbindung.

39 km: Pigadia. Hier endet diese Rundfahrt.

2. Pigadia - Diafani - Olimbos

Dieser Ausflug umfaßt auch eine Fahrt mit dem Boot oder Schiff nach **Diafani** und anschließend Weiterfahrt mit dem Linien- oder Reisebus nach Olimbos.

Diafani, der zweite Hafen der Insel ist der Hafen von Olimbos, in dem das Schiff anlegt.

Olimbos. Die Einheimischen nennen es Elimbos. Bis vor kurzem war es der abgelegenste Ort der Insel in den rauhen Bergen des Nordteils der Insel. In diesem Dorf scheint die Zeit stillzustehen. Erbaut wurde es vor mindestens 5 Jahrhunderten, als ein Erdbeben die an der Küste gelegene Stadt Vrukunda zerstörte. In seiner Höhenlage war es vor den Piraten geschützt und isolierte sich von der übrigen Welt. Anfangs baute man auch Mauern rings um die Häuser, um in Sicherheit zu leben. Als später aber das Dorf größer wurde und die Häuser innerhalb der Mauern nicht mehr Platz hatten, wuchs es darüber hinaus. Die Abgeschiedenheit hatte zur Folge, daß sich hier mit dem Lauf der Zeit fast nichts änderte.

Die Häuser, die in der traditionellen Bauweise errichtet wurden, sind bis heute unberührt erhalten. Dies gilt auch für die Gestaltung und Ausschmückung der Innenräume. Das ganze Dorf gleicht einem Museum.

Die Tradition erhielt sich aber nicht nur in der Architektur. Die Sitten und Gebräuche, Lieder und Verhalten der Einwohner sind gleich geblieben. Selbst die Sprechweise hat sich nur wenig geändert. Man kann deshalb hier noch Elemente des dorischen Dialekts hören, was in Griechenland äußerst selten ist.

Es wurde bereits erwähnt, daß früher das Dorf abgelegen war. Heute jedoch hat die Welt Olimbos entdeckt und jedes Jahr wächst die Zahl der Besucher.

Anfangs waren die Einwohner überrascht. Vielleicht ärgerten sie sich auch darüber. Doch dann verstanden sie, daß ihr Dorf wohl etwas Besonderes sei, das die Fremden anzog. Sie durften also nichts verändern, nichts erneuern. Die Frauen sollten ihre farbenfrohe Tracht tragen. Geht man an ihnen vorbei, ist man wie geblendet. Schüchtern bittet man um ein Erlaubnis, sie zu fotografieren. Doch sie sind dazu bereit, und noch bevor das Foto gemacht wird, haben sie sich stolz in Pose geworfen, den Kopf erhoben, mit einem zurückhaltenden, aber sicheren Lächeln auf den Lippen.

Solche Szenen erlebt man in Olimbos. Bevor man aber zurückfährt, sollte man nicht versäumen, die **Panajia-Kirche** mit ihrem herrlichen geschnitzten, hölzernen Templon und ihrer nachbyzantinischen Atmosphäre zu besuchen. Sehenswert sind ebenfalls die Kirchen **Ajia Triada** und **Ajios Onufrios**. Lohnend ist ein Spaziergang zu den alten Windmühlen, die in einer Reihe nebeneinander stehen und auf das Meer blicken. Wenn zufällig die Müllerin da ist, kann man sie darum bitten, die Segel der Mühle zu öffnen, was sie gern tut. Sie zeigt, wie gemahlen wird, wie vor Jahrhunderten gemahlen wurde.

In Olimbos kann man unter anderem auch die "Makarunes" genießen, eine Spezialität von Karpathos.

3. Ausflüge mit dem Boot

Diese Ausflüge werden von Reisebüros veranstaltet, damit der Besucher die schönen, aber schwer zugänglichen Strände der Insel kennenlernt.

Von Pigadia liegen in Richtung Norden hintereinander:

Achata. Eine kleine Bucht mit einem berühmten Sandstrand, der von steilen Felsen umgeben ist.

Kira-Panajia. Ein herrlicher Sandstrand mit der Kapelle der Panajia.

Apella. Eine malerische Bucht mit Sandstrand und kristallklarem Wasser, die nur vom Meer zugänglich ist. Die Umgebung ist tiefgrün. Hier steht auch die halbverfallene Kapelle **Ajios Lukas** mit Spuren alter Wandgemälde.

Palatia. Wahrscheinlich handelt es sich hier um die Ruinen der antiken Stadt **Nisyros** auf der kleinen Insel **Saria** an der Nordspitze von Karpathos.

Tristomo. Eine geschlossene Bucht an der Ostküste von Karpathos nahe bei der Meerenge der Insel Saria.

Vrukunda. Südlich von Tristomo gelegen. Ein Gelände voller Ruinen der antiken Stadt Brukuntas. Auf dem Hügel liegt eine **Burg**, darunter die Kapelle **Ajios Ioannis**.

Das beeindruckende Dorf Olimbos mit den alten Windmühlen.

Kasos

Wenn man am 7. Juni durch die Gäßchen von Kasos spaziert, dann begegnet man zahlreichen Besuchern, von denen die meisten Griechen sind, die nach New York ausgewandert sind. Sie alle kehren auf die Insel zurück, um mit den wenigen verbliebenen Bewohnern der Insel des wichtigsten Jahrestags von Kasos zu gedenken, des Tages des großen Blutbades.

Die Insel hat eine lange Tradition in der Seefahrt, sie ist aber klein und felsig und wurde von dem größten Teil der Bevölkerung verlassen, der sein Glück im Ausland, zumeist in Amerika, suchte. Viele Männer aus Kasos sind Seeleute, oft Reeder oder Kapitäne, die alle Weltmeere durchkreuzen.

Kasos ist die südlichste Insel der Dodekanes zwischen Karpathos und Kreta. Es ist 66 qkm groß und ungefähr 1100 Menschen leben ständig hier, die in der Landwirtschaft, der Viehzucht und der Fischerei arbeiten.

Die volkskundlichen Elemente sind auf Kasos ebenso ausgeprägt wie auf Karpathos, nur sind die Einflüsse des benachbarten Kreta deutlicher sichtbar.

Kasos erreicht man mit dem Flugzeug von Athen (über Rhodos), Karpathos und Sitia auf Kreta oder mit dem Fährschiff aus Piräus, den Kykladen, Kreta, Rhodos und den anderen Inseln der Dodekanes.

GESCHICHTE

Die ersten Bewohner von Kasos waren die Phönizier. Späterhin erlebte die Insel das gleiche Schicksal wie die Inseln der Dodekanes und vor allem das benachbarte Karpathos.

Im Falle von Kasos muß aber seine Bedeutung für den Seehandel besonders vermerkt werden. 1779 besuchte der französische Reisende Savary die Insel und beschrieb sie als eine "kleine Seemacht, die von der Schiffahrt und dem Handel - besonders mit Syrien - lebt."

Als in Griechenland der Befreiungskampf gegen die Türken begann, stellte Kasos 22 Kriegsschiffe mit drei Segeln und 60 Handelsschiffe zur Verfügung, von denen die meisten bewaffnet waren. Diese Flotte, die im Sommer vor der kleinen Insel Armathia und im Winter in Tristomo auf Karpathos ankerte, war dem Sultan und Ibrahim Pascha ein großes Ärgernis. Nach einem gescheiterten Versuch gelang es den Türken, am 7. Juni 1824 die Insel zu besetzen.

Nur wenige Einwohner überlebten das Gemetzel und ganz Kasos wurde in Brand gesteckt. An diesen Schreckenstag erinnern die Bewohner von Kasos gemeinsam jedes Jahr mit Gedenkfeiern. Die weitere Geschichte der Insel ist die der übrigen Insel der Dodekanes. 1948 wurde Kasos mit Griechenland vereinigt.

Ein Besuch der Insel

Fri. Hauptstadt und einziger Hafen der Insel. Das Schiff legt an der Mole an, neben dem kleinen **Hafen Buka**, der voller Jachten und Fischerbote ist.

Badestrände: Ajios Konstantinos, der Strand von Fri, 2 km südwestlich des Hafens und die berühmten Sandstrände auf der benachbarten kleinen Insel **Armathia**.

Ajia Marina. Ein schönes Dorf mit sehenswerten Kirchen und traditioneller Architektur, etwa 1 km südwestlich von Fri. In 1,5 km Entfernung liegt die **Höhle Ellinokamara**, die archäologisch und historisch interessant ist.

Die **Selai-Höhle** mit schönen Stalaktiten ist 3 km entfernt.

Fri, der Hafen von Kasos.

Arvanitochori. Es liegt fast in der Mitte der Insel.

Emborios. Der alte Handelshafen der Insel, knapp 1 km östlich von Fri.

Hier liegt auch die frühchristliche **Kirche der Panajia**, die größte Kirche der Insel. Neben der Kirche sind das Baptisterium und antike Marmorsäulen erhalten.

Panajia. 1 km östlich von Fri. Sehenswert ist die Kirche Panajia tu Jorgi aus dem Jahr 1770.

Poli. Die alte Hauptstadt der Insel, 2 km südöstlich von Fri. Auf dem benachbarten Hügel gibt es die Ruinen einer antiken Festung. Schön ist die Kirche **Ajia Triada** mit blauen Mauern und orangefarbigen Kuppeln.

Chadies. Eine Landschaft an der Südwestspitze der Insel, 12 km von Fri entfernt. Hier liegt das **Kloster Ajios Georgios**, das ein großes Gästehaus hat, und die **Chelandros-Bucht**, die sehr schön zum Baden ist.

Kastelloriso

RO

KASTELLORIZO
(Megisti)

Galazia (Fokiali)

STROGYLI

Kastelloriso ist der östlichste Punkt Griechenlands, 72 Seemeilen von Rhodos. Die Entfernung zur türkischen Südküste beträgt nur 1 Seemeile, nach Zypern 150 Seemeilen. Die Insel ist klein und felsig, doch zu Beginn des 20. Jhs. war ihr Hafen nach Symi der zweitgrößte der Dodekanes und hatte 15.000 Einwohner. Von dieser Stadt sind heute nur noch die Ruinen der durch Feuer und Bombardierungen zerstörten Häuser erhalten. Man renovierte die am Hafen gelegenen, heute sind sie schneeweiß gestrichen und Türen und Fensterrahmen leuchten in intensiven Farben.

Kastelloriso erreicht man von Rhodos mit dem Schiff oder dem Flugzeug.

GESCHICHTE

Kastelloriso war seit neolithischer Zeit bewohnt. Sein antiker Name, der auch heute noch gelegentlich zu hören ist, war Megisti. Die Funde von mykenischen Gräbern beweisen, daß Mykener auf der Insel lebten. Später kamen die Dorer und bauten eine Akropolis auf einem kleinen Hügel am Hafen und die Burg in Paläokastro westlich des Hafens.

1306 fiel die Insel an die Ritter des Johanniterordens. 1440 wurde sie vom Sultan von Ägypten und 1450 von Alfons I. von Aragonien, König von Neapel, erobert. Die lange Zeit der türkischen Herrschaft begann 1512 und endete 1920, als sich die Italiener zu Herren der Insel machten. Damals begann auch die große Auswanderungsbewegung.

Im 1. Weltkrieg wurde Kastelloriso beschossen. Die Bombardierungen im 2. Weltkrieg und die Zerstörungen durch Brände führten zu einer weiteren Verringerung der Bevölkerung.

Das malerische Kastelloriso.

Kastelloriso. Ein geschlossener, windgeschützter Hafen, dessen Häuser (die meisten zweistöckig) ringsum an den Hang gebaut sind. Bei der Einfahrt in den Hafen sieht man sofort die **Burg der Ritter des Johanniterordens**, die im 14. Jh. auf einem Hügel aus rotem Fels erbaut wurde und **Kastello Rosso**, rote Burg, hieß. Der moderne Name der Insel ist davon abgeleitet. Im Hintergund sieht man am Berghang einen weißen Weg, der im Zickzack ansteigt und zu dem Kloster **Ai Jorgi** führt. Östlich liegt ein zweiter kleiner Hafen, **Mandraki**, und darüber auf einem Plateau die berühmte Kirche **Ajios Konstantinos**, die im Jahr 1833 erbaute Kathedrale. Ihr Dach wird von 12 Granitsäulen getragen, die aus dem Tempel des Apollo in Tatara im gegenüberliegenden Lykien herbeigeschafft wurden.

Seit 1984 ist das **archäologische Museum** in einer Bastion der Festung der Ritter untergebracht, die eigens dazu umgebaut wurde.

Ganz in der Nähe des Museums und etwa 20 m über dem Meer ist ein herrliches **lykisches Grab** aus dem 4.-3. Jh. in den Felsen gearbeitet, das den Felsgräbern gleicht, die man im gegenüberliegenden Lykien fand.

Sehenswert sind die Kirchen **Ajios Nikolaos** aus dem 11. Jh. unterhalb der Burg (Ruine), **Panajia ton Chorafion** und **Ajios Merkurios**. Alle Bewohner der Insel wohnen in Kastelloriso.

Die Blaue Grotte (Fokiali) soll noch schöner sein als die von Capri. Sie liegt an der Südostküste der Insel und kann nur mit dem Boot besucht werden, wenn es keine starken Wellen gibt.

Kloster Ajios Georgios. Es wurde 1759 erbaut und besitzt eine Katakombe. Von dem ansteigenden Weg hat man einen einzigartigen Blick auf den Hafen.

Paläokastro, die dorische Akropolis westlich des Hafens. Teile der Mauer haben sich erhalten. Um sie zu finden, bräuchte man einen Führer.

Zyklopische Mauern. Es gibt sie an verschiedenen Punkten der Insel. Die wohl imposantesten liegen bei Kambos zwischen Paläokastro und dem Munda-Hügel.

Benachbarte Inseln. Rho wurde schon in der Einleitung erwähnt. Südöstlich liegt **Strongili**, das nur von dem Leuchtturmwärter bewohnt wird.

Die bei Kastelloriso gelegene Insel **Rho** war bis vor wenigen Jahren nur von einem einzigen Menschen bewohnt. Despina Achladiotis, die man die Frau von Rho nannte, hißte jeden Morgen die griechische Fahne. Die Frau von Rho starb 1982 im Alter von 92 Jahren.

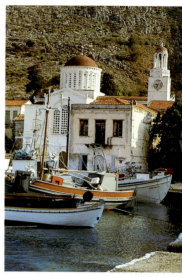

Ein Teil des Hafens von Kastelloriso.

Mandraki mit der Kirche Ajios Konstantinos.

KLEINERE INSELN DER DODEKANES

RHODOS
Prasonisi.................... S v. Rhodos.
Makry.......................... W v. Rhodos.
Strongili..................... W v. Rhodos.
Chtenies.................. SW v. Rhodos.
Karavolas................ SW v. Rhodos.
Strongilo. .... W v. Rhodos.

SIMI
Nimos........................... W v. Simi.
Chodro....................... W v. Simi.
Plati............................. W v. Simi.
Oxia........................... NW v. Simi.
Diavates- Inseln............ W v. Simi.
   Didima. .... W v. Simi.
   Gi.............................. W v. Simi.
   Megalonisi.............. W v. Simi.
   Karavonisi............... W v. Simi.
   Marmaras................ W v. Simi.
Seskli............................S v. Simi.
Trumbeto. .... S v. Simi.
Strongilo. .... S v. Simi.
Ajia Marina. .... Ö d. Hafens.

CHALKI
Nisa............................. Ö d. Hafens.
Alimia......................... NÖ v. Chalki.
Krevatia. .... Sö d. Hafens.
Ajios Theodoros.......... Nö v. Halki.
Tragusa. .... Ö v. Halki.

TILOS
Antitilos........................ Sö v. Tilos.
Gaidaros...................... Nö v. Livadi.
Nisi............................. NW v. Tilos.

KOS
Kastri. .... Gegüb. Ajios Stefanos.
Prasso........................... N v. Kefalo.

NISYROS
Jali............................... Nö v. Nisyros.
Ajios Antonios.................Ö v. Jali.
Strongili............................Ö v. Jali.
Pachia......................... W v. Nisyros.
Pergusa....................... W v. Nisyros.
Kandeliusa. .... SW v. Nisyros.

ASTYPALÄA
Diaporia............. Bucht v. Maltesana.
Ligno. .... Bucht v. Maltesana.
Chodro............... Bucht v. Maltesana.
Nisia Aj. Kiriakis..... S v. Maltesana.
Kutsomiti. .... Sö v. Maltesana.
Kunupi.................. Sö v. Maltesana.
Fokionisia................ W v. Astipaläa.
Panormos............. NW v. Astipaläa.
Katsagreli.............. NW v. Astipaläa.
Pontikusa..................Ö v. Astipaläa.
Ofidusa....................Ö v. Astipaläa.

KALYMNOS
Kalavros............................ S v. Emborio.

AGATHONISI
Psathonisi................. N v. Agathonisi.
Strongili..................... N v. Agathonisi.
Mera. .... N v. Agathonisi.
Glaros.................... Nö v. Agathonisi.
Kuneli. .... S v. Agathonisi.

Ajios Andreas. .... S v. Kalymnos.
Nera............................ S v. Kalymnos.
Safonidi..................... S v. Kalymnos.
Kalolimnos............. Nö v. Kalymnos.
Pitta......................... Nö v. Kalymnos.
Prasolo.................... Nö v. Kalymnos.
Limnia...................... Nö v. Kalymnos.
Saronisi.....................Ö v. Kalymnos.

TELENDOS
Apano Nisi............. NW v. Telendos.
Ajia Kyriaki................S v. Telendos.

PSERIMOS
Plati........................ W v. Pserimos.
Zuka........................ N v. Pserimos.

LEROS
Archangelos............... NW v. Leros.
Faradonisia................ NW v. Leros.
Strongili....................... N v. Leros.
Plakusa....................... N v. Leros.
Tripiti........................... N v. Leros.
Petalii.......................... N v. Leros.
Ajia Kiriaki............. Sö v. Pantelios.
Piganusa................... Sö v. Leros.
Glaronisia.................... S v. Leros.
   Velona........................ S v. Leros.
   Gaviani....................... S v. Leros.
   Diapori........................ S v. Leros.

PATMOS
Kentronisi............ Bucht v. Kambos.
Ajios Georgios....Bucht v. Kambos.
Ajia Thekla. .... Bucht v. Kambos.
Sklava......................... Ö v. Skala.
Sklavopula..................... Ö v. Skala.
Xeropuli......................... Ö v. Skala.
Pilafi.............................Ö v. Sapsila.
Tragonisi................ Bucht v. Grigos.
Prasonisi.....................S v. Patmos.
Mersini................... Bucht v. Lefkes.
Anidro..................... NW v. Patmos.
Petrokaravo. .... NW v. Patmos.

LIPSI
Arefusa........................ NW v. Lipsi.
Voria Aspronisia. .... Nö v. Lipsi.
Notia Aspronisia. .... Ö v. Lipsi.
Kalapodia. .... Sö v. Lipsi.
Kira.................... Bucht v. Katsadia.
Makri. .... S v. Lipsi.
Kalavres. .... S v. Lipsi.
Sarakianos.................... S v. Lipsi.

ARKI
Marathi. .... SW v. Arki.
Stronglilo..................... SW v. Arki.
Marathos...................... SW v. Arki.
Makronisi..................... Sö v. Arki.
Kalovolo...................... Sö v. Arki.
Komaros. .... N v. Arki.

KARPATHOS
Saria........................ N v. Karpathos.
Prasonisi. .... N v. Karpathos.
Sokastro................... N v. Karpathos.
Diakoftis. .... SW v. Karpathos.
Prasonisi................... Sö v. Karpathos.
Mira. .... Sö v. Karpathos.

KASOS
Armathia.................... NW v. Kasos.
Litra.......................... NW v. Kasos.
Pontikonisia. .... NW v. Kasos.
Makronisi.................... N v. Kasos.
Kufonisi. .... N v. Kasos.
Koskino....................... N v. Kasos.
Kalofonas.................. Nö v. Kasos.
Strongili......................Ö v. Kasos.
Plati............................ W v. Kasos.
Kurukia........................ W v. Kasos.

KASTELLORIZO
Ro. .... W v. Kastellorizo.
Strongili.............. Sö v. Kastellorizo.
Psoradia. .... Ö d. Hafens.
Ajios Georgios. .... Ö d. Hafens.
Polyfados.................... Ö d. Hafens.
Psomi........................ Ö d. Hafens.

WEITERE KLEINE INSELN
Farmakonisi................. Nö v. Leros.
Megalo Livadi. .... Ö v. Amorgos.
Mikro Livadi............. Ö v. Amorgos.
Kinaros..................... SW v. Leros.
Glaros...................... SW v. Leros.
Mavra....................... SW v. Leros.
Levida...................... SW v. Leros.
Sirna........................ SÖ Astipaläa.
Katsikulia. .... Sö v. Astipaläa.
Tria Nisia. .... Sö v. Astipaläa.
   Plakia. .... Sö v. Astipaläa.
   Meso. .... Sö v. Astipaläa.
   Stephania.......... Sö v. Astipaläa.
Zafora-Inseln............ Sö Astipaläa.
   Meg. Sofrano. ..... S v. Astipaläa.
   Mikro Sofrano..... S v. Astipaläa.
   Karavonisia........ S v. Astipaläa.
   Avgonisi.......... NW v. Karpathos.
   Adelfes.............. W v. Karpathos.
Chamilonisi. .... W v. Karpathos.
Astakida................ NW v. Karpathos.
Astakidopoula. ....NW v. Karpathos.
Divunia..................... W v. Karpathos.

Eine 40 m breite Meerenge trennt Euböa vom griechischen Festland. Die Strömung des Meeres erreicht hier manchmal eine Geschwindigkeit von 8 Seemeilen pro Stunde. Merkwürdig ist aber nicht die Geschwindigkeit, sondern der Umstand, daß die Strömung nach 6 Stunden zum Stillstand kommt und dann in die Gegenrichtung fließt. Dieser Wechsel der Strömung geschieht nun schon seit Tausenden von Jahren. Mit der berühmten Eurippos-Meeresenge 80 km nördlich von Athen haben sich viele Gelehrte des Altertums, aber auch der Neuzeit beschäftigt. Sie kamen zu dem Ergebnis, daß es sich um ein Gezeiten-Phänomen handelt, das durch die Anziehungskraft des Mondes hervorgerufen wird. Eine Zugbrücke, die geöffnet werden kann, damit Schiffe passieren, führt über den Eurippos und verbindet die Insel mit dem griechischen Festland. An der Brücke liegt die schöne Stadt Chalkida, die Hauptstadt von Euböa, die einen ganz eigenen Charakter hat. Rechts und links erstreckt sich so weit das Auge reicht die große und langgestreckte Insel Euböa, die länger als 175 km ist.

Euböa ist gebirgig, hat aber viel Grün und zeigt einen raschen Wechsel der Landschaften. Die Berge im Inneren sind mit Ölbäumen und Kiefern bestanden, malerische Dörfer ziehen sich an den Abhängen hinauf. In den Tälern, die von plätschernden Bächen durchflossen sind, wachsen Platanen und Edelkastanien und in den fruchtbaren Ebenen gedeihen Obstbäume. Windgeschützte Strände mit herrlichen Sandstränden wechseln mit steilen Felsen, die von den Wogen

des ägäischen Meeres gepeitscht werden. Es gibt malerische Fischerhäfen, aber auch moderne Hotelanlagen, die alle Wünsche des Besuchers erfüllen. Nördlich von Euböa liegen die Sporaden, eine Inselgruppe, die im folgenden beschrieben wird.

Südlich von Euböa befinden sich die anmutigen kleinen Petalii-Inseln.

Rings um Euböa gibt es außer den Petalii-Inseln eine große Zahl kleinerer Inseln und Felseninseln, von denen insgesamt 55 erwähnt und in ihrer Lage beschrieben werden. Von diesen sind, Euböa eingeschlossen, nur 9 bewohnt.

Die kleine Insel Petalii südlich von Euböa.

Euböa

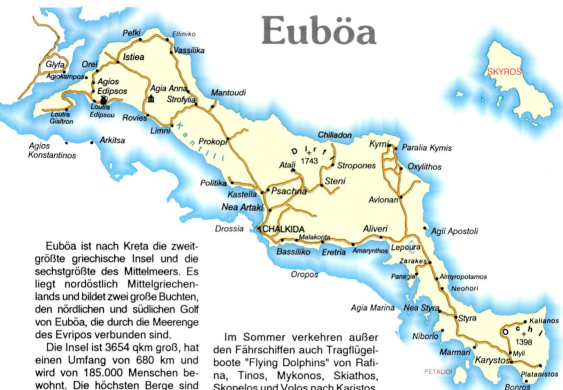

Euböa ist nach Kreta die zweit-größte griechische Insel und die sechstgrößte des Mittelmeers. Es liegt nordöstlich Mittelgriechenlands und bildet zwei große Buchten, den nördlichen und südlichen Golf von Euböa, die durch die Meerenge des Evripos verbunden sind.

Die Insel ist 3654 qkm groß, hat einen Umfang von 680 km und wird von 185.000 Menschen bewohnt. Die höchsten Berge sind der Kandili (1246 m), der sich steil über dem nördlichen Golf von Euböa erhebt, die imposante Dirfis (1743 m) in der Mitte der Insel, der Olimpos von Euböa (1172 m) etwas südlicher und die Ochi (1398 m) an der Südostspitze.

Die wichtigsten Erzeugnisse, die Euböa hervorbringt, sind Öl, Getreide und Feigen. Es gibt auf Euböa auch Bergbau und man fördert hauptsächlich Leukolith, aus dem Magnesium gewonnen wird. Sehr entwickelt ist auf der Insel auch die Viehzucht, besonders die Geflügelzucht.

Nach Euböa fährt man mit dem Linienbus oder mit dem eigenen Auto. Dabei kommt man entweder über die alte Brücke des Evripos oder über die neue Hängebrücke. Man kann auch die fahrplanmäßig verkehrenden Fährschiffe benutzen.

Von Oropos setzt man nach Eretria auf Euböa über, von Rafina nach Karistos und Marmari, von Ajia Marina in Attika nach Stira und Almiropotamo, von Arkitsa nach Adipsos, von Glifa in Phtitida nach Ajiokambos. Von den Inseln der Sporaden und besonders von Skiros gibt es Schiffsverbindung mit Kimi.

Im Sommer verkehren außer den Fährschiffen auch Tragflügelboote "Flying Dolphins" von Rafina, Tinos, Mykonos, Skiathos, Skopelos und Volos nach Karistos, Marmari, Stira, Chalkida, Gregolimano, Ädipsos und Pefki (die sieben letzteren sind Häfen auf Euböa).

Nach Chalkida kann man von Athen auch mit dem Zug fahren.

GESCHICHTE

Euböa wurde gegen Ende der neolithischen Zeit besiedelt. Funde aus dem 3. Jahrtausend v.Chr. beweisen, daß in dieser Zeit die meisten Siedlungen in der Mitte der Insel und an der Westküste lagen. In jener Zeit gab es auch Handel mit den Kykladen. Aus dem 2. Jahrtausend v.Chr. stammen viele mykenische Siedlungen.

Homer erwähnt Euböa mit diesem Namen, obwohl die Insel auch Makri und Dolichi genannt wurde. Homer erzählt auch, daß die Insel am Trojanischen Krieg teilnahm (12. Jh. v.Chr.). Gegen Ende des 2. Jahrtausends kamen Thessalier und Dryoper auf die Insel, die sich zumeist im Norden und Süden niederließen. Auf sie folgten die Dorer und Ionier.

Die größte Blütezeit in seiner Geschichte erlebte Euböa im 8. und 7. Jh. v.Chr. Unter den vielen unabhängigen Städten waren Chalkis und Eretria besonders bedeutend.

Beide waren durch Handel reich geworden, der sich fast auf die ganze damals bekannte Welt erstreckte. Ihre Macht verdankten die Städte ihrer Kriegsflotte; sie gründeten Kolonien auf der Chalkidike, in Thrakien, auf den Sporaden, in Sizilien und Süditalien. Zwischen den beiden Städten, die nicht mehr als 20 km voneinander entfernt waren, lag und liegt die fruchtbarste Ebene der Insel, die sogenannte liladische Ebene, durch die der Fluß Lilas fließt. Diese Ebene war nicht nur die Ursache, daß es zwischen den beiden Städten ständig Auseinandersetzungen um deren Besitz gab, sondern sie war auch der Grund, daß es zu einem Krieg zwischen Chalkis und Athen kam.

Unten: Die berühmte Brücke in Chalkida, die Euböa mit dem griechischen Festland verbindet.

Der Strand von Eretria und die "Insel der Träume".

Sparta unterworfen, doch war es 378 v.Chr. Mitglied des attischen Seebundes. 371 v.Chr. fiel die Insel an die Thebaner und 350 v.Chr. an die Makedonen. 194 v.Chr. wurden die Römer die Herren von Euböa. Dann folgte die lange byzantinische Zeit, bis 1205 die fränkischen Ritter in Erscheinung traten. Herrscher über die Insel wurde nun Bonifaz von Montferrat, König von Thessaloniki, der nach dem feudalen System herrschte und Euböa in drei Baronien aufteilte.

1306 eroberten die Venezianer die Insel. Sie nannten Euböa wegen der berühmten Brücke über den Evripos Negreponte (schwarze Brücke).

1470 wurde Euböa von den Türken besetzt, die es mehr als 350 Jahre beherrschten.

An dem Freiheitskampf von 1821 nahm die Bevölkerung von Euböa teil. Bis zur endgültigen Befreiung im Jahre 1829 kam es auf der Insel zu zahlreichen Kämpfen.

In diesem Krieg wurde 506 v.Chr. Chalkis besiegt und Athen siedelte in der umstrittenen Ebene Tausende von landlosen Bürgern an. Es folgten die Perserkriege und die Verwüstung von Eretria durch die Truppen des Perserkönigs Darius. Nach dem Abzug der Perser kehrten die Athener jedoch wieder zurück.

Gegen Ende des Peloponnesischen Krieges wurde Euböa von

Ein Besuch der Insel

Chalkida

Die Hauptstadt von Euböa, eine schöne, moderne Stadt mit 45.000 Einwohnern liegt an der Stelle des antiken Chalkis, von dem nur einige Spuren erhalten sind. Wie schon im Falle des antiken Chalkis ist die Schlüssellage der modernen Stadt an der Meerenge von Evripos ein entscheidender Faktor für ihre Entwicklung. Der größte Teil der Stadt liegt östlich der Brücke auf der Insel. Es gibt jedoch auch einen kleinen Stadtteil auf dem gegenüberliegenden böotischen Festland, der sich rasch entwickelt. In seiner Nähe erhebt sich auf der Spitze eines Hügels die türkische **Karababa-Burg**, die 1686 auf den Ruinen einer Festung des 5. Jh. v.Chr. erbaut wurde.

Von der Burg hat man einen einmaligen Ausblick auf die Stadt und den euböischen Golf. Gegenüber und südöstlich der Brücke erstreckt sich der Stadtteil **Kastro**, an dessen Eingang die **Emir Sade-Moschee** liegt, vor der ein Marmorbrunnen steht. In der Nähe der Moschee, in der ein Museum mit mittelalterlichen und byzantinischen Ausstellungsstücken eingerichtet ist, liegt **Ajia Paraskevi**, die älteste Kirche von Chalkida. Diese Basilika wurde im 5. Jh. n.Chr. erbaut, doch nahmen die Franken und die Venezianer viele Veränderungen an ihr vor. Eindrucksvoll ist der Schmuck des Innenraumes.

An der Leoforos Eleftherios Veniselos liegt das **archäologische Museum** mit interessanten Funden aus ganz Euböa, vor allem aber aus Eretria. Bemerkenswert ist das Fragment eines Giebels des Apollo Daphnephoros in Eretria.

In Chalkis lohnen sich auch ein Besuch des **volkskundlichen Museums**, der Städtischen Gemäldegalerie und der mittelalterlichen Wasserleitung. Keinesfalls versäumen sollte man jedoch einen Spaziergang an dem malerischen Ufer mit den vielen Cafés und Restaurants und der berühmten **Evripos-Brücke**. Eine erste Brücke war hier 441 v.Chr. erbaut worden, an die sich drei weitere anschlossen bis 1962 die jüngste Brücke errichtet wurde. Von der Brücke aus kann der Besucher die rasche Strömung in der Meerenge beobachten, die wie die Gezeiten ihre Richtung wechselt. Im Altertum und in neuerer Zeit beschäftigte dieses berühmte Phänomen die Besucher und Naturforscher gleichermaßen.

Die Stadt Chalkida und die Evripos-Meeresenge.

Die Statue des Antinous im archäol. Museum von Chalkida.

RUNDFAHRTEN

1. Chalkida - Strofilia - Istiäa - Ädipsos (155 km)

Auf dieser Fahrt lernt man einen Teil des mittleren Euböa und besonders den Norden der Insel mit ihren schönen Kiefernwäldern und endlosen Sandstränden kennen.

Man fährt auf der Küstenstraße von Chalkida nach Norden.

8 km: Nea Artaki. Ein großer Ort an der Küste mit Restaurants und Fischtavernen. Hier führt eine Abzweigung nach rechts in die malerische Ortschaft **Steni**, die auf S. 149 beschrieben wird.

15 km: Psachna. Ein Marktflekken in einer fruchtbaren Ebene. 8 km nordöstlich liegt das **Nonnenkloster Panajia Makrimalli**.

Von der Straßenkreuzung in Psachna macht man einen Abstecher von der Hauptroute nach links und kommt nach 9 km nach **Politika**, einer Ortschaft in der Nähe des Meeres. Im Sommer herrscht an dem langen Sandstrand von Politika ein sehr lebhafter Betrieb.

52 km: Prokopi. Eine kleine Ortschaft mit viel Grün und der schönen Kirche **Ajios Ioannis to Roso**, in der die Reliquien des Heiligen aufbewahrt werden.

Man erreicht diesen Ort nach einer herrlichen Fahrt durch ein Tal mit vielen Platanen. Von Prokopi führt eine Abzweigung rechts nach 11 km in den Küstenort **Pili** führt. Die Straße nach Mantudi verläuft von Prokopi am Fluß Kirea entlang, der von immergrünen Platanen gesäumt ist. Die größte von ihnen hat einen Umfang von 27 m.

60 km: Mantudi. Ein großer Ort in der Nähe eines Bergwerks, in dem Leukolith abgebaut wird. Der zugehörige Hafen ist **Kimasi**.

64 km: Kreuzung. Die Straße rechts führt nach 5 km an den Strand **Kria Vrisi** mit einem sehr langen dunkelbraunen Sandstrand und eigenartig geformten Felsen, die an einer Stelle eine kleine natürliche Brücke über dem Sand bilden.

68 km: Strofilia. Ein großes Dorf, von dem die Straße links nach **Limni** führt.

75 km: Ajia Anna. Ein Abstecher von dem Dorf führt nach 4 km nach **Angali**, eine Ortschaft an der Küste mit einem großen Sandstrand.

86 km: Von hier führt eine Abzweigung nach 6 km an den bekannten Strand von **Kotsikia**, dessen Meer herrliche Farben hat.

98 km: Vasilika. Ein Dorf mit viel Grün, 10 km hinter Pappades. Der zugehörige Hafen ist der Strand von Psaropuli.

122 km: Pefki. Ein Zentrum des Tourismus an einer Bucht mit einem herrlichen Sandstrand und zahlreichen Fichten in der Umgebung. Im Sommer kann man von hier mit einem Boot nach **Kukunaries** auf Skiathos übersetzen. Pefki erreicht man nachdem man durch die Dörfer **Agriovotano**, Guves und Artemisio gefahren ist, die hoch über dem Meer liegen.

Die Kirche Ajios Ioannis tu Rosu in Prokopi.

133 km: Istiäa. Hauptstadt eines der drei Verwaltungsbezirke von Euböa (die beiden anderen sind Chalkida und Karistos) mit mehr als 5000 Einwohnern. Bei Homer wird es der Ort "mit vielen Weintrauben" genannt, weil hier viel Wein wächst, der auch heute sehr berühmt ist. In Istiäa gibt es ein kleines Museum des einheimischen Jägervereins mit ausgestopften Tieren und Vögeln aus der Umgebung. Im Rathaus ist eine archäologische Sammlung untergebracht. Interessant ist auch das volkskundliche Museum.

139 km: Oriäi. Der Hafen von Istiäa an der Meerenge, die Euböa von Magnesia und Phtiotida trennt. Im Sommer gibt es eine Schiffsverbindung mit Volos und Trikeri. Auf den Hügeln der Umgebung sind die Reste zweier antiker Akropolen und einer mittelalterlichen Burg erhalten.

144 km: Kreuzung. Die Straße rechts führt nach 1 km nach Ajiokambos, einen malerischen Ort an der Küste mit einem herrlich sauberen Meer.

Der kosmopolitische Badeort Ädipsos.

Von **Ajiokambos** gibt es tägliche Schiffsverbindungen in das gegenüberliegende **Glifa** in Phtiotida.

155 km: Ädipsos. Der größte Badeort Griechenlands mit Heilquellen, die zur Heilung zahlreicher Leiden, vor allem aber von Arthritis und Ischias aufgesucht werden. Die Heilquellen sind seit dem Altertum bekannt und die griechische Mythologie berichtet, daß Herakles sie aufsuchte, um Stärke zu gewinnen. In römischer Zeit wurden die Quellen von römischen Kaisern besucht. Der Feldherr Sulla suchte hier Heilung für seine Gicht. Die Ruinen der Thermen des Sulla sind heute noch erhalten. Wer nicht die heißen Quellen besuchen will, kann das Meer sowie den lebhaften Betrieb genießen, den ein Badeort bietet. Ädipsos ist mit dem gegenüberliegenden Hafen **Arkitsa** durch Fährschiffe verbunden, wodurch die Reise nach Athen sehr viel kürzer wird.

Von dem Dorf Ädipsos (3 km nördlich) führt eine Straße die Küste entlang nach **Lutra Jaltron** (15 km) und in die herrliche Landschaft **Gregolimano**. Sie endet schließlich an dem Sandstrand **Ajios Georgios** (25 km) und dem nahegelegenen Dorf **Lichada**.

2. Chalkida - Strofilia - Limni - Ädipsos (117 km)

68 km: Strofilia (s. Rundfahrt 1).
87 km: Limni. Schon wenn man die kurvenreiche Straße hinunterfährt, sieht man diesen malerischen Marktflecken, der amphitheatralisch oberhalb des Meeres liegt und ringsum von einem dichten Kiefernwald umgeben ist. 8 km südöstlich von Limni befindet sich das Nonnenkloster **Moni Galataki** und ganz in seiner Nähe ein herrlicher Sandstrand. In der Klosterkirche sind Wandmalereien aus dem 16. Jh. erhalten.

Von Limni fährt man jetzt die Straße weiter, die am Meer nach Nordwesten entlangläuft.
97 km: Rovies. Ein Ort am Meer mit vielen Kiefern, Obstbäumen und einem herrlich sauberen Meer.
117 km: Ädipsos.

Steinerner Brunnen in Steni auf Euböa.

3. Chalkida - Steni - Stropones (46 km)

Bei diesem Ausflug lernt man das malerische Steni kennen, das im Grünen liegt, und kommt ganz nahe an die Schutzhütte der Dirfis, des höchsten Berges von Euböa.
8 km: Nea Artaki. Hier fährt man nach rechts.
23 km: Katheni. Ein Ort mit Blick auf die imposante Dirfis. Hier stößt man auch auf die Straße, die aus den Dörfern Attali, Triada und **Psachna** kommt.

31 km: Steni. Es liegt in einem grünen Tal, das Bäche bewässern, die nahe dem Ort entspringen. Es gibt hier Hotels, malerische kleine Tavernen und Restaurants unter Platanen. Erholsam ist ein Spaziergang unter den Kastanienbäumen und Tannen auf der Straße, die zur Dirfis hinaufführt.

Diese Straße führt an dem Sattel der Dirfis vorbei, von dem die Schutzhütte (1150 m) nur 1 km entfernt ist. Von der Schutzhütte benötigt man für die Besteigung des Gipfels (1743 m) etwa 2 Stunden.

Der Blick auf das Meer und den mehrere Monate im Jahr beschneiten Gipfel ist herrlich. Die nicht immer leicht befahrbare Straße führt nach dem Sattel durch dichte Wälder in Richtung der Ägäis hinunter.

46 km: Stropones. Ein isoliertes Dorf an der Nordseite der Dirfis. Von hier geht eine Straße hinunter zum Strand mit Sand kristallklarem Wasser und eindrucksvollen Felsen. In der Nähe des Strandes liegt das alte **Kloster Chiliadus**.

In Ädipsos vereinigen sich Berg und Meer, Heilquellen und Bäder im Meer.

4. Chalkida - Eretria - Kimi (91 km)

10 km Vasiliko. Eine ausgedehnte Ortschaft in der fruchtbaren Lila-Ebene. Von hier erreicht die Straße nach 2 km **Lefkandi**.

18 km: Malakonda. Ein Gebiet mit Campingplätzen und Sandstrand.

22 km: Eretria. Ein Städtchen, in dem es wegen des schönen Strandes, der Altertümer und seiner Lage (hier legen die Fährschiffe aus Oropos in Attika an) viel Tourismus gibt.Im Altertum war Eretria eine der beiden mächtigen Städte des antiken Euböa. Zu den Ruinen des antiken Eretria gehört das **Theater**, das Heiligtum des Dionysos, das Gymnasium, Teile der Mauern der Akropolis und des Tempels des Apollo Daphnephoros.

Lohnend ist ein Besuch des **archäologischen Museums** und der kleinen Halbinsel **"Nisi ton Oniron"** (Insel der Träume), die nahe am Hafen liegt.

31 km Amarinthos. Ein malerischer Ort an der Küste. In 7 km Entfernung liegt das Dorf Jimno am Fuße des euböischen Olimpos.

48 km: Aliveri. Ein Städtchen, 2 km vom Meer entfernt.

56 km: Lepura. In dieser Ortschaft fährt man links nach Norden weiter. Die Straße rechts nach Südosten führt in das südliche Euböa.

67 km: Die Straße rechts führt nach 1 km in das Dorf **Avlonari**, das noch seine traditionelle Architektur bewahrt hat. Es gibt hier einen mittelalterlichen Turm und die byzantinische Kirche Ajios Dimitrios (11. Jh.). Nach weiteren 7 km erreicht man das Dorf **Ochthonia** (in 420 m Höhe). Kurz vor Ochthonia liegt in einer herrlichen Landschaft mit Pappeln das **Kloster Moni Lefkon**, eines der ältesten Klöster auf Euböa.

91 km: Kimi. Dieses Städtchen mit 2.700 Einwohnern liegt wie auf einem herrlichen Balkon über der Ägäis. Der Ort ist seit dem Altertum bekannt, hat eine lange maritime Tradition und noch heute sind viele Einwohner Seeleute. Die umgebende Landschaft ist sehr grün; man hat einen herrlichen Ausblick auf das Meer. In **Paralia tis Kimis**, das 4 km entfernt ist, legen die Fährschiffe nach Skiros an.

Bei Kimi gibt es in **Choneftiko** unter Platanen eine Quelle, deren heilkräftiges Wasser bei Nierenleiden und Gallensteinen angewendet wird. Südlich von Kimi liegen die schönen Sandstrände von Platanas und das Dorf Oxilithos, das unterhalb des spitzen Gipfels des gleichnamigen Berges liegt.

5. Chalkida - Eretria - Karistos (129 km)

Man fährt wie bei Rundfahrt 4 bis Lepura (56 km) und dann nach rechts nach Südosten weiter.

59 km: Kriesa. In diesem Dorf gibt es eine Abzweigung nach links, die nach 5 km **Petries** erreicht und nach weiteren 4 km den Strand **Ajion Apostolon** mit herrlichem Sand.

79 km: Almiropotamos. Von **Panajia**, dem Hafen des Dorfes, gibt es Fährschiffe nach Ajia Marina in Attika.

87 km: Straßenkreuzung. Man verläßt die Hauptstraße und fährt rechts nach Nea Stira.

92 km: Nea Stira. Ein schöner Ferienort an einer Bucht, die durch die kleine Insel **Stira** vor dem Wind geschützt wird.

Eretria mit seinen Ausgrabungen und der kleinen "Insel der Träume" rechts.

Im Hafen legen die Fährschiffe aus dem gegenüberliegenden Ajia Marina an.

97 km: Stira. Der Ort liegt an der Hauptstraße, zu der man zurückkehrt und nach Süden weiterfährt.

100 km: Kapsala. Hier gibt es eine Abzweigung nach rechts zur malerischen Nimborio-Bucht mit kristallklarem Wasser und einer kleinen Ortschaft.

116 km: Die Straße führt rechts nach 6 km nach **Marmari**, einer Ortschaft an der Küste mit schönen Sandstränden. Im Sommer ist der Ort sehr stark besucht. Es gibt fahrplanmäßige Fährschiffe aus Rafina, die die Fahrt sehr stark verkürzen. Gegenüber von Marmari liegt die reizende kleine Insel **Petalii**, die in Privatbesitz ist.

129 km: Karistos. Ein malerischer Ort im Inneren einer hufeisenförmigen Bucht. Karistos liegt am Südrand von Euböa unter der Ochi, dem zweitgrößten Berg der Insel, und ist einer der größten Ferienorte der Insel. Neben dem Hafen erhebt sich die venezianische Festung Burtzi. Nördlich des Ortes liegen an den tiefgrünen Hängen der Ochi die Dörfer **Mili**

Karistos von Kokkino Kastro gesehen.

und **Grabia**, die ihre überlieferte Bauweise bewahrt haben. In der Nähe des letzteren liegt auf einem Hügel die Ruine des **Kastello Rosso** (rote Burg), von wo man einen überwältigenden Ausblick auf das Meer hat. Hier oben lag auch das antike Karistos, das seit prähistorischer Zeit für seine

große Handels- und Kriegsflotte berühmt war.

Von Karistos kann man den schönen Sandstrand **Buros** besuchen und die Dörfer kennenlernen, die mit dem malerischen **Platanisto** beginnen und sich bis an das Kap Kafirea (Kavo Doro) erstrecken, das für seine Stürme bekannt ist.

Sandstrände in Marmari.

SPORADEN

Die anmutigsten und attraktivsten Inseln der Ägäis sind die Sporaden. Das üppige Grün und das smaragdene Meer an den Küsten erinnern an das benachbarte Pilio. Diesem schönen Berg am nächsten liegt Skiathos, die touristisch am stärksten entwickelte Insel mit einigen der schönsten Strände Griechenlands. Weiter östlich befindet sich Skopelos mit grünen Bergen und einem malerischen Hafen. Daran schließt sich Alonnisos mit dichten Kiefernwäldern und herrlichen Meerestiefen an. Hier und auf den benachbarten kleinen Inseln sind die letzten Zufluchtsorte der kleinen Mittelmeerrobbe. Neben Euböa liegt Skyros mit seiner traditionellen Chora, die sich an den Hang eines kahlen Berges klammert. Berühmt ist seine Volkskunst wie Möbel und Keramik.

Nach Skiathos, Skopelos und Alonnisos fährt man mit kleinen Fährschiffen oder Schnellbooten von Ajios Konstantinos und Volos. Nach Skyros setzt man von Kimi auf Euböa über. Nach Skiathos und Skyros gibt es auch Flugverbindung von Athen.

Zu bemerken ist schließlich, daß rings um diese genannten vier großen Inseln der Sporaden eine Vielzahl kleinerer Inseln, Inselchen und Felseninseln liegen, deren Zahl 700 übersteigt. Beschrieben oder in ihrer Lage bezeichnet werden hier insgesamt 73. Von ihnen sind nur 9 bewohnt.

Lalaria auf Skiathos,
einer der schönsten
Strände Griechenlands.

Skiathos

Skiathos gehörte zu den ersten der unbekannten Paradiese, das von Reisenden entdeckt wurde. Vorher war es nur durch die Erzählungen des griechischen Schriftstellers Papadiamantis bekannt.

Immer neue Luxushotels entstanden an den schönen Sandstränden, die Zahl der Besucher wurde größer und Skiathos entwickelte sich zu einer der kosmopolitischsten Inseln Griechenlands.

Das Leben auf Skiathos hat sich tiefgreifend verändert. Doch die berühmten Strände sind weiterhin schön, die kleinen Gäßchen von Chora sind so malerisch wie immer. In einer von ihnen steht das Haus von Papadiamantis, schlicht und ernst, vom Laufe der Zeit unberührt. Es ist eine Erinnerung an jene anderen Zeiten, die der große Künstler beschrieb.

Skiathos ist die erste Insel östlich von Pilio. Von Volos liegt es 41 Seemeilen, von Ajios Konstantinos 44 Seemeilen entfernt. Es gibt niedrige, von Kiefern bestandene Berge und zahlreiche kleinere und größere Buchten mit herrlichen Sandstränden. Die Insel ist 48 qkm groß, ihr Umfang beträgt 44 km, die Einwohnerzahl beläuft sich auf 4.200.

Skiathos erreicht man mit dem Flugzeug von Athen. Mit dem Fährschiff oder den schnellen "Flying Dolphins" kann man auch von Ajios Konstantinos, Volos, Alonisos und Skopelos anreisen. Im Sommer bestehen auch Verbindungen von Kimi auf Euböa, Skiros und anderen Inseln.

GESCHICHTE

Skiathos kämpfte in den Perserkriegen und wurde 478 v.Chr. Mitglied des attischen Seebundes. Später besetzten die Makedonen, danach die Römer die Insel. In byzantinischer Zeit war es bedeutungslos.

1204 kamen die Venezianer, 1538 die Türken. Damals verließen die Einwohner ihre alte Stadt, die an der Stelle des heutigen Skiathos lag, und erbauten im Norden der Insel auf einem unzugänglichen Felsen das berühmte Kastro. Im Freiheitskampf von 1821 fanden viele Kämpfer aus dem benachbarten Thessalien auf der Insel Zuflucht. Skiathos wurde 1823 befreit und ein Versuch der Türken, die Insel zurückzuerobern, wurde in Blut erstickt. 1830 verließen die Einwohner das historische Kastro und erbauten die neue Chora, den Ort, den man heute besucht. Der große neugriechische Erzähler Alexandros Papadiamantis (1851-1911), der auf Skiathos geboren wurde, machte in seinen Erzählungen wichtige Phasen aus der Geschichte der Insel wieder lebendig, vor allem die Zeit der Kämpfe um Kastro.

Oben: Das Haus von Papadiamantis.
Rechts. Das malerische Burtzi.
Unten: Blick auf den Hafen von Skiathos.

Ein Besuch der Insel

Skiathos oder Chora

1830 wurde Chora an der Stelle der alten Stadt erbaut. Im Sommer herrscht in den malerischen Gäßchen ein lebhafter Betrieb. In einer von ihnen befindet sich das Haus des großen Erzählers **Alexandros Papadiamantis**, das als Museum gestaltet wurde, in dem viele Möbel und persönliche Gegenstände des Dichters ausgestellt sind.

Zwischen den beiden Häfen von Chora erstreckt sich die kleine Halbinsel **Burtzi**, zwischen deren Kiefern die Mauern einer alten Festung zu erkennen sind. In Chora gibt es mehrere sehenswerte Kirchen. Zu ihnen gehört **Tris Ierarches** (die Kathedrale im oberen Teil der Stadt).

Bei Chora liegen der Ort **Ftelia** und der Strand **Megali Ammos**.

Eine Rundfahrt mit dem Auto **Achladies** (4 km). Eine kleine Bucht mit einem der schönsten Sandstränden der Insel. Der Ort entwickelte sich zu einem modernen Ferienort.

Tzaneries (4,5 km). Eine Bucht, die geschlossener ist als die von Achladies. Auch sie ist touristisch erschlossen.

Kanapitsa (4,5 km). Ein Ort südlich der Bucht von Tzaneries, den im Sommer zahlreiche Urlauber besuchen.

Trullos (8 km). Eine Ortschaft an der Kreuzung mit der Straße zum Kloster **Panajia tis Kunistras**.

Kukunaries (11 km). Hier beginnt der schönste Strand Griechenlands, der die Form eines Hufeisens hat. Den goldenen Sandstrand umgeben hohe Pinien. Hier liegen auch die luxuriösesten Hotels der Insel. Ein kleiner Fluß mündet am Anfang des Strandes und eine kleine Brücke führt an den schönen Strand. Hinter dem Pinienwald liegt ein See, der die außergewöhnliche Schönheit dieser Landschaft abrundet.

Im Osten liegen die Strände **Banana, Krassa** und **Ajia Eleni**. Im Norden kommt man nach einem Kiefernwald an das exotische **Mandraki** mit seinen hohen Sandhügeln, die steil zum Meer abfallen.

Ausflüge mit dem Boot

Bei einer Rundfahrt mit dem Boot um die Insel lernt man folgende Sehenswürdigkeiten kennen:

Galasia Spilia (Blaue Grotte) im Norden der Insel. **Skotini Spilia** (dunkle Grotte), in der Nähe der Blauen Grotte. Wenn sich die Augen an das Dämmerlicht gewöhnt haben, erlebt man ein mitreißendes Schauspiel.

Lalaria und **Tripia Petra**. Ein eindrucksvoller Strand mit völlig runden, weißen Kieseln in unterschiedlicher Größe. An seinem Ende bildet ein Felsen eine natürliche Brücke über das smaragdene Wasser des Meeres.

Kastro. Ein imposanter Felsen am nördlichsten Punkt der Insel bei Lalaria. Auf entstand wurde im 16. Jh. n.Chr. eine Burg, die 300 Häuser und 30 Kirchen umfaßte. Hier fanden die Kämpfe mit den Türken und den Piraten statt, von denen Papadiamantis erzählt. Leider sind nur noch zwei Kirchen erhalten. Die eine ist die **Christus-Kirche** mit einem hölzernen, geschnitzten Templon aus dem Jahr 1695 und vielen Wandgemälden.

Nach dem Besuch von Kastro fährt das Boot weiter nach Südwesten und kommt an **Aselino** und **Mandraki** (das auch Hafen des Xerxes heißt) vorbei und fährt über Kukunaries wieder nach Chora.

Tsungrias. Eine sehr malerische, kleine Insel mit unberührten wei-ßen Sandstränden gegenüber von Achladies.

Klöster

Kloster Ajios Charalambos. Es liegt etwa 5 km nördlich von Chora zwischen dem Kloster Evangelistrias und Lalaria. Der aus Skiathos stammende Erzähler Alexandros Moraitidis verbrachte hier die letzten Jahre seines Lebens.

Kloster Evangelistrias. Es liegt 4 km nördlich von Chora und ist das geschichtlich bedeutendste Kloster von Skiathos. Hier wurde 1807 erstmals die griechische Fahne in ihrer heutigen Form mit dem weißen Kreuz und den heutigen Farben gehißt. In diesem Kloster findet am 15. August die Feier des **Epitafios der Gottesmutter** statt, ein in Griechenland einzigartiger Brauch.

Kloster Kechrias. Das Kloster, das an der gleichnamigen Bucht an der Nordwestseite der Insel liegt, ist abgelegen und wirkt beinahe vergessen. Es ist von Chora etwa 8 km entfernt.

Kloster Panajia tis Kunistras. Bei Km 8 der Straße Chora - Kukunaries (in Trullo) führt rechts eine Abzweigung nach 9 km zu dem byzantinischen Kloster, das ein schönes hölzernes Templon besitzt.

Oben links: Skiathos.

Mitte: Die historische Burg an der Nordspitze der Insel.

Rechts: Kloster Evangelistria.

Unten: Der berühmte Strand Kukunaries.

157

Skopelos

Nach Skiros ist Skopelos die zweitgrößte Insel der Sporaden. Ein tiefgrünes Paradies, das den malerischen Hafen von Chora auf Skopelos einschließt. Sobald man das Schiff verlassen hat, befindet man sich in einem Ort, dessen weiße Häuser sich bis zur Spitze des Hügels hinaufziehen. Man bekommt Lust, an der schönen Küste entlangzuschlendern und die engen Gäßchen hinauf- und hinabzugehen. Hat man Chora kennengelernt, dann möchte man auch die übrige Insel erleben. Man geht nach Stafilos, an die Bucht, die nach dem mythischen General des Minos benannt ist, der Skopelos besiedelte und dessen erster König war.

Hier fand man auch sein Grab mit einem goldenen Szepter und anderen kostbaren Beigaben. Nach Stafilos besucht man die Bucht von Agnonda und das idyllische Panormos mit der dichtbewachsenen Insel an seiner Einfahrt. Hinter Panormos sieht man das berühmte Milia mit seinem endlosen Sandstrand. Die Asphaltstraße führt weiter nach Elios und anschließend hinauf nach Glossa und endet dann in Lutraki, dem zweiten Hafen der Insel. Auf diese Weise hat man die ganze Südwestküste von Skopelos kennengelernt und es bleibt die Nordostseite mit steilabfallenden Bachtälern und Felsen, die der Nordwind peitscht. Diese Seite der Insel kann man nur mit dem Boot kennenlernen. Dann gibt es noch die berühmten Klöster von Skopelos zu besichtigen, die seltene Wandmalereien, wertvolle Ikonen und hölzerne, geschnitzte Templa besitzen. Die Klöster liegen hoch oben an dichtbewachsenen Hängen und bieten eine herrliche Aussicht auf das Meer.

Skopelos liegt zwischen Skiathos und Alonnisos und ist von Volos 58 Seemeilen entfernt. Die Insel ist tiefgrün und der höchste Berg, der Delfi, ist 680 m hoch. Skopelos ist 95 qkm groß, hat einen Umfang von 67 km und 4.500 Bewohner. Die rasche touristische Entwicklung der Insel in den letzten Jahren hat den ausgesprochen paradiesischen Charakter der Insel nicht berührt.

Berühmt ist die Insel für ihre Volkskunst, vor allem die Keramik, aber auch für die herrlichen Zwetschgen, die hier gedeihen.

Nach Skopelos kommt man mit dem Fährschiff oder den schnellen "Flying Dolphins" von Ajios Konstantinos, Volos, Skiathos und Alonnisos. Im Sommer gibt es auch Schiffe von Kimi, Skiros und anderen Inseln.

GESCHICHTE

Im Altertum war Skopelos unter dem merkwürdigen Namen Peparethos bekannt. Es gab hier eine Kolonie des Minos und man erzählt, daß der erste Siedler und König der mythische Staphylos war, ein Sohn des Dionysos und der Ariadne. Ein Grab, das 1927 an der Bucht von Stafilos gefunden wurde, soll angeblich sein Grab sein. Unter den reichen Grabbeigaben war ein Szepter aus massivem Gold, das heute im archäologischen Museum von Volos ausgestellt ist, und ein großer, goldener Schwertgriff, der im Nationalmuseum in Athen aufbewahrt wird.

Den Namen Skopelos erhielt die Insel im Hellenismus. Es folgte die römische Zeit, an deren Ende der Schutzheilige der Insel, der Hl. Ri-

ginos, der erste Bischof der Insel, das Martyrium erlitt. In byzantinischer Zeit war Skopelos ein Ort für Verbannte. 1204 wurde es von den Venezianern besetzt, aber später von dem Ritter Likarios für den byzantinischen Kaiser Michail VIII. Paläologos zurückerobert und blieb bis 1453 griechisch. Nach dem Fall von Byzanz war die Insel bis 1538 in venezianischer Hand. 1538 besetzte der türkische Admiral Chaireddin Barbarossa die Insel und ließ die Einwohner abschlachten.

Durch viele Jahre war Skopelos ausgestorben und wurde erst im 17. und 18. Jh. wieder bevölkert. 1821 nahm es an dem Freiheitskampf teil und wurde mit den übrigen Sporaden 1832 befreit.

Zwei der vielen malerischen Kirchen.

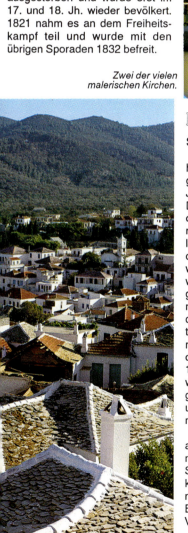

Das herrliche Skopelos.

Ein Besuch der Insel

Skopelos oder Chora

Die weißen Häuser, die sich halbkreisförmig den Hang der Hügel hinaufziehen, waren vor vielen Jahren mit Steinplatten gedeckt. Die Dächer bekrönten weißgestrichene Dachfirste, was Chora einen märchenhaften Charakter verlieh. Diese Steinplatten sind heute durch Dachziegel ersetzt und weiße Dachfirste sind selten geworden. Trotz dieser Veränderungen ist Chora auf Skopelos immer noch einer der malerischsten Orte der Ägäis. Zu dieser Schönheit tragen auch die reiche Vegetation ringsum und die berühmten Kirchen bei, von denen es mehr als 100 gibt. Besonders erwähnenswert sind Soodochos Piji, Archangelos Michail, die Christus-Kirche und Ajios Athanasios in den Ruinen der Burg.

Lohnend ist ein Besuch eines alten traditionellen Hauses, in dem man die Gestaltung und den Schmuck der Innenräume sehen kann, der aus Webereien, Stickereien und Keramik besteht, die alle Erzeugnisse der einheimischen Volkskunst sind.

Eine Rundfahrt mit dem Auto

Stafilos. Von der Hauptstraße führt bei Km 5 eine schmale Abzweigung links an diese Bucht mit dem schönen Sandstrand, die für die Geschichte der Insel so wichtig ist. **Agnondas**. Eine windgeschützte Bucht 8 km südlich von Chora. Wenn ein heftiger Nordwind weht, legen die "Flying Dolphins" hier statt in Chora an.

Hinter Agnonda führt eine Straße links nach **Limnonari**, eine große Bucht mit Sandstrand von wilder Schönheit.

Panormos. Die schönste Bucht der Insel, 16 km von Chora entfernt. Die Landschaft ist idyllisch. Es gibt einen herrlichen Sandstrand und gegenüber eine dichtbewachsene kleine Insel.

Milia. Der schönste und längste Sandstrand von Skopelos und sicherlich einer der schönsten in der Ägäis. Schnurgerade zieht er sich an dem herrlich blauen Meer entlang und man ist schon beim ersten Anblick, von hoch oben zwischen den Kiefern, die sich steil bis zum Meer hinunterziehen, fasziniert. Eine kleine Seitenstraße führt von der Hauptstraße nach Milia hinunter. Gegenüber von Milia liegt die kleine, konische und tiefgrüne Insel **Desa**.

Elios. Ein weiterer Sandstrand südwestlich der Straße, 21 km von Chora entfernt.

Klima. Ein Dorf bei Glossa unweit des Meeres, 24 km von Chora, entfernt.

Glossa. Ein großes Dorf hoch oben mit schöner Aussicht auf das Meer und viel Grün, 26 km von Chora entfernt. Die Einwohner halten noch an vielen alten Sitten und Bräuchen fest und man kann hier noch Frauen sehen, die die alte Tracht tragen.

28 km: Lutraki. Der Hafen von Glossa. Der zweite Hafen der Insel, der im Sommer sehr gut besucht.

Ausflüge mit dem Boot

Alle beschriebenen Strände kann man auch mit dem Boot kennenlernen, auch die abgelegene Nordostküste, wohin man mit dem Auto nicht fahren kann. Besonders lohnend ist ein Besuch der **Tripiti-Grotte**, etwa 30 Minuten von Chora entfernt ist.

Klöster

Auf Skopelos gibt es viele Klöster - mehr als 12 - die in schönen, tiefgrünen Landschaften liegen und wertvolle Kirchen besitzen. Die interessantesten von ihnen sind:

Moni Ajiu Riginu, etwa 3 km südlich von Chora. Es gehört nicht zu den Klöstern, die viel besucht werden. Doch ist es von großer historischer und religiöser Bedeutung, da sich hier das Grab des Heiligen Riginos befindet, des Schutzheiligen der Insel, der 362 n.Chr. in Skopelos das Martyrium erlitt.

Moni Episkopis, 10 Minuten von Chora entfernt. Einst war es der Sitz des Bischofs.

Moni Evangelistrias, eines der bedeutendsten Klöster der Insel, etwa 3 km östlich von Chora. Es wurde im 18. Jh. von dem aus Skopelos stammenden Gelehrten Daponte erbaut. In der Kirche gibt es ein herrliches, geschnitztes Templon aus Holz.

Moni Metamorfoseos, östlich von Chora. Die Kirche mit kreuzförmigem Grundriß besitzt Wandmalereien und ein wertvolles Templon.

Moni Prodromu, 6 km nordöstlich von Chora, im 17. Jh. erbaut. Es besitzt wertvolle Kirchenschätze.

Der Strand Elios an der Westküste der Insel.

"Panajitsa tu Pirgu" am Hafen.

Alonisos

Alonnisos bietet von allen Inseln der Ägäis den schönsten Anblick. Man muß sich einen weißen Marmorfelsen mit roten Streifen vorstellen, der sich aus dem smaragdenen Wasser erhebt, wobei er Säulen bildet. Oben auf dem Felsen wächst ein dichter Kiefernwald. Diesen Anblick bieten die meisten Küsten der Insel, am schönsten jedoch in Votsi, der nördlich des Hafens (Patitiri) gelegenen Bucht.

Der Hauptort - Chorio oder Ta Liadromia, wie die Einheimischen sagen - liegt oben auf dem Gipfel eines Hügels und ist weit entfernt von dem lauten Touristenstrom. Trotz des verheerenden Erdbebens von 1965 haben sich noch einige alte Häuser in der traditionellen Bauweise erhalten. Manche sind von ihren neuen Besitzern renoviert worden, andere sind vom Lauf der Zeit gezeichnet. Nach dem Erdbeben verließen die meisten Bewohner ihr Dorf, verkauften ihre Häuser an Fremde und bauten unten am Meer ein neues Dorf aus Beton.

Rings um Alonisos gibt es eine ganze Reihe schöner, kleiner Inseln. Zu ihnen gehören Kira-Panaja mit dem gleichnamigen Kloster, Jura mit der Höhle des Kyklopen, das bewachsene Piperi, das Inselchen Pappus, Peristera und Skantzura. Diese kleinen Inseln mit ihren Meeresgrotten sind der Zufluchtsort der letzten Mittelmeerrobben, weshalb hier schließlich ein Schutzgebiet für sie geschaffen werden mußte. Werden diese letzten Mittelmeerrobben dem Aussterben entgehen können?

Alonnisos liegt nahe bei Skopelos und ist von Volos 64 Seemeilen entfernt. Die Insel ist dicht mit Kiefern bestanden, die manchmal sogar bis ans Meer reichen. Alonnisos ist 64 qkm groß, hat einen Umfang von 64 km und 1.500 Einwohner. Die Berge sind nicht höher als 500 m. Das Straßennetz besteht aus einer kurzen Asphaltstraße, die in den Süden der Insel führt, wo der Hafen liegt, denn der Norden ist fast unbewohnt.

Alonnisos erreicht man mit dem Fährschiff oder mit den schnellen "Flying Dolphins" von Ajios Konstantinos, Volos, Skopelos und Skiathos. Im Sommer gibt es auch Schiffe von Kimi auf Euböa.

GESCHICHTE

Das antike Alonnisos lag möglicherweise auf der kleinen Insel Kira-Panajia oder, was wahrscheinlicher ist, auf der Insel Psathura, wo im Meer die Ruinen einer antiken Stadt gefunden wurden. Beide Inseln liegen nördlich von Alonnisos, mit dem sie einst verbunden waren. Die Insel wurde seit prähistorischer Zeit bewohnt. Bedeutung hatte die antike Stadt Ikos, die in Kokkinokastro lag, wo Mauerreste der klassischen Akropolis erhalten sind. Zwischen den Athenern und Philipp von Makedonien gab es im 4. Jh. v.Chr. zahlreiche Spannungen, die zu einer Besetzung von Alonnisos führten. Die Insel war bedeutender als Skiathos, aber weniger wichtig als das benachbarte Skopelos. Von letzterem war es abhängig und teilte sein Schicksal. Im 2. Jh. v.Chr. wurde es von den Römern besetzt. In der anschließenden byzantinischen Zeit wurden die Mauern der Burg in Chorio erbaut. Die Venezianer unter den Gisi wurden 1207 die Herren der Insel, denen 1538 die Türken folgten. 1830 wurde Alonisos mit Griechenland vereinigt.

Mädchen in der Tracht.

Patitiri. Der Hafen von Chora und der Insel. Die Häuser ziehen sich halbkreisförmig einen Hang hinauf und sind ringsum von Kiefernwald umgeben.

Alonnisos (Palio Chorio oder Liadromia). Es liegt etwa 4 km vom Hafen entfernt auf der Spitze eines steilen Hügels mit schöner Aussicht.

1965 zerstörte ein Erdbeben die meisten Häuser.

Am Rande des Steilabfalls sind noch Reste der alten byzantinischen Mauern erhalten, die später von den venezianischen Eroberern, der Familie Gisi, ausgebaut wurden. Interessant sind die Kirchen, die das Erdbeben überstanden haben.

Votsi. 1 km nordöstlich von Patitiri. Die Ortschaft liegt über der malerischsten Bucht der Insel und hat einen kleinen Hafen.

Chrisi Milia. Einer der schönsten Sandstrände von Alonnisos, 4 km nordöstlich von Patitiri. Man erreicht ihn mit dem Boot (von Patitiri) in etwa 20 Minuten.

Kokkinokastro. Ein Sandstrand unter einem Steilabhang aus roter Erde, dessen Spitze mit Kiefern bestanden ist. In der Nähe befinden sich die Mauerreste einer antiken Stadt, von der man annimmt, daß sie das berühmte **Ikos** war. Es liegt nordöstlich von Patitiri, Fahrzeit mit dem Boot etwa 25 Minuten. Im Sommer gibt es täglich Fahrten hierher.

Kokkinonisi oder **Vrachos.** Eine kleine Insel gegenüber von Kokkinokastro. Hier fand man Werkzeuge aus dem Paläolithikum, die als die ältesten Spuren des Menschen in der Ägäis gelten.

Tzortzi Jalos. Ein schöner Sandstrand gleich nach Kokkinokastro. Man nimmt an, daß hier der Hafen des antiken Alonnisos lag.

Lefkos Jalos (oder **Leptos**). Eine kleine, malerische Bucht, mit schneeweißem Sand und herrlich klarem Wasser. 30 Minuten Fahrt mit dem Boot, 6 km nordöstlich von Patitiri.

Steni Vala. Eine Ortschaft an einer engen Bucht, die fast einem kleinen Fjord gleicht. Sie entwickelt sich zu einem Ferienort. 12 km nordöstlich von Patitiri,

Marpunda.

Marpunda. Eine Bucht mit Sand und Felsen im südlichsten Teil von Alonnisos, 3 km von Patitiri entfernt.

INSELN RINGS UM ALONNISOS

Jura. Eine bergige und unzugängliche Insel, die berühmt ist für die **Höhle des Kyklopen** mit Stalaktiten und Stalagmiten im Westen der Insel. Für den Besuch der Insel benötigt man einen Führer. Auf der Insel ist eine Steinbockart heimisch, die der kretischen Wildziege ähnelt. Jura liegt nordöstlich von Alonnisos zwischen Kira-Panajia und Psathura.

Dio Adelfia. Zwei kleine Inseln, die nördlich von Patititri zu sehen sind. Sie liegen zwischen Alonisos und Skantzura.

Kira-Panajia (Pelagonisi). Die größte und interessanteste der Inseln in der Nähe von Alonnisos. Es wurde auch die Auffassung vertreten, daß dies das antike Alonnisos gewesen sei. Es gibt drei Buchten: Im Südwesten **Ajios**

Petros mit schönem Sandstrand, im Norden **Planitis**, ein herrlicher, geschlossener, natürlicher Hafen und im Osten eine kleinere Bucht, an der das **Kloster Moni Panajias** liegt. Die Anlage mit Zellen, Refektorium und Gästehaus stammt aus dem 16. Jh., die Klosterkirche ist eine einschiffige Basilika. Das Kloster untersteht dem Kloster Megisti Lavra auf dem Berg Athos. Auf Kira-Panajia wohnen nur wenige Menschen, die von der Viehzucht leben. Man erreicht die Insel, die 12 Seemeilen nordöstlich von Alonnisos liegt, mit dem Boot von Patitiri.

Peristera (Xero). Die Alonnisos am nächsten gelegene und nach Kira-Panajia zweitgrößte Insel. Es gibt sehr schöne Buchten mit Sandstränden. Nur wenige Menschen leben auf der Insel.

Pipperi. Eine bewachsene Insel mitten in der Ägäis, die Alonnisos am fernsten gelegen ist. Sie ist allen Winden und Stürmen ausgesetzt. Aus diesem Grund fährt auch das Boot von Patititri nach Kira-Panajia nur selten bis Piperi. Auf der Insel gibt es eine seltene Art von kleinen Kühen, die zimtfarbig und dunkelbraun sind und zu einer kurzhornigen Rasse gehören.

Pappus. Eine kleine Insel mit einer reizenden alten Kapelle. Sie liegt zwischen Kira-Panajia und Jura und dicht bei der Insel **Prasso**.

Skantzura. Die Insel ist bekannt bei Fischern, vor allem bei Freunden der Unterwasserjagd. Sie liegt 13 Seemeilen südöstlich von Alonnisos, hat schöne Strände und ein Kloster mit einem Gästehaus. Sie wird nur von Hirten bewohnt.

Psathura. Die nördlichste Insel in der Umgebung von Alonnisos und der Sporaden. Sie ist so flach, daß man sie aus der Ferne nur schwer erkennt. Nachts aber weist ein Leuchtturm, der auf Felsen vulkanischen Ursprungs steht, den vorbeifahrenden Schiffen den Weg.

Südlich der Insel in der Nähe des Hafens und zwischen Psathura und der kleinen Insel **Psathuropula** ist im Meer eine antike Stadt versunken, die nach einer Auffassung das antike Alonnisos war.

In den Meeresgrotten von Psathura und den benachbarten Inseln lebt die Mittelmeerrobbe "monachus monachus".

Skiros

Skiros ist die größte Insel der Sporaden, das eindrucksvolle Chora liegt hoch oben auf einem Felsen. Dort sind auch das byzantinische Kloster Ai Jorgis und die antike Festung. Nach der Mythologie versteckte König Lykomedes den jungen Achilleus auf der Insel und verkleidete ihn als Mädchen, um ihn vom Krieg gegen Troja fernhalten. Doch Odysseus entdeckte ihn und nahm ihn mit.

Unterhalb von Chora erstreckt sich ein großer Sandstrand und ein dichter Kiefernwald, der fast die Hälfte der Insel bedeckt, schmückt die malerischen Buchten. Doch von den anderen Inseln der Sporaden unterscheidet sich Skyros vor allem durch seine große Tradition der Volkskunst, die Keramik und Stickereien mit herrlichen Mustern und die berühmten geschnitzten Möbel. Sitten und Bräuche sind noch tief verwurzelt und werden bis in unsere Tage ungebrochen bewahrt.

Auf der Insel gibt es eine Rasse kleinwüchsiger Pferde, die nicht höher als 1 m sind. Vor 30 Jahren betrug die Zahl dieser Pferde etwa 2.000. Heute leben davon noch etwa 150. Die Gemeinde Skyros und der Staat sind bemüht, diese Pferde zu erhalten.

Skyros liegt fast in der Mitte der Ägäis, 22 Seemeilen von Kimi auf Euböa entfernt. Der Norden der Insel ist von Kiefern bestanden, der Süden hingegen ist kahl. Hier erhebt sich auch der höchste Berg der Insel, der Kochilas (792 m). Die Insel ist 209 qkm groß, hat einen Umfang von 130 km und wird von etwa 2.800 Menschen bewohnt.

Eine gute Asphaltstraße verläuft durch den Nordteil der Insel, regelmäßig fahren Linienbusse vom Hafen Linaria nach Chora und dessen Strand.

Mit seinen vielen Tagen Sonnenschein und seinem wunderbaren Klima ist Skyros ein idealer Ort für ruhige Ferien. Man erreicht es mit Fährschiffen von Kimi auf Euböa und (nur im Sommer) von Skiathos und anderen Inseln. Im Sommer gibt es auch von Athen eine Flugverbindung und von Volos, Skiathos, Skopelos und Alonnisos die schnellen "Flying Dolphins".

GESCHICHTE

Für die griechische Mythologie ist Skiros eine bedeutende Insel, denn in Skyros ereigneten sich zwei wichtige Dinge. Eines davon war die Entdeckung des Achilles, von der bereits berichtet wurde.

Das zweite Ereignis betrifft Theseus, der am Hofe des Königs Lykomedes Zuflucht gesucht hatte. Lykomedes aber führte ihn bei einem Spaziergang in die Irre und stürzte ihn von einem Felsen in den Tod. Der athenische General Kimon besetzte 468 v.Chr. Skiros und fand, wie berichtet wird, das Grab des Theseus. Er überführte die Gebeine nach Athen, wo sie im Theseion aufbewahrt wurden.

322 v.Chr. besetzten die Makedonen Skyros, 196 v.Chr. schenkten die Römer es der Stadt Athen. Es schloß sich die byzantinische Epoche an und 1204 kamen die Venezianer. 1538 wurde die Insel von den Türken besetzt und 1832 befreit.

Chora mit der Burg und dem großen Sandstrand.

Ein Besuch der Insel

Chorio oder **Chora**. Es liegt im Nordostteil der Insel, 11 km vom Hafen Linaria entfernt. Es liegt halbkreisförmig am Hang eines gewaltigen Felsens, auf dessen Spitze die **Burg** des homerischen Königs Lykomedes lag.

Mauerreste der Akropolis aus klassischer Zeit (5. Jh. v.Chr.) sind noch erhalten, doch fand man auch Spuren älterer Besiedelung, die in der Bronzezeit begann. Was der Besucher heute sieht, sind überwiegend byzantinische und nachbyzantinische Bauten.

Sehenswert sind die Kirche **Kimisis tis Theotoku**, die 895 in der Burg erbaut wurde und das berühmte Kloster **Ajiu Georgiu tu Skirianu**, das nach der Überlieferung 960 von dem Hl. Athanasios gegründet wurde. Von dem Kloster hat man einen einzigartigen Blick auf Chora. Eindrucksvoll sind die Häuser, die Würfeln gleichen. Die Dächer, soweit sie inzwischen nicht aus Beton sind, werden mit graublauer Erde bedeckt, die Melingi heißt.

Außer den Bauten auf der Burg lohnt sich ein Besuch der Kirchen **Archontopanaja** und **Ai Janni**.

Am Nordrand von Chora liegt ein weiträumiger Platz, von dem man einen einzigartigen Blick auf das Meer und den Ort **Magasia** hat. An diesem Platz liegt auch die malerische Kirche Ajia Triada und steht das Bronzedenkmal für den englischen Dichter **Rupert Brooke**, der 1915 in Skyros starb und in Tris Bukes bestattet ist. Unterhalb des Platzes befindet sich das **volkskundliche** und **historische Museum**, das den Namen des aus Skiros stammenden Gelehrten **Manos Faltaits** trägt, der sich der Erforschung der Volkskunde und Geschichte von Skyros gewidmet hatte. Am Brooke-Platz liegt an dem Sträßchen, das nach Magasia hinunterführt, das **archäologische Museum**.

Außer einem Besuch der Museen lohnt sich in Chora auch ein Besuch des Hauses, dessen Innenräume ausschließlich mit Erzeugnissen der Volkskunst (geschnitzte Möbel, Keramik, Stickereien und Webereien) geschmückt ist.

Aspus. Eine Ortschaft mit Sandstrand und Taverna, 4 km südlich von Chora. In der Nähe liegt die **Achilli-Bucht**.

Atsitsa. Eine malerische, von Kiefern gerahmte Bucht an der Nordwestküste der Insel. Man erreicht sie am besten mit dem Auto.

Kalamitsa. Eine große, hufeisenförmige Bucht mit einem schönen Sandstrand östlich von Linaria. Hinter Kalamitsa führt die nicht asphaltierte Straße weiter nach **Ajios Mamas**, nach **Nifi** mit einer Quelle und Platanen und endet in **Tris Bukes**.

Linaria. Der Hafen von Skyros, in dem die Fährschiffe anlegen, 11 km südlich von Chora, in einer windgeschützten Bucht. Gegenüber liegen die kleinen Inseln **Valaxa** und weiter westlich **Skyropula**. Beide sind unbewohnt. Neben Linaria liegt **Acherunes**.

Magasia. Die erste Ortschaft, die unterhalb von Chora erbaut wurde, an einem herrlichen, langen Sandstrand.

Molos. Die Fortsetzung von Magasia mit einem kleinen Fischerhafen.

Pefkos. Eine sehr malerische Bucht mit Sandstrand und Tavernen, östlich von Linaria. Mit dem Auto oder dem Boot erreichbar (von Chora werden regelmäßig Fahrten mit dem Boot nach Pefkos veranstaltet).

Spilies. Es liegt an der unzugänglichen Küste von Kochilas, südöstlich von Chora. Man fährt mit dem Boot dorthin, doch muß es windstill sein.

Tris Bukes. Eine malerische Bucht im Süden der Insel. Die Einfahrt zur Bucht säumen zwei kleine Inseln, wodurch drei Durchfahrten entstanden sind. Das Grab des englischen Dichters Brooke liegt in einer schönen Landschaft. Eine kleine Bucht (Glifada) mit herrlichem Sandstrand findet sich auf einer der beiden kleinen Inseln vor der Bucht (auf **Sarakiniko**).

Zu dem Grab von Brooke kann man mit dem Auto fahren. Doch ist dieser Ausflug reizvoller, wenn man ihn mit dem Boot macht. Häufig werden von Chora diese Ausflüge veranstaltet.

Oben: Stickerei aus Skyros.

Unten: Der Blick vom Faltaits-Museum auf Magasia.

KLEINE INSELN BEI EUBÖA

NÖRDLICHER GOLF VON EUBÖA
Monolia. ...,........ *W v. Ajios Georgios.*
Lichades. .... *W v. Ajios Georgios.*
Strongili. .... *W v. Ajios Georgios.*
Atalanti. .... *Golf v. Atalanti.*
Ajios Nikolaos. .... *Golf v. Atalanti.*
Gaiduronisi. .... *Golf v. Atalanti.*
Ajios Georgios. .... *Nö v. Larimna.*
Ktiponisi. .... *Ö v. Chalia.*

SÜDLICHER GOLF VON EUBÖA
Pasantasi. .... *S v. Chalkida.*
Kolonna. .... *S v. Chalkida.*
Griniaru. .... *S v. Chalkida.*
Patsi. .... *S v. Eretria.*
Pezonisi. .... *S v. Eretria.*
Ajia Triada. .... *Sö v. Eretria.*
Aspronisi. .... *Sö v. Eretria.*
Fidonisi. .... *S v. Aliveri.*
Bufos. .... *Bucht v. Bufalos.*

Kavaliani. ..... *Bucht v. Almiropotamo.*
Aj. Dimitris. ... *Bucht v. Almiropotamo.*
Batherista. ... *Bucht v. Almiropotamo.*
Dimakos. ...... *Bucht v. Almiropotamo.*
Stira. .... *W v. Nea Styra.*
Kuneli. .... *N v. Sturonisi.*
Fonias. .... *N v. Sturonisi.*
Tigani. .... *N v. Sturonisi.*
Ajios Andreas. .... *W v. Sturonisi.*
Vergudi. .... *W v. Sturonisi.*
Petusa. .... *S v. Sturonisi.*
Akio. .... *Sö v. Nimborio.*
Elafonisi. .... *Ö v. Marmari.*
Petalii. .... *Sö v. Marmari.*
  Megalo Nisi. .... *Sö v. Marmari.*
  Chersonisi. .... *Sö v. Marmari.*
  Tragos. .... *Sö v. Marmari.*
  Funti. .... *Sö v. Marmari.*
Lamberusa. .... *Ö v. Marmari.*
Avgo. .... *Ö v. Marmari.*

Makronisi. .... *Ö v. Marmari.*
Praso. .... *Ö Marmari.*
Luludi. .... *Sö v. Marmari.*
Paximadi. .... *S v. Karistos.*
Ajia Paraskevi. .... *S v. Karistos.*
Mandilu. .... *SÖ v. Karistos.*
Raftis. .... *S v. Porto Rafti.*
Dipsa. .... *W v. Nimborio.*

ÄGÄISKÜSTE
Pontikonisi. .... *Nö v. Agriovotano.*
Mirmigonisi. .... *Ö v. Agriovotano.*
Levkonisia. .... *Ö v. Kotsikia.*
Tria Nisia. .... *N v. Chiliadu.*
Chiliodonisi. .... *N v. Chiliadu.*
Chili. .... *N v. Kimi.*
Plati. .... *N v. Kimi.*
Prasuda. .... *Ö v. Kimi.*
Karvuno. .... *Ö v. Ochthonia.*
Doros. .... *Ö v. Kavo-Doro*

KLEINERE INSELN DER SPORADEN

SKIATHOS
Daskalio. .... *Ö v. Hafens.*
Marangos. .... *Sö d. Hafens.*
Argos. .... *Sö d. Hafens.*
Repi. .... *Sö d. Hafens.*
Tsugrias. .... *Sö v. Achladi.*
Tsugriaki. .... *Sö v. Achladi.*
Psaru. .... *Ö v. Kanapitsa.*
Marines. .... *S v. Trulos.*
Turlonisia. .... *S v. Trulos.*
Lefteris. .... *Ö v. Kukunari.*
Eleni. .... *Ö v. Kukunari.*
Kastronisia. .... *W v. Kastro.*
Ano Mirmigonisia. ..... *Ö v. Skiathos.*
Aspronisos. .... *Ö v. Skiathos.*
Mirmigonisia. .... *Sö d. Hafens.*

SKOPELOS
Ajios Georgios. .... *Ö v. Skopelos.*
Mikro. .... *Ö v. Skopelos.*
Desa. .... *Ö v. Milia.*
Strongilo. .... *Ö v. Milia.*
Plevro. .... *W v. Elia.*
Kasidas. .... *W v. Elia.*
Paximadia. .... *SW v. Lutraki.*

ALONISOS
Skopelos. .... *Sö v. Patitiri.*
Vrachos. .... *S v. Kokkinokastro.*
Peristera. .... *Ö v. Alonisos.*
Likorrema. .... *N v. Alonisos.*
Pedimules. .... *N v. Alonisos.*
Moromules. .... *N v. Alonisos.*
Manolas. .... *W v. Alonisos.*
Stavros. .... *W v. Alonisos.*
Kira-Panajia. .... *Nö v. Alonisos.*
Pelerisa. .... *W v. Kira-Panajia.*
Praso. .... *Nö v. Kira-Panajia.*
Kumbi. .... *Nö v. Kira-Panajia.*
Pappus. .... *Nö v. Kira-Panajia.*
Jura. .... *Nö v. Kira-Panajia.*
Psathura. ....*N v. Jura.*
Psathuropula. ....*N v. Jura.*
Piperi. .... *Ö v. Kira-Panajia.*

Dio Adelfia. .... *Ö v. Patitiri.*
  Adelfia. .... *Ö v. Patitiri.*
  Adelfopulo. .... *Ö v. Patitiri.*
Kambria. .... *Ö v. Patitiri.*
Polirichos. .... *Sö v. Patitiri.*
Gaidaros. .... *Sö v. Patitiri.*
Skantzura. .... *Sö v. Patitiri.*

Lazofitonisia. .... *NW v. Skantzuri.*
Strongilo. .... *W v. Skantzuri.*
Praso. .... *W v. Skantzuri.*
Skandili. .... *SW v. Skantzuri.*
Korakas. .... *SW v. Skantzuri.*

SKYROS
Valaxa. .... *SW v. Linaria.*
Erinia. .... *W v. Skyros.*
Skiropula. .... *W v. Skyros.*
Lakkonisi. .... *W v. Skyros.*
Ajios Fokas. .... *W v. Skyros.*
Thalia. .... *W v. Skyros.*
Salangi. .... *W v. Skyros.*
Kuluri. .... *W v. Skyros.*
Mirmingonisia. .... *NW v. Skyros.*
Atsitsa. .... *NW v. Skyros.*
Katsuli. .... *NW v. Skyros.*
Notio Podi. .... *W v. Skyros.*
Vorio Podi. .... *W v. Skyros.*
Vrikolakonisia. .... *Nö v. Chora.*
Sarakiniko. .... *S v. Skyros.*
Plati. .... *S v.Skyros.*
Exo Diavatis. .... *S v. Linaria.*
Plaka. .... *S v. Linaria.*
Mesa Diavatis. .... *S v. Linaria*

Elf große Inseln, wirkliche Perlen
der Ägäis und eine Fülle kleinerer Inseln liegen hintereinander aufgereiht und bilden
eine Zickzacklinie, die in
Kavala in Makedonien be-
ginnt und bis zu den Inseln
der Dodekanes reicht. Einige
von ihnen, wie Lesbos, Chios
und Samos liegen ganz dicht an
der kleinasiatischen Küste. Manchmal so nahe, daß man die Straßen, Häuser und Ortschaften auf der gegenüberliegenden Küste Kleinasiens erken
nen kann. Die nördlichste Insel an
der makedonischen Küste ist Thasos
auf dem sehr hohe Kiefern wach
sen. Südlich von Thrakien lieg
Samothrake, die Insel, auf de
die berühmte Statue der Nik
gefunden wurde, die heut
den Louvre in Paris sch
mückt. Noch weiter süd
lich liegen Limnos, die Inse
des Hephaistos, und inmitter
der Ägäis Ajios Efstratios. E.

THASSOS

SAMOTHRAKI

LIMNOS

AGIOS
EFSTRATIOS

LESVOS

PSARA

INOUSSES

CHIOS

SAMOS

IKARIA

FOURNI

schließt sich Lesbos an, die große grüne Insel mit den schönen Buchten und dem versteinerten Wald. Dann kommt Chios, die Insel mit den duftenden Mastixbäumen und den mittelalterlichen Dörfern. Gegenüber liegen die kleinen Inuses mit schönen Kaps und etwas weiter entfernt das ruhmreiche Psara. Südlich liegt das schöne Samos, die Insel des Pythagoras mit großen Wäldern und leuchtendweißen Sandstränden. Westlich davon ist Ikaria, die bergige Insel mit viel Vegetation. Zwischen Samos und Ikaria befinden sich die kleinen Furni-Inseln mit malerischen Fischerhäfen. Nach Limnos und Lesbos kann man von Athen und Thessaloniki auch mit dem Flugzeug reisen, nach Samos nur von Athen aus. Die wichtigsten Fährschiffverbindungen werden in der Einleitung zu jeder Insel aufgezählt.

Es wurde erwähnt, daß eine Vielzahl kleinerer Inseln die großen Inseln der nördlichen und östlichen Ägäis umgibt. In diesem Kapitel werden 82 Inseln und Inselchen der Chalkidiki und des Golfs von Pagasä 82 beschrieben (oder ihre Lage bezeichnet). Von ihnen sind 20 bewohnt.

Thasos

THASSOS (Limenas)

Skala Rachoniou
Glyfada
Makryammos
Chryssi Ammoudia
Skala Sotiras
+ 1127
Panagla
Prinos
Potamia
Maries
Kalirachi
Skala Marion
Theologos
Kinyra
Limenaria
Potos
Astrida
Alyki
Psilli Ammos
PANAGHIA

Thasos ist eine große Insel mit sehr hohen Kiefern. Es ist eine besondere Art von Kiefern mit weißem und völlig geradem Stamm, aus dem Schiffsmasten gemacht werden. Die Insel ist von Kavala in Makedonien 17 Seemeilen entfernt und von Keramoti nur 4 Seemeilen. In der Mitte der wunderschönen Insel erhebt sich der höchste Berg, der Ipsario oder Psario (1203 m). Die buchtenreiche Küste mit schneeweißen Sandstränden ist von Kiefern bestanden, die manchmal bis an das Meer reichen. Die Schönheit der Landschaft wird durch die vielen Felsen aus weißem Marmor ergänzt.

Eine recht gute Asphaltstraße führt rings um die Insel und Nebenstraßen führen in die malerischen Dörfer im Inneren der Insel. Dieses Straßennetz benutzen auch die Linienbusse, die zwischen diesen Dörfern, den Stränden und dem Hauptort der Insel, Limenas oder Thasos, verkehren.

Alles das garantiert dem Besucher einen bequemen und angenehmen Aufenthalt. Er hat außerdem die Möglichkeit, zwischen dem lebhaften Betrieb der großen Touristenzentren und der Ruhe eines stillen Plätzchens an den endlosen Sandstränden der Insel zu wählen.

Thasos, die nördlichste Insel der Ägäis, ist 379 qkm groß, hat einen Umfang von 95 km und wird von 13.000 Menschen bewohnt. Nach Limenas kommt man von Kavala oder Keramoti mit dem Fährschiff, während man Prinos, den zweiten Hafen von Thasos, der den Ölquellen gegenüberliegt, nur von Kavala erreichen kann.

Limenas, die Hauptstadt von Thasos.

GESCHICHTE

Thasos wurde gegen Ende der neolithischen Zeit vermutlich von Thrakern besiedelt. Zu Beginn des 7. Jh. v.Chr. unternahmen die Parier eine Expedition, um die Insel zu besetzen. Ihr Ziel waren die Bodenschätze der Insel, das Gold und der Marmor. Das Unternehmen, an dem auch der bekannte Dichter Archilochos teilnahm, der es in einem seiner Gedichte beschrieb, war schließlich von Erfolg gekrönt. Thasos kam unter die Herrschaft der Insel Paros. Damit begann für die Insel eine Zeit der Blüte. Auf dem gegenüberliegenden Festland gründete man eine Kolonie und die Stadt Thasos wurde befestigt. Es entwickelten sich Handelsbeziehungen zu Athen, Korinth, den Kykladen und der kleinasiatischen Küste. Diese Blüte wurde von den persischen Heeren jäh unterbrochen, die die Insel zweimal besetzten, 490 v.Chr. unter Darius, der die Mauern der Stadt abreißen ließ, und 480 v.Chr. unter Xerxes. Im Peloponnesischen Krieg war die Insel abwechselnd im Besitz der Athener und der Spartaner. 477 v.Chr. wurde sie Mitglied des delischen Seebundes, 340 v.Chr. besetzte Philipp II., König von Makedonien, die Insel. Als Thasos im 2. und 1. Jh. v.Chr. in römischem Besitz war, erlebte es erneut eine Blüte. Zwar waren die Goldminen längst erschöpft, doch war Thasos in jener Zeit für seinen Export von Marmor und Wein berühmt. Es schloß sich die lange byzantinische Herrschaft an, die 1204 durch die Franken unterbrochen wurde. Nach fünfzig Jahren war Thasos wieder byzantinisch und blieb es bis zum 15. Jh., als die Gatelusi sich für 40 Jahre zu Herren über die Insel machten. Die türkische Herrschaft dauerte von 1460 bis 1912 und war nur von 1770-1774 von einer russischen Besetzung unterbrochen. 1912 wurde Thasos mit Griechenland vereinigt.

Ein Besuch der Insel

Limenas oder Thasos

Der Hauptort der Insel hat 2.400 Einwohner und liegt an der Stelle der antiken Stadt an einer idyllischen Bucht mit viel Grün. Hierher kommen im Sommer die meisten Besucher der Insel. Ein lebhafter Betrieb herrscht am frühen Abend, wenn die Urlauber einen kleinen Spaziergang machen oder an den den vielen Tischen am Strand sitzen, um den herrlichen Sonnenuntergang zu genießen.

Beim Hafen, der im Altertum auch als Werft diente, liegt auch in der Nähe der Häuser das Ausgrabungsgelände. Östlich des Hafens befinden sich die Reste der Heiligtümer des Poseidon und des Dionysos (beide aus dem 4. Jh. v.Chr.) und der Agora. Weiter östlich sind am Hang eines pinienbestandenen Hügels die Reste des **Theaters** erhalten (3. Jh. v.Chr.). Das Theater, in dem auch heute noch in den Sommermonaten, Aufführungen stattfinden, wurde von den Römern umgebaut. Auf dem Gipfel des Hügels erhebt sich die **Akropolis**. Die heute vorhandenen Mauern stammen aus dem Mittelalter und wurden an Stelle der antiken Mauern erbaut. Von der Akropolis kann man auch an den Mauern entlang nach Südwesten hinuntersteigen. Man kommt dabei nacheinander am Silen-Tor, am Herakles-Tor, am Dionysos-Tor und schließlich am Tor von Zeus und Hera vorbei. Die Ruinen des Heiligtumes des Herakles, des Schutzherren der Insel, liegen nördlich des Herakles- und des Dionysos-Tores.

In der Nähe des antiken Hafens befindet sich das **archäologische Museum** mit vielen wertvollen Funden von der Insel.

Das antike Theater auf Thasos.

AUSFLÜGE

1. Limenas - Panajia - Potamia - Limenaria (54 km)

3 km: Östlich des Hafens liegt die zauberhafte Bucht **Makriammu** mit den großen Hotelanlagen und einer malerischen Felseninsel rechts. Etwas danach kommt man an den malerischen Strand Ai Iannis mit Kiefern auf weißen Marmorfelsen.

7 km: Panajia. Ein Dorf, dessen Häuser in der überlieferten makedonischen Bauweise gebaut sind. Zu den Sehenswürdigkeiten gehören die Panajia-Kirche und Drakospilia. Von dem Ort führt eine Nebenstraße links zur berühmten **Chrisi Ammudia** (Skala Panajias).

9 km. Potamia. Ein Dorf, umgeben von Kiefernwäldern, unter dem Gipfel des Psario, dem höchsten Berg von Thasos (1203 m).

12 km: Straßenkreuzung. Links führt die Straße nach **Chrisi Akti** (Skala Potamias), eine Ferienort an einem Sandstrand.

20 km: Kinira. Ein kleiner Ort, der sich touristisch entwickelt, in einer ruhigen und idyllischen Landschaft. Gegenüber liegt die kleine Insel **Nisaki.** Hier verbinden sich schöne Felsen, Kiefern und Meer.

31 km: Aliki. Hier in der Nähe lagen die antiken Marmorbrüche. Etwas weiter, bei **Thimonia**, liegt an einem steilen Felshang das Kloster **Archangelos Michail**, des Schutzherren der Insel.

45 km: Psili Ammos, Astrida. Zwei benachbarte schöne Ferienorte am Meer.

50 km: Potos. Ein Ferienort. Von hier führt eine Nebenstraße rechts nach 10 km nach **Theologos**, einem der schönsten Dörfer von Thasos mit alten Herrenhäusern und sehenswerten Kirchen.

54 km: Limenaria. Einer der größten Ferienorte der Insel mit einem endlosen Sandstrand, der vor den Nordwinden geschützt ist.

Zwischen Potos und Limenaria liegt **Pefkari** mit einem besonders schönen Sandstrand.

2. Limenas - Prinos - Skala - Marion - Limenaria (41 km)

4 km: Glifada. Eine sehr malerische Bucht mit Sandstrand, der wegen der Nähe zu Limenas sehr stark besucht ist.

12 km: Skala Rachoniu. Ein Ort an der Küste mit einem Sandstrand. Der Hafen des Dorfes Rachoni.

16 km: Prinos. Der Hafen von **Mikros** und **Megalos Prinos**, die im Inneren der Insel liegen. Prinos erlebte nach der Entdeckung von Öl und der Erschließung der Ölfelder im Meer eine bedeutende Entwicklung. Es gibt einen herrlichen Sandstrand mit Bäumen.

21 km: Skala Sotira. Der Hafen von Sotira mit kristallklarem Wasser. In der Nähe liegt **Skala Kallirachis.**

30 km: Skala Marion. Es liegt an der Südwestspitze von Thasos und ist der Hafen von Marion, das von hier 13 km entfernt ist.

41 km: Limenaria.

Der malerische Charakter und der große Sandstrand kennzeichnen Limenaria.

Samothrake

Samothrake liegt 29 Seemeilen südwestlich von Alexandrupolis, von dem aus täglich Fährschiffe verkehren. Weniger häufig gibt es Verbindung nach Kavala, Limnos. Die Insel ist 178 qkm groß, hat einen Umfang von 58 km und wird von 2.900 Menschen bewohnt, die in der Landwirtschaft, der Viehzucht, dem Tourismus und der Fischerei arbeiten. Samothrake ist berühmt dafür, daß hier die reichsten Fischgründe Griechenlands liegen.

GESCHICHTE

Samothrake wurde gegen Ende der neolithischen Zeit besiedelt. Im 11. Jh. ließen sich Thraker, die von der gegenüberliegenden Küste kamen, auf der Insel nieder. Gemeinsam mit den Einheimischen begründeten sie den Kult der Großen Gottheiten, zu dem auch die vieldiskutierten Mysterien der Kabiren gehörten. Es gibt manche Ähnlichkeiten zwischen den samothrakischen Mysterien und den Mysterien von Eleusis, wie es auch Ähnlichkeiten zwischen den Großen Gottheiten und den griechischen Göttern gibt. Die Große Göttin Axieros wird deshalb mit der Göttin Demeter gleichgesetzt, während Axiokersos und Axiokersa, die Gottheiten, die die Große Göttin begleiten, den griechischen chthonischen Göttern Hades und Persephone entsprechen. Schließlich haben auch die beiden Kabiren gewisse Ähnlichkeiten mit den griechischen Dioskuren. Doch unabhängig von allen Vermutungen über die Mysterien der Kabiren, muß betont werden, daß man schlechterdings nichts darüber weiß, denn die Eingeweihten (und es sind nicht wenige Griechen, die die Einweihungen empfingen) sprachen nicht über ihre Erfahrungen. Die Überlieferung berichtet, daß König Philipp II. von Makedonien seine künftige Frau, die epirotische Prinzessin Olympias, bei den Mysterien kennenlernte. Aus der Ehe der beiden entstammte Alexander der Große. Gleichzeitig mit den Mysterien fanden jedes Jahr große Festlichkeiten statt, bei denen die Pilger dem Heiligtum eindrucksvolle Schenkungen machten wie das Arsinoeion, das

Die Nike von Samothrake.

Ptolemeion und auch die berühmte Statue der geflügelten Nike von Samothrake.

Diese uralten Kulte machten die Insel zu einem religiösen Mittelpunkt der nördlichen Ägäis und waren die Ursache für Reichtum und Wohlstand. Die Äoler aus Lesbos oder Kleinasien kamen Ende des 8. Jh. v.Chr. auf die Insel. Damit begann für die Insel eine lange Zeit der Blüte, die im 5. Jh. und in der hellenistischen Zeit (3. Jh. v.Chr.) ihre Höhepunkte erlebte und bis in die römische Zeit anhielt. Samothrake sollte schließlich in Bedeutungslosigkeit versinken, als der byzantinische Kaiser Theodosios die heidnischen Feierlichkeiten im Heiligtum der Kabiren verbot.

In byzantinischer Zeit wurde die antike Stadt verlassen und ihre Einwohner zogen sich in das Innere der Insel zurück und gründeten Chora. Die genuesische Familie der Gatelusi besetzte 1430 die Insel, befestigte die Burg und blieb bis 1457, als die Türken kamen. Die Befreiung der Insel und ihre Vereinigung mit Griechenland erfolgte 1912.

Wenn man in Paris den Louvre besucht und die große Treppe hinaufsteigt, dann begegnet man zuerst der berühmten Statue der Nike mit ausgrebreiteten Flügeln. Diese **Statue wurde in Samothrake** gefunden. Schon daran läßt sich erkennen, daß die Insel archäologisch ganz besonders interessant ist. Mit diesen Erwartungen kommt man nach Samothrake und die Hoffnungen werden auch erfüllt, wenn man durch die Ruinen von Paläopolis und das berühmte Heiligtum der Großen Götter geht. Was man aber nicht erwartet und wovon man überrascht wird, ist die einzigartige wilde Schönheit der Insel.

Beeindruckend ist vor allem der höchste Berg, der Fenfari oder Saos des Altertums, der mit 1611 m der höchste Berg der Ägäis ist. Homer erzählt, daß Poseidon auf seinem Gipfel saß und die Kämpfe um Troja beobachtete, das 200 km entfernt liegt.

Zwischen den felsigen und steilen Gipfeln dieses prachtvollen Berges verlaufen tiefgrüne Täler, die steil zum Meer hinunterführen. In ihnen fließt das Wasser über zahlreiche Wasserfälle hinab. Gelegentlich bilden sich am Fuße dieser Wasserfälle kleine Teiche, die von alten Platanen und viel Gebüsch umgeben sind. Naturschönheit in Fülle!

Samothrake ist berühmt für sein kristallklares und völlig sauberes Meer, aber auch für seine Heilquellen. Die Insel liegt dem großen Touristenstrom noch fern, obwohl sie wegen ihrer Archäologie und ihrer Naturschönheit außerordentlich interessant ist.

Ein Besuch der Insel

Kamariotissa. Der Hafen von Samothrake. Hier und in Chora gibt es die meisten Touristen.

Chora. Die malerische Hauptstadt der Insel liegt halbkreisförmig unterhalb der mittelalterlichen Burg. Alle Häuser sind in überlieferter Bauweise errichtet und haben Ziegeldächer. Chora ist 6 km vom Hafen entfernt.

Paläopoli (7 km nordöstlich von Kamariotissa). Neben dem Hotel "Xenia" erstreckt sich das Ausgrabungsgelände des antiken Samothrake, das im 7. Jh. gegründet wurde. Besonders hervorzuheben unter den Ruinen ist das **Heiligtum der Kabiren** (oder der Großen Gottheiten) in schöner Lage mit außerordentlichem Blick auf das Meer. Fünf seiner Säulen wurden wieder aufgerichtet. Ganz in der Nähe liegen die Ruinen des Theaters und die Stelle, an der die **Statue der Nike** aufgestellt gewesen war. Im **archäologischen Museum**, das weiter nördlich liegt, sind wichtige Fundstücke aus dem Gelände rings um das Heiligtum und ein Gipsabguß der Nike von Samothrake ausgestellt.

Therma. Eine Ortschaft 15 km nordöstlich von Kamariotissa in einer tiefgrünen Landschaft mit vielen Quellen. Das Meer ist 1 km entfernt. Seinen Aufschwung verdankt der Ort vor allem den Heilquellen.

Wasserfall Gria Vathra (Fonias). Er wird von einem Fluß gebildet, der in der Nähe von Pirgos tu Fonia 4 km östlich von Therma entspringt. An seinem Fuß gibt es einen kleinen See, der von Platanen umgeben ist. Dies ist vielleicht die schönste Landschaft der Insel. Man fährt am besten mit dem Auto bis zur Quelle des Flusses und geht dann etwa 30 Minuten zu Fuß den Fluß entlang.

Profitis Ilias. Ein malerisches Dorf mit alten Häusern und einem wunderbaren Ausblick auf das Meer. Es liegt 15 km südöstlich von Kamariotissa. Vorher kommt man durch das 11 km entfernte **Lakkoma**.

Pachia Ammos. Sicherlich der schönste Sandstrand der Insel. Man erreicht ihn nach mehreren Kilometern Fahrt auf einer nicht asphaltierten Straße, die hinter Lakkoma beginnt und an der malerischen kleinen Kirche **Panajia tis**

Krimniotissas vorbeiführt, die auf einem spitzen Felsen liegt und einen herrlichen Ausblick auf das Meer und die Ebene hat. Östlich von Pachia Ammos liegt der berühmte Strand **Vatos** mit kristallklarem Wasser, Sand, kleinen Felsen und Grotten. Weiter östlich gibt es den **Wasserfall Kremastos**, der von den Gipfeln des Saos kommt und über einen kahlen, senkrechten Felsen direkt in das Meer herabstürzt. Beide kann man mit einem Boot von Kamariotissa erreichen.

Eindrucksvoll ist auch der Strand **Kipos** an der Südostspitze der Insel. Man kann ihn mit dem Boot oder dem Auto erreichen.

Das Kabirenheiligtum und unten der Fonias-Wasserfall.

Limnos

In der Vorzeit war die Insel von einer dichten Rauchwolke bedeckt, aus der Flammenzungen hervorbrachen. Es waren die Flammen aus den beiden Vulkanen auf den Gipfeln der Berge. Nach der Mythologie hatte Zeus Hephiastos in einen der beiden Vulkane, den Mosychlos, geworfen, der hier fern vom Olymp wohnen mußte, auf dem sich die anderen Götter aufhielten. Die Jahrhunderte vergingen, die Tätigkeit der Vulkane erlosch und aus der Rauchwolke, die sich auflöste, trat eine Insel hervor, die einer großen Ebene glich. Es war eine trockene Ebene mit weißlichem Erdreich, die nach Wasser dürstete. Nichts erinnerte an die welterschütternden Vorgänge, die sich hier ereignet hatten. Nur im Westen bei Mirina gab es eine Merkwürdigkeit, die man auch heute noch sehen kann. Hier liegen riesige schwarze Felsen in großen Haufen neben dem strahlendweißen Sand. Steile Hügel erheben sich bedrohlich über dem blauen Meer. Die friedvolle Ebene verbindet sich hier mit dem rauhen Berg.

Die anmutige und windgeschützte Küste von Mirina geht in den wilden Felsen über, auf dem die genuesische Burg steht. Diese Naturphänomene sind es, die Limnos so schön und so anziehend für den Besucher machen. Hinzukommen abwechslungsreiche Küsten, zahlreiche Buchten mit herrlichen Sandstränden, ein trockenes Klima, die Sonne, der gute Wein und die Gastlichkeit der Bewohner.

Limnos, das nördlich von Lesbos liegt, erreicht man mit dem Flugzeug von Athen, Thessaloniki oder Mitilini und mit dem Fährschiff von Piräus, Chios, Lesbos, den Kykladen, Kreta, den Inseln der Dodekanes, Thessaloniki und Kavala.

Limnos ist 477 qkm groß, hat einen Umfang von 259 km und eine Bevölkerung von 16.000. Die Entfernung nach Piräus beträgt 186 Seemeilen. Die Hauptstadt ist Mirina.

Die Burg und der Sandstrand von Mirina.

GESCHICHTE

Homer nennt die mythischen Sintier als erste Bewohner von Limnos. Sie sorgten für den verbannten und körperbehinderten Hepahistos, den Gott des Feuers, den Zeus auf die Insel herabgeworfen hatte. Als Dank für ihre Hilfe lehrte Hephaistos sie die Schmiedekunst.

Nach der Mythologie war Thoas der erste Herrscher über Limnos, der sich mit Mirina, der Tochter des Königs von Iolkos, verheiratete. Unter Führung von Hypsipyle, der Tochter des Königs, machten die Frauen von Limnos alle Männer der Insel betrunken und töteten sie mit Ausnahme des Thoas, weil sie sich vernachläßigt fühlten. Später vereinigten sie sich mit den Argonauten, die nach Kolchis unterwegs waren. Aus der Verbindung der limnischen Frauen mit den Argonauten sollen die Minyer entstammen.

Ausgrabungen im Südosten der Insel legten die antike Stadt Poliochni frei, die bis gegen 1600 v.Chr. bewohnt war. Ihre Anfänge reichen vermutlich bis in das 4. Jahrtausend zurück.

Gegen 1000 v.Chr. wurde die Insel von Pelasgern oder Tyrenern besiedelt. Damals wurden auf der Insel zwei neue Städte gegründet, zuerst Hephaistia, danach Myrina. Während der Perserkriege wurde Limnos von den Persern besetzt, später war es mit Athen verbündet, das Siedler auf die Insel entsandte.

Es folgten die Besetzung der Insel durch die Makedonen, die Römer und die Byzantiner. Schließlich kam Limnos unter die Herrschaft der Venezianer und der Genuesen. Im 15. Jh. betraten die Türken die historische Bühne. Gegen 1475 wurden bei einem ihrer Angriffe die Einwohner von Limnos von dem Heldenmut der jugendlichen Marula so mitgerissen, daß die Angreifer erfolgreich zurückschlagen wurden. 1479 fiel Limnos schließlich in die Hände der Türken, 1912 wurde es von der griechischen Flotte befreit.

Der Hafen von Mirina, von der Burg gesehen.

Ein Besuch der Insel

Mirina. Hafen und Hauptstadt der Insel, die an der Stelle der gleichnamigen antiken Stadt liegt. Sie erstreckt sich an zwei Buchten, die durch eine felsige und schwer zugängliche Halbinsel mit der eindrucksvollen **Burg** getrennt sind. Ein Aufstieg zu der genuesischen Burg mit dem herrlichen Blick auf das Meer gehört zu dem Schönsten, das man in Limnos erleben kann.

Man sollte es keinesfalls versäumen, das **archäologische Museum** zu besuchen, in dem interessante Funde ausgestellt sind.

Plati. Eine schöne, geschlossene Bucht mit herrlichem Sandstrand unterhalb des gleichnamigen Dorfes. 2 km von Mirina entfernt.

Thanos. Ein Dorf mit viel Grün, 2 km südöstlich von Plati. An der Bucht von Thanos, die etwa 1 km vom Ort entfernt ist, gibt es einen schönen Sandstrand und Restaurants.

Kontias. Einer der größten Orte auf Limnos mit alten Herrenhäusern, schönen Straßen und der interessanten Christus-Kirche. Er ist von Thanos 7 km und von Mirina 11 km entfernt. An der Bucht von Kontias befindet sich der am besten vor dem Wind geschützte Strand von Limnos.

Kaspakas. Ein Dorf 6 km nördlich von Mirina. Unterhalb von Kaspakas erstreckt sich ein unabsehbarer Sandstrand. An einer Stelle erheben sich große und steile Felsen, die wie die Felsen von Meteora in Miniaturform aussehen.

Kotsinas. Ein Fischerhafen mit einer mittelalterlichen Burg in der Bucht von Burnias an der Nordküste der Insel, 25 km von Mirina entfernt. Bei Kotsinas liegt der Berg Despotis, von dem man glaubt, daß er der antike Vulkan Moschilos ist.

Hephaistia. Die größte Stadt des antiken Limnos, die gegen 1000 v.Chr. gegründet wurde und mehr als 2000 Jahre bewohnt war. Hephaistia (35 km von Mirina entfernt) erreicht man von dem Ort **Kontopuli**, der in der Nähe der beiden Seen der Insel liegt.

Kabirenheiligtum (Chloi). Ruinen einer Anlage aus dem 7. bis 6. Jh. v.Chr., in der die Kabiren verehrt wurden. In besonderen großen Hallen, die Telesterien hießen, fanden wie in Samothrake die Kabiren-Mysterien statt. Das Kabirenheiligtum, das von Mirina 36 km entfernt ist, erreicht man über die linke Abzweigung, die von Kontopuli nach Plaka führt.

Poliochni. Das wichtigste Ausgrabungsgelände von Limnos. Es handelt sich um die älteste neoli-

thische Siedlung in der Ägäis, die gegen 4000 v.Chr. gegründet wurde. Poliochni liegt südöstlich von Limnos und ist von Mirina 33 km, von Mudros 9 km entfernt.

Mudros. Der zweite Hafen und einst die Hauptstadt der Insel mit der schönen Kirche Evangelismos tis Theotoku. Mudros ist von Mirina 27 km entfernt und liegt an der gleichnamigen Bucht. Diese Bucht gilt als einer der sichersten Ankerplätze im ganzen Mittelmeer.

Ajios Efstratios

AGIOS EFSTRATIOS •

Ajios Efstratios ist eine kleine Insel mitten in der Ägäis zwischen Limnos, Skiros und Lesbos. Einst war es von der Welt völlig abgeschnitten. Man möchte fast meinen, daß Schiffbrüchige die Insel entdeckten und hier an Land gingen. Sie bestellten das Land, fuhren zum Fischfang ...Die Jahre vergingen. Im neunten Jahrhundert lebte und starb hier der Hl. Efstratios in der Verbannung und nach ihm wurde die Insel benannt. 1968 erschütterte ein Erdbeben ganz Ajios Efstratios. Mehr als die Hälfte der Häuser wurde zerstört. Damals verließen viele Menschen die Insel. Doch die meisten blieben. Sie bauten neue Häuser, kehrten zurück zu ihren Feldern und fuhren wieder zum Fischfang aus.

Ajios Efstratios ist 16 Seemeilen von Limnos entfernt, 43 qkm groß und wird von 296 Menschen bewohnt. Die Insel erreicht man mit dem Fährschiff von Piräus, Rafina, Chios, Lesbos, Kavala, und Thessaloniki.

GESCHICHTE

Die mykenischen Reste der antiken Stadt Neai, die auf einer Anhöhe lag, zeigen, daß die Insel schon früh bewohnt war. Im Mittelalter war sie einige Zeit aus Furcht vor den Piraten verlassen worden.

Ein Besuch der Insel

Der kleine Hafen **Ai Stratis** liegt an der Nordwestküste der Insel. Das halbkreisförmig angelegte Dorf zieht sich den Hügel hinauf. Ai Stratis ist eine Insel vulkanischen Ursprungs mit steil abfallenden Küsten, vielen Meeresgrotten, aber auch schönen Sandstränden. Verwaltungsmäßig gehört es zum Distrikt Limnos der Präfektur Lesbos. Der der Insel am nächsten gelegene Hafen ist Mirina auf Limnos.

Lesbos

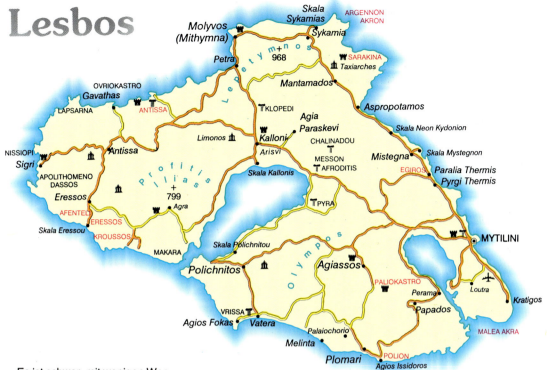

Es ist schwer, mit wenigen Worten eine so große und so schöne Insel wie Lesbos zu beschreiben. Was soll man zuerst nennen? Soll man die zauberhaften Jeras- und Kallonis-Buchten beschreiben? Die endlosen Sandstrände und Burgen? Soll man Sigri und den versteinerten Wald beschreiben? Das malerische Molivos, Ajiasos und den naiven Maler Theofilos? Die berühmten Feste mit ihren uralten Wurzeln? Und darf man sich nur auf das beschränken, was man heute sieht, und nicht vom Altertum sprechen, der Zeit der Sappho und des Alkaios? Kann es sein, daß man nicht von denen spricht, die damals in Lesbos ihre berühmten Gedichte sangen und ein gewaltiges geistiges Erbe hinterließen? Dieses Erbe, das in Lesbos durch die Jahrhunderte bis in unsere Tage lebendig ist? In Eftaliotis, in Mirivilis und in Venesis, in dem Nobelpreisträger Odisseas Elitis.

Der Todessprung Sapphos von den Felsen von Lefkada (Stich).

Lesbos liegt zwischen Chios und Limnos dicht an der türkischen Küste. Die Insel ist 1630 qkm groß und hat einen Umfang von 370 km. Die Bevölkerungszahl beträgt 89.000. Die Entfernung nach Piräus beträgt 188 Seemeilen.

Fährschiffe gibt es nicht nur von Piräus, sondern auch aus Thessaloniki, Kavala, Limnos, Chios, Samos und den Inseln der Dodekanes. Flugzeuge gibt es von Athen und Thessaloniki.

Die Insel ist mit Kiefern und Olivenbäumen bestanden, die Linien der Hügel sind weich und die Berge sind nicht höher als 1.000 m. Das Straßennetz ist gut und die touristische Infrastruktur befriedigend. Lesbos ist berühmt für die Qualität des hier produzierten Öls, die Oliven und den Käse. Weithin bekannt sind auch der Ouzo, die Sardellen, die im Golf von Kalloni gefangen werden, und die Erzeugnisse der Volkskunst wie Keramik, Schnitzarbeiten und Webereien.

177

GESCHICHTE

Die Insel wurde erstmals gegen 3000 v.Chr. von einem Volk aus dem benachbarten Kleinasien besiedelt, das im Gebiet von Troja ansässig war. Gegen 1100 v.Chr. kamen die Äoler auf die Insel. Damals begann auch die Entwicklung der sechs antiken Städte der Insel, nämlich Mitilini, Mithimna, Arisvi, Antissa, Eresos und Pirra. Etwas später setzte auch die geistige Blüte ein. Gegen Ende des 8. und zu Beginn des 7. Jh. brachte die Insel drei bedeutende Persönlichkeiten der Kunst und des Geistes hervor. Es war der Sänger Arion, der Dichter Alkaios und die berühmte lyrische Dichterin Sappho. Die große geistige Blüte wurde unterbrochen, als in der Mitte des 6. Jh. die Perser die Insel besetzten. Nachdem die Perser besiegt worden waren, wurde Lesbos dem attischen Seebund eingegliedert. Doch von Beginn des peloponnesischen Krieges bis zum 4. Jh. v.Chr., als die Makedonen erschienen, wechselte die Oberherrschaft über Lesbos mehrmals zwischen Athen und Sparta. 84 v.Chr. machten sich die Römer zu Herren der Insel, doch gewährten sie ihr eine gewisse Selbständigkeit. Die Folge davon war, daß die Insel erneut eine Zeit der Blüte erlebte.

In der byzantinischen Zeit kam ein entscheidender Wendepunkt in der Geschichte von Lesbos, als der byzantinische Kaiser Ioannis Paläologos die Insel seiner Tochter bei der Heirat mit dem Genuesen Francesco Gateluso als Mitgift gab. Dadurch kam es zur Herrschaft der Familie Gateluso, die bis 1462 dauerte. In diesem Jahr wurde die Insel von dem riesigen Heer von Mohamed II. erobert, woran sich ungeheuerliche Metzeleien und Plünderungen anschlossen. Die griechische Bevölkerung litt sehr unter der türkischen Besatzung und erst nach dem russisch-türkischen Krieg erwarb sie sich 1774 einige Freiheiten in der Ausübung ihrer Religion. Im Freiheitskampf von 1821 erhob sich die Insel erfolglos und erlebte als Folge brutale türkische Vergeltungsmaßnahmen. Die Freiheit kam schließlich 1912.

Ein Werk des naiven Malers Theophilos.

Gesamtansicht von Mitilini. Im Hintergrund die historische Festung.

Ein Besuch der Insel

Mitilini

Es ist eine schöne Stadt mit einem ausgeprägten, eigenen Charakter. Heute hat sie etwa 30.000 Einwohner und ist die Hauptstadt der Präfektur Lesbos, die Lesbos, Limnos und Ajios Efstratios umfaßt. Bei der Ankunft mit dem Schiff sieht man rechts auf einem kiefernbestandenen Hügel die historische Festung und davor den großen Hafen mit der Mole, den bunten Fischerbooten, den großen Jachten, den Geschäften und den Hotels. Das Bild beherrscht die Kirche Ajios Therapon mit ihrer eindrucksvollen Architektur und den hohen Kuppeln. Hinter der Stadt erheben sich ringsum die von Ölbäumen und Kiefern bestandenen Berge.

Es gibt in dieser Stadt viel zu sehen. Besonders wichtig ist das **archäologische Museum**, das ganz in der Nähe der Anlegestelle

der Fährschiffe liegt. Nördlich des Museums erstreckt sich der Stadtteil **Kioski** mit alten Herrenhäusern, der sich den Hügel zur Festung hinaufzieht.

Die imposante **Festung von Mitilini** stammt ursprünglich aus byzantinischer Zeit und wurde von dem Genuesen Francesco Gateluso erneuert. Nordwestlich der Festung liegt der alte Hafen der Stadt. Zwischen den beiden Häfen befindet sich die Kathedrale **Ajios Athanasios** aus dem 17. Jh.

In der ersten Parallelstraße zur Uferstraße, der Marktstraße, liegt die prächtige Kirche **Ajios Therapon** aus dem 19. Jh. und in einem ihrer Nebengebäude das **byzantinische Museum**. An der Uferstraße ist das zweistöckige **Volkskundemuseum** mit einer sehr interessanten Sammlung. Außer den volkskundlichen Ausstellungsstücken gibt es auch mehrere Stücke von Bäumen aus dem versteinerten Wald.

Nordwestlich der Stadt liegen auf einer Anhöhe die Reste des **antiken Theaters**.

Die südlichen Vororte

Varia (4 km). Die Heimat des naiven Malers Theophilos. Deshalb befindet sich auch hier das **Theophilos-Museum**. Daneben liegt das **Museum für Moderne Kunst** Eleftheriadis-Teriad.

Vigla (5 km). Der schönste Strand dieses Gebietes.

Flughafen (8 km).

Kratigos (12 km). Ein Strand mit herrlich sauberem Wasser.

Kunturudia (11 km). 1 km nach Skala Lutron. Mit kleinen Booten kann man hier die enge Einmündung der Bucht überqueren und nach **Perasma** übersetzen. Eine Bootsfahrt in diesem Bereich oder im **Golf von Jeras** ist sehr erholsam.

Ajios Ermojenis (14 km über Lutra, 20 km über Kratigu). Eine schöne Bucht am Eingang zum Golf von Jeras mit guten Bademöglichkeiten.

1. Versteinerter Wald - Sigri (92 km)

Man verläßt die Stadt nach Westen in Richtung des Golfs Kallonis.

7 km: An dieser Stelle ist man zum malerischen **Golf von Jeras** hinuntergefahren, der einem See gleicht. Die Landschaft ist tiefgrün.

12 km: Straßenkreuzung mit Abzweigung links nach Plomari. Man fährt gerade weiter.

14 km. Kreuzung. Die Straße links führt nach Ajiasos und Polichnitos. Man fährt geradeaus weiter.

31 km: Man erreicht den zweiten und größeren Golf der Insel erreicht, den Golf Kallonis mit malerischen Fischerhäfen und Sandstränden.

37 km: Hier führt eine Abzweigung rechts nach 4 km in den Marktflecken **Ajia Paraskevi**. Ende Mai findet in dem Ort das berühmte Stier-Fest statt.

39 km: Arisvi. Oberhalb des Ortes liegen die Ruinen des **antiken Arisvi**.

40 km: Kalloni. Der Hauptort des Bezirkes Mithimni liegt in der größten Ebene von Lesbos. Von Kalloni führt eine Straße links nach 4 km nach **Skala Kallonis** mit einem Sandstrand und Fischtavernen.

Von der Straßenkreuzung am nördlichen Ortseingang von Kalloni folgt man der Straße nach Molivos (Mithimna).

41 km: Die Abzweigung rechts führt nach Petra und Molivos. Man fährt nach Sigri weiter.

45 km: Kloster Moni Limonos. Das größte Kloster von Lesbos, das 1523 erbaut wurde und in den Jahren der türkischen Herrschaft das geistige und kulturelle Zentrum der Insel war. Im Museum und der Bibliothek werden Werke von außerordentlichem Wert aufbewahrt.

76 km: Antissa. Ein schönes, großes Dorf, das sich an einem Hang oberhalb der Straße hinzieht. Sein Hafen ist Gavvathas (9km). Das antike Antissa lag östlich von Gavvathas am Meer.

78 km: Kreuzung. Die Abzweigung von der Hauptstraße links führt nach 10 km nach **Eresos** und nach weiteren 4 km nach **Skala Eresu** mit einem herrlichen, unendlich

langen Sandstrand. Bei Skala Eressu liegen die Ruinen des antiken **Eresos** und zweier frühchristlicher Basiliken aus dem 5. Jh.

80 km: Hier führt eine Abzweigung nach 2 km zum **Kloster Moni Ipsilu**, einem alten byzantinischen Kloster, das im 9. Jh. auf dem Gipfel des Ordimnos erbaut und später umgebaut wurde. Das Kloster besitzt wertvolle Kirchenschätze, der Ausblick ist sehr schön.

Man kehrt zur Hauptstraße zurück und fährt nach Westen weiter.

85 km: Der Beginn des versteinerten Waldes. Die kahle und rauhe Landschaft, die sich, so weit das Auge reicht, nach links erstreckt, ist der "Wald". Man darf nicht erwarten, hier Baumstämme dicht nebeneinander zu sehen.

Stamm aus dem versteinerten Wald.

Wenn man auf der nicht asphaltierten Straße, die viele Kilometer nach links verläuft, entlangfährt, wird man jedoch eine Sehenswürdigkeit erleben. Es gibt einzeln stehende versteinerte Baumstämme, deren Durchmesser mehr als 3 m, deren Höhe mehr als 10 m beträgt. Doch ist es schwierig, sie zu finden; man stößt auch auf kleinere.

Sie haben die Form eines Baumstammes, doch sind sie Stein, steinerne Stämme, die durch Vulkaneinwirkung vor einer Million Jahren entstand.

92 km: Sigri. Das westliche Ende von Lesbos. Eine zauberhafte Bucht, die von einer Festung beherrscht wird. Vor ihr breitet sich das ruhige Meer aus, das voller Felsen ist. Hier ankern auch viele Boote. Der Ort, den im Sommer viele Touristen besuchen, liegt bei der Festung. Auf der gegenüberliegenden Insel **Nisiopi** und auf dem Meeresgrund gibt es versteinerte Bäume.

Sigri besitzt einen ganz besonderen Zauber.

2. Ajiasos - Polichnitos - Vatera (61 km)

Man fährt bis Km 14 der vorigen Rundfahrt und biegt nach links ab.
22 km: Straßenkreuzung. Die Straße links führt nach 4 km nach **Ajiasos**, einem der malerischsten Dörfer von Lesbos, das sich in 450 m Höhe am tiefgrünen Abhang des Olimpos hinaufzieht. Die Dächer der Häuser sind alle gleicherweise mit Ziegeln gedeckt, die engen Gäßchen führen steil bergauf und sind mit Platten gepflastert. Die alten Häuser haben zumeist hölzerne Balkone und sind mit Blumen geschmückt. In der Mitte des Ortes erhebt sich die Panajia-Kirche mit ihrem hohen Glockenturm. Sie wurde 1170 als dreischiffige Basilika erbaut und erhielt 1815 ihre heutige Gestalt. In den Nebengebäuden der Kirche sind ein

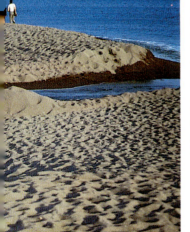

Der große Sandstrand von Eresos.

byzantinisches und ein volkskundliches Museum mit wertvollen Ausstellungsstücken untergebracht.

In Ajiasos ist die Volkskunst wie in keinem anderen Teil von Lesbos entwickelt. Die Bewohner sprechen noch unverfälscht den Dialekt von Lesbos. Töpferei und Holzschnitzerei haben hier eine dreitausendjährige Tradition. Bei einem Fest hat man hier auch Gelegenheit ein altes Instrument, das Sambduri zu hören, dessen beste Spieler aus Ajiasos stammen.

Von der Straßenkreuzung von Ajiasos (4 km) fährt man in Richtung Polichnitos weiter.
45 km: Polichnitos. Ein Ort, der für seine warmen Quellen bekannt ist. Bei Polichnitos liegen **Skala Polichnitu** (4 km) mit einem Strand und **Nifida** mit einem schönen Sandstrand. Beide liegen am Golf Kallonis.
53 km: Vatera. Der schönste Sandstrand von Lesbos, der an diesem Ort beginnt und sich nach Osten bis an das Kap Ajios Fokas erstreckt. In der Nähe des Kaps lag ein Tempel des Dionysos.

3. Thermi - Mantamados - Skala Sikamias (51 km)

Man folgt der Küstenstraße, die vom alten Hafen nach Norden führt.

9 km: Pirgi Thermis. Früher gab es hier viele Türme, von denen heute nur noch wenige erhalten sind. Links der Straße liegt auf einer Anhöhe die byzantinische Kirche Panajia tis Turlotis, eine der ältesten Kirchen der Insel. Dicht am Meer wurde in Pirgi Thermis eine **prähistorische Siedlung** entdeckt, deren Anfänge in das Jahr 3000 v.Chr. datiert werden. Auf den Grundmauern der ältesten Bauten wurden später andere errichtet.

11 km: Paralia Thermis. Ein großer Ferienort am Meer. Gemeinsam mit Thermi bildet er eine Ortschaft, deren offizieller Name Lutropoli Thermis ist. Der Name Thermi kommt von den heißen Quellen. Südwestlich liegt in 3 km Entfernung von Thermi das **Nonnenkloster Ajios Rafail**.

16 km: Mistegna. In kurzer Entfernung liegt rechts Skala Mistegnon mit einem schönen Strand.

21 km: Skala Neon Kidonion. Der Hafen von Nea Kidonia mit herrlich klarem Meer.

23 km: Xampelia. Ein schöner Strand mit Tavernen am Ufer.

31 km: Ein schmale Seitenstraße führt rechts zum Strand von **Aspropotamos** und nach weiteren 2 km zu einer der sehenswertesten byzantinischen Kirchen der Insel, Ajios Stefanos.

37 km: Mantamades. Ein großer Ort, der für seine Viehzucht bekannt ist. Sehenswert ist das Kloster Taxiarchon, das ganz in der Nähe liegt.

48 km: Sikamia. Der Ort wird auch Sikaminea genannt. Ein malerisches Dorf mit viel Grün und einer schönen Sicht auf das Meer. Sikamia ist die Heimat des Schriftstellers Stratis Mirivilis. An seinem Vaterhaus ist eine Gedenktafel eingelassen.

51 km: Skala Sikamias. Der malerischste Fischerhafen von Lesbos mit der Kirche Panajia ti Gorgona, die auf einem Felsen an der Hafeneinfahrt steht.

4. Pappados - Ajios Isidoros - Plomari (41 km)

24 km: Pappados. Eine größere Ortschaft mit der sehenswerten Taxiarchon-Kirche.

25 km: Rechts das malerische Dorf **Skopelos** in 1 km Entfernung, links in 5 km Entfernung **Perama**, das an dem schmalen Eingang zum Golf von Jeras liegt. Von Perama kann man mit dem Boot in das gegenüberliegende **Kunturudia** übersetzen und von dort mit dem Linienbus nach Mitilini (11 km) zurückkehren. An dieser Kreuzung fährt man geradeaus weiter.

38 km: Ajios Isidoros. Eine Ortschaft an einem malerischen Strand.

41 km: Plomari. Die zweitgrößte stadt der Insel mit einem ganz eigenen Charakter. Es gibt auch viele neue Häuser, die auf einen Hügel gebaut sind. Der Hafen liegt unterhalb des Hügels, davor ein großer Platz. Der Badestrand heißt **Ammudeli**.

Sikamia.

Der bemerkenswerte Felsen von Petra.

Sehr interessant sind die Strände zwischen Plomari und Vatera. **Melinta**, der Hafen von Paläochorio, hat einen zauberhaften Sandstrand. Schön gelegen ist die Kapelle **Panajia i Krifti**, die an einer kleinen Bucht voller Felsen versteckt ist.

5. Kalloni - Petra - Molivos (Mithimna) (63 km)

Wenn man nur einen Tag für Lesbos zur Verfügung hat, dann muß man zweifellos Molivos besuchen.

Nach Kalloni biegt man bei Km 41 nach rechts ab.

57 km: Petra. Dieser schöne Fischerhafen, der sich zu einem vielbesuchten Ferienort entwickelte, ist nach dem riesigen Felsblock benannt, der sich weithin sichtbar aus der grünen Ebene an einem herrlichen Sandstrand erhebt. Auf der Spitze des Felsens erbaute man in der Mitte des 18. Jh. eine Kirche der Panajia Glikofilusa. Mehr als hundert Stufen führen zu ihr hinauf, von wo man einen schönen Ausblick hat.

Plomari.

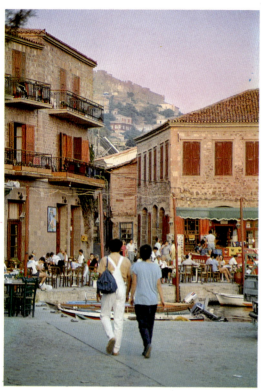

Molivos (Mithimna). *Es ist wohl der malerischste Ort auf Lesbos. Deshalb ist er auch der am meisten von Touristen besuchte Ort der Insel. In ihm verbindet sich vieles: Die traditionelle Bauweise der bunten Häuser, die rings um den steilen Hügel gebaut sind, die berühmte Festung auf der Spitze des Hügels, der schöne Fischerhafen und das saubere Meer.*

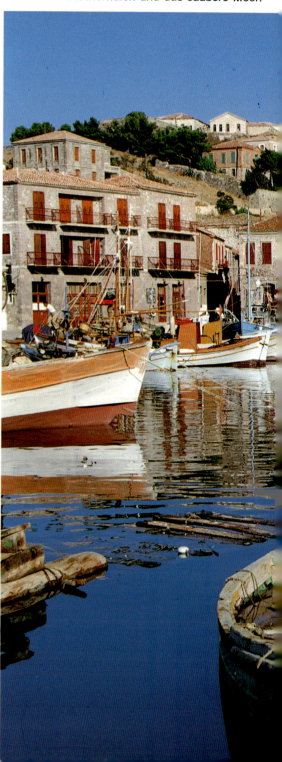

Zu den Sehenswürdigkeiten von Molivos gehören das Haus des Dichters Argiris Eftaliotis, das Haus der "Lehrerin mit dem goldenen Haar", der Heldin eines Romans von Mirivilis, die archäologische Sammlung der Gemeinde, die Gemeindebibliothek und die Gemäldesammlung, die eine Abteilung der Akademie der bildenden Künste ist.

Molivos wurde als Ort unter Denkmalschutz gestellt.

Östlich von Molivos liegt in 4 km Entfernung der Sandstrand Eftalu. Von Molivos kann man, wenn die Witterung es erlaubt, mit dem Boot nach Skala Sikamia, dem Fischerhafen mit der Panajia ti Gorgona fahren. Das Boot legt in Eftalu an.

Chios

Durch Funde in einer Höhle im Nordteil der Insel wurde festgestellt, daß Chios gegen Ende des Neolithikums besiedelt wurde (4000-30 00 v.Chr.). Der Dichter Homer, dessen Heimat nach einer glaubwürdigen Überlieferung Chios war, soll auf einem großen Felsen am Meer bei Vrontados gelehrt haben.

Im 9. Jh. v.Chr. kamen die Ionier aus Euböa auf die Insel. Damals begann für Chios eine Zeit des Aufschwungs, der seinen Höhepunkt im 6. Jh. v.Chr. erreichte. Das antike Chios wurde zu den 12 Städten Ioniens gezählt. Besonders entwickelt waren der Handel, die Schiffahrt und die Kunst. Diese Blüte wurde 545 v.Chr. durch die persische Besetzung jäh unterbrochen. Nach der Niederlage der Perser wurde Chios 477 v.Chr. Mitglied des ersten attisch-delischen Seebundes und 378 v.Chr. des zweiten Bündnisses. 336 v.Chr. wurde die Insel von den Makedonen besetzt. Ihnen folgten die Römer und Mithridates, an die sich die lange byzantinische Zeit anschloß. In dieser Zeit erlebte Chios immer wieder Plünderungen und Überfälle von Piraten und Abenteurern. 1045 wurde auf Befehl des Kaisers Konstantinos IX. Monomachos das berühmte Kloster Nea Moni erbaut.

1272 wurde Chios von den Venezianern, 1346 von den Genuesen besetzt. Die Genuesen gründeten damals die erste Gesellschaft zur Verwertung des Mastix. 1566 eroberten die Türken Chios, die der Insel einige Privilegien einräumten und an dem Handel mit Mastix interessiert waren. 1822 erhob sich Chios und forderte seine Freiheit.

Der Aufstand war erfolglos und die Türken rächten sich in grausamer Weise. Es folgte das ungeheuerliche Blutbad. Das Gemetzel erschütterte Europa und inspirierte den großen französischen Maler Delacroix zu seinem berühmten Gemälde "Das Blutbad von Chios" und Victor Hugo zu dem Gedicht "Die Kinder von Chios". Chios wurde schließlich 1912 befreit. In den langen Jahren seiner bewegten Geschichte brachte Chios zahlreiche bedeutende Persönlichkeiten im Bereich der Wissenschaft und Künste hervor.

In Chios gibt es eine alte Legende, die erzählt, daß die Römer den Hl. Isidoros zur Hinrichtung führten, der zwar in seinem Glauben unerschüttert war, doch vor Schmerzen weinte. Seine Tränen, die zu Boden fielen, wurden das duftende Mastix. So erklärte sich man das merkwürdige Phänomen, daß ein Baum, den es in vielen Gebieten des Mittelmeeres gibt, nur in Chios das aromatische Mastix liefert. Man glaubte, daß es ein Geschenk des Schutzheiligen der Insel wäre. Aber in Chios gibt es nicht nur die Mastixbäume. Es gibt jene berühmten mittelalterlichen Ortschaften Olympi und Mesta, die vom Lauf der Zeit unberührt geblieben sind. Es gibt Pirgi, ein Ort in traditioneller Bauweise mit ganz eigenartigen Dekorationen der Häuserwände, denen man sonst nirgendwo in Griechenland begegnet. Es gibt Nea Moni, das berühmte byzantinische Kloster mit herrlichen Mosaiken. Es gibt auch Daskalopetra, den berühmten Felsen Homers.

Die Erhebung von 1822 gegen die Türken mußte Chios mit einem furchtbaren Blutbad bezahlen. Deswegen hat man Chios als die griechische Insel mit der leidvollsten Vergangenheit bezeichnet.

Die Fahrt nach Chios ist bequem. Man kann mit dem Fährschiff von Piräus, Thessaloniki, Kavala, Limnos, Lesbos, Samos und der Dodekanes anreisen oder auch mit dem Flugzeug aus Athen.

Chios liegt nahe an der türkischen Küste zwischen Samos und Lesbos und bildet mit Inuses und Psaras die Präfektur Chios.

Die Insel ist bergig und sehr waldreich, der höchste Berg ist der Pelinäos. Sie ist 842 qkm groß, hat einen Umfang von 213 km und wird von 50.000 Menschen bewohnt. Viele von ihnen, die im Süden der Insel leben, sind mit der Gewinnung des Mastix beschäftigt, der ein Haupterzeugnis der Insel ist.

Ein Besuch der Insel

Chios oder **Chora**, wie es die Einheimischen nennen, liegt an der Ostküste der Insel gegenüber der kleinsaiatischen Küste. Es ist die Hauptstadt der Insel und der Präfektur Chios mit 24.000 Einwohnern. Chios wurde an der Stelle erbaut, an der die antike ionische Stadt lag, von der aber nur ganz wenige Reste des Theaters und Spuren der Mauern erhalten geblieben sind. Der alte türkische Ortsteil liegt nördlich des Hafens in der großen **Festung**, die ursprünglich von Byzantinern erbaut und von den Genuesen erweitert wurde.

Geht man von hier zum Stadtinneren weiter, dann kann man das **archäologische Museum** besuchen und etwas weiter dahinter die **Korais-Bibliothek**, eine der größten Bibliotheken Griechenlands, die mehr als 130.000 Bände besitzt. Im gleichen Gebäude ist das sehenswerte volkundliche Museum Philippos Argentis untergebracht. Ganz nahe liegt die Kathedrale Ajion Viktoron, die nach 1881 erbaut wurde.

1. Kampos - Ajios Minas - Nenitas (21 km)

Man folgt der Straße, die in Richtung Süden die Stadt verläßt. Bald hat man das Gebiet von Kampos erreicht, einer der interessantesten Landschaften von Chios, die sich 6 km nach Süden erstreckt. Hier stehen alte Herrschaftshäuser mit großen Gärten, in denen viele Obstbäume gedeihen.

4 km: Eine Nebenstraße führt links an den Strand von Karfas.

5 km: Links Abzweigung nach Kallimasia.

10 km: Ajios Minas. Das historische Kloster liegt links etwas von der Hauptstraße entfernt. 1822 wurden hier 3.000 Bewohner der Umgebung abgeschlachtet, die im Kloster Zuflucht gesucht hatten.

13 km: Eine Seitenstraße führt links nach **Kallimasia** und dann nach 2 km an den Strand **Ajios Ämilianos**.

17 km: Katarraktis. Eine malerische Ortschaft an der Küste.

21 km: Nenitas. Die Dorfkirche Ajios Trifon besitzt ein schönes geschnitztes Templon. Bei Nenitas liegt das **Kloster Ton Taxiarchon**.

2. Pirgi - Mesta - Limani Meston (41 km)

5 km südlich von Chora biegt man rechts nach Pirgi ab.

13 km: Tholopotami. Es liegt im Gebiet von **Mastichochorion**. Mastichochoria nennt man alle Dörfer südlich von Kampos. Links und rechts der Straße stehen die Mastixbäume. Jeder Baum produziert jährlich etwa 200 g Mastix.

21 km: Armolia. Ein Ort mit einer langen Töpfertradition. Auf einem Hügel erhebt sich 30 Minuten Fußweg entfernt die genuesische **Burg Tis Orias** oder **Apolichnon** aus dem 15. Jh.

25 km: Nach weiteren 5 km erreicht man den malerischen Hafen von **Emborio**. Auf dem Hügel Profitis Ilias entdeckte man die Reste einer prähistorischen Siedlung.

Südlich des Hafens liegt die Bucht **Mavra Volia** mit einem schwarzen Kieselstrand, einer der schönsten Strände von Chios.

Man fährt wieder zurück auf die Hauptroute und nach Westen weiter.

Blick auf den Hafen von Chios.

26 km: Pirgi. Diese mittelalterliche Ortschaft entstand rings um einen Turm. Hier entwickelte man eine ganz eigenartige Methode, die Hauswände mit grau-weißen geometrischen Mustern zu verzieren. Es werden mehrere Farbschichten übereinander aufgetragen und das Muster aus der obersten abgeschabt, wobei die darunter liegende Schicht zum Vorschein kommt.

Sehenswert ist im Ort die byzantinische Kirche Ajii Apostoli mit schönen Wandmalereien und die Basilika Kimisis tis Theotoku.

Von Pirgi fährt man nach Westen nach **Olimpi** weiter. Linker Hand liegt etwa 5 km entfernt die schöne Bucht von **Fani** mit einem herrlichen Sandstrand.

33 km: Olimpi. Das zweite mittelalterliche Dorf, das nach dem gleichen Prinzip wie Pirgi gebaut ist.

37 km: Mesta. Ein weiterer mittelalterlicher Ort, der besonders gut erhalten ist. Es gibt fünf Eingänge, und wenn es keine Wegweiser gäbe, könnte man sich in den engen, kreisförmig verlaufenden Gäßchen, die von Arkaden überdacht sind, leicht verlaufen. An der Stelle des zentralen befestigten Turmes erbaute man die Kirche Megalu Taxiarchi, eine dreischiffige Basilika.

Bei der Kirche liegt der malerische Dorfplatz. Sehenswert ist auch die Kirche Paliu Taxiarchi im Nordteil des Ortes.

41 km: Limenas Meston. Eine Siedlung, die sich rasch entwickelt. Von hier dauert die Fahrt mit dem Fährschiff nach Rafina in Attika (wenn es fahrplanmäßig verkehrt) nur 6 Stunden.

3 . Nea Moni - Anavatos

Man folgt der nach Westen ansteigenden Straße.

5 km: Karies. Ein Ort mit schöner Aussicht auf Chora und das Meer.

10 km: Hier biegt man nach links ab.

13 km: Nea Moni. Das byzantinische Kloster liegt in einem tiefgrünen Tal. Es wurde gegen 1045 von dem byzantinischen Kaiser Konstantinos IX. Monomachos gegründet und beherbergt eine wundertätige Ikone der Gottesmutter, die hier gefunden wurde.

Pirgi. Das Dorf mit dem traditionellen Schmuck der Häuserwände.

Das beeindruckende Anavatos.

Der Erzengel Michael aus dem herrlichen Mosaik in Nea Moni.

Die Architektur der Kirche ist in ganz Griechenland einzigartig und nur in Chios zu finden. Der Kirchentyp wird "Oktagonikos" genannt, weil die Kuppel von acht Apsiden getragen wird, die ihm größere Höhe, größeres Volumen und ein prächtigeres Aussehen verleihen. Leider wurde die ursprüngliche Konstruktion durch das Erdbeben von 1881 zerstört, die heutige Kuppel ist eine Rekonstruktion. Reisende beschreiben, daß das Mosaik des Pantokrator eines der schönsten Welt war.

Aber auch die anderen Mosaiken, die erhalten blieben, gehören zu dem Schönsten, was die byzantinische Kunst hervorgebracht hat. Im Kloster leben Nonnen. Nach der Besichtigung des Klosters fährt man zur Hauptstraße zurück und nach Westen weiter.

25 km: Avgonima. Bei Avgonima biegt man nach rechts ab.

30 km: Anavatos. Die imposanten, verlassenen Ruinen dieses Dorfes liegen auf einem gewaltigen Felsen, der an drei Seiten fast senkrecht abfällt und nur von der Nordseite zugänglich ist. Treppen führen hinauf zu den halbverfallenen Häusern, die aus der ferne einem Geisterschloß gleichen. Anavatos ist einer der Orte, an dem 1822 Tausende von Bewohnern der Insel vergebens Zuflucht suchten, um dem Blutbad zu entgehen.

4. Kloster Ajia Markella - Ajio Gala (64 km)

Man verläßt Chios in nordwestlicher Richtung und läßt dabei Vrontados rechts liegen.

32 km: Kreuzung mit der Straße, die nach Sidirunta führt. Man fährt nach rechts.

42 km: Volissos. Ein Dorf am Hang eines Hügels, auf dessen Spitze eine mittelalterliche Burg

liegt. Von Volissos führt nach 6 km eine Straße zu dem malerischen **Kloster Ajios Markellas** mit einem herrlichen Meer. Eine andere Straße führt nach 2 km nach **Limnia**, den Hafen von Volissos, der einen großen Sandstrand hat. Die Insel **Psaras** ist von hier nur 17 Seemeilen entfernt. Von Volissos fährt man nach Nordwesten weiter und umrundet den Berg **Amani**, wobei man durch die Dörfer **Tripes** und **Melanios** kommt.

64 km: Ajio Gala. Dieses abgelegene kleine Dorf an der Nordwestecke von Chios wurde durch die berühmte Höhle bekannt, die in der Nähe des Dorfes liegt.

5. Vrontados - Kardamila - Kampia (48 km)

Man folgt von Chios der Küstenstraße nach Norden.

3 km: Bei Livadia liegt die Basilika **Ajios Isidoros**, des Schutzheiligen der Insel. Die älteste Bauphase der Kirche wie auch einige Mosaiken werden in das 5. Jh. datiert.

6 km: Vrontados. Viele der 4.500 Einwohner dieses Ortes sind Seeleute. An der **Lo-Bucht** gibt es einen Badestrand und Möglichkeiten für Wassersport.

6,5 km: Daskalopetra. Etwas außerhalb von Vrontados erhebt sich in einer Landschaft am Meer mit viel Grün, die **Vrisi tu Pasa** heißt, ein riesiger bearbeiteter Felsen, auf dem der Legende nach Homer gesessen und gelehrt haben soll. Er heißt deshalb auch **Felsen des Homer**.

26 km: Kardamila. Ein großes Dorf mit 2.500 Einwohnern, der dritte Distrikt der Insel.

28 km: Marmaro. Der Hafen von Kardamili im Inneren einer Bucht.

32 km: Nagos. Eine malerische Bucht mit einem der schönsten Strände von Chios.

48 km: Kampia. Von diesem Dorf (Höhe 340 m), aber auch von dem weiter südlich liegenden Spartunta (Höhe 530 m) beginnt man den Aufstieg zum **Prof. Ilias-Gipfel** (1297 m) des Pelineos. Die Besteigung des höchsten Berges von Chios dauert etwa 3 Stunden. Von Kampia verläuft die Straße nach Süden durch die Dörfer **Fita** und **Diefcha** und stößt auf die Straße von Volissos.

Inuses

Bei Anbruch der Dämmerung erkennt man vom Hafen von Chios in nordwestlicher Richtung einige ferne Lichter über dem Meeresspiegel. Es sind die Lichter der kleinen Insel Inusa. Besser kann man die Insel sehen, wenn man mit dem Schiff nach Lesbos fährt. Dann kann man sogar die Häuser erkennen, die weiß und sauber strahlen.

Auf dieser kleinen Insel gibt es im Sommer zahlreiche Besucher. Es ist die Zeit, in der die Seeleute aus Inuses - viele von ihnen sind Reeder -, um Ferien zu machen, auf ihre Insel zurückkehren. Reisende, die die schönen Buchten der Insel genießen wollen, sind für ihren Aufenthalt auf der Insel auf ein kleines Hotel und einige Privatzimmer, die vermietet werden, angewiesen.

Neben Inusa liegen andere kleine Inseln, die unbewohnt sind und zusammen die Inuses-Gruppe bilden. Sie sind insgesamt 14 qkm groß und werden von 500 Menschen bewohnt. Von dem Hafen von Chios, von dem täglich Verbindung gibt, beträgt die Entfernung 9 Seemeilen.

GESCHICHTE

Die Insel war schon im Altertum mit ihrem heutigen Namen bekannt. Ihre Lage in der Meerenge zwischen Chios und Kleinasien machte die Insel für die Venezianer und später die Türken interessant, die sie als einen Stützpunkt benutzten. Das gleiche taten auch immer wieder die Seeräuber.

Ein Besuch der Insel

Der einzige Ort der Insel hat alte Häuser, aber auch viele neue wohlhabende Häuser der Kapitäne. Es gibt auch mehrere interessante Kirchen und Kapellen. Inuses hat ein Marinemuseum.

Nordwestlich liegt in 3 km Entfernung das **Evangelismu-Kloster**, auf halbem Weg zu ihm kommt man zu der alten Burg. Sehenswert ist auch die Kapelle Soodochu Pijis auf der kleinen Insel **Pasas**.

Blick auf Psara.

Psara

Kimissi Theotokou

DASKALIO

ANTIPSARA

PSARA

KATONISSI

Psara liegt 44 Seemeilen nordwestlich des Hafens von Chios, mit dem es durch ein Fährschiff verbunden ist. Der Insel am nächsten liegt aber Limnia auf Chios (17 Seemeilen).

Psara ist eine kahle, 40 qkm große Insel mit 460 Bewohnern. Zusammen mit dem benachbarten **Antipsara** und verschiedenen anderen kleinen Inseln wie **Daskalio, Kato Nisi** und **Ajios Nikolaos** bildet es eine kleine Inselgruppe.

GESCHICHTE

Im Altertum war die Insel unter dem Namen Psira bekannt. Geschichtliche Bedeutung erwarb es sich aber im Freiheitskampf von 1821. Es gehörte zu den ersten Inseln, die sich gegen die Türken erhoben und war damals - nach Hydra und Spetses - die drittgrößte Seemacht Griechenlands. Die Flotte von Psara mit den kühnen Kapitänen Kanaris, Papanikolis und Pipinos versetzte die Türken in Furcht und Schrecken.

Deshalb beschlossen die Türken ihre Vernichtung. 1824 griffen sie mit 140 Schiffen und 14.000 Janitscharen an. Es kam zu einem erbitterten, aber ungleichen Kampf, aus dem die Türken als Sieger hervorgingen und die Insel besetzten. Alle, die mit Kanaris flüchten konnten, gründeten später in Euböa den Ort Nea Psara. Viele kamen ums Leben, als sie sich mit den Pulvervorräten in die Luft sprengten.

Die übrigen wurden niedergemetzelt oder in Gefangenschaft geführt, Psara wurde niedergebrannt. Die Zerstörung von Psara hatte große Auswirkungen auf álle Freunde des griechischen Freiheitskampfes und inspirierte den Nationaldichter Solomos zu einem berühmten Gedicht.

Psara mußte bis 1912 warten, um mit Griechenland vereinigt zu werden.

Ein Besuch der Insel

Der Besucher der Insel wird das stille Leben und die schönen Küsten mit dem herrlich klaren Wasser genießen.

In dem malerischen kleinen Hafen von Psara gibt es zwei Hotels und einige Privatzimmer. Lohnend sind ein Besuch des kleinen archäologischen Museums und von **Paläokastro**, das im 15. Jh. erbaut wurde.

Im Norden der Insel liegt am Hang des höchsten Berges, des Profitis Ilias (530 m), das **Kloster Kimisis tis Theotoku** mit einer wertvollen Bibliothek mit vielen Büchern, von denen manche in Venedig gedruckt wurden.

Inuses.

Samos

Map labels: Agios Dimitrios, Agios Konstantinos, Karlovassi, Ampelos, Manolates, Avlakia, AGIOS NIKOLAOS, MAKRONISSI, Koutakeïka, Vourliotes, Kokari, Agia Paraskevi, Kosmadeï, Drakeos, Ydroussa, Ampelos, SAMOS (Vathi), Platanos 1153, Paleokastro, Marathokampos, Kerki, Pandrosso, Mytilini, Possidon, 1433, Timios Stavros, Chora, Psili Ammos, Agia Kyriaki, Bay Marathokampos, Pyrgos, Spatharei, Pythagorio, Pagonda, Ireo, Limnonaki, PETRA, SAMIOPOULA

Wenn in finsteren Winternächten die Fischer an den windgepeitschten, steilen Abhängen des Kerkis, des höchsten Berges von Samos, vorbeikommen, dann erzählen sie sich, daß sie auf seiner Spitze ein Licht sehen, das sie wie ein Leuchtturm im Sturm richtig leitet. Sie erzählen sich, daß dieses Licht der Geist des Pythagoras ist.

Pythagoras, der vor 2500 Jahren in Samos geboren wurde und der Welt seine Philosophie und Mathematik schenkte.

Man findet hier viele weiße Sandstrände, malerische Dörfer und Fischerhäfen. Die schöne Natur, das milde Klima und die archäologischen Sehenswürdigkeiten ließen die Insel zu einem beliebten Ziel der Reisenden werden.

Samos erreicht man mit dem Flugzeug von Athen und Fährschiffen von Piräus, Kavala, Ikaria, den Inseln der Dodekanes, von Kreta und anderen Inseln.

Samos liegt östlich von Ikaria und ist von Piräus 174 Seemeilen entfernt. Es hat eine Größe von 475 qkm, einen Umfang von 159 km, die Bevölkerungszahl beträgt 40.000. Die Insel ist bekannt für ihren qualitätvollen Wein, der als Süßwein weltberühmt ist.

Diese Insel, die von allen griechischen Inseln Kleinasien am nächsten liegt, bildet eine Brücke zwischen Griechenland und dem Osten. Dank ihrer Stärke war es ihr möglich, viele Jahre hindurch ihre Unabhängigkeit zu bewahren und gleichzeitig eine Blüte zu erleben, obwohl die Insel heftig umkämpft war.

Vielleicht ist das einer der Gründe, weshalb Samos so viele bedeutende Weise und so viele große Künstler hervorgebracht.

Der berühmte Philosoph und Mathematiker Pythagoras (580-490 v.Chr.), Rhoikos und Theodoros (6.-5. Jh. v.Chr.), die beiden Architekten des Tempels der Hera und die ersten Bildhauer, die Bronzestatuen im Gußverfahren herstellten, Mandrokles, der 513 v.Chr. für Darius die Pontonbrücke über den Bosporus konstruierte, Eupalinos aus Megara, der die berühmte Wasserleitung von Pithagorio erbaute indem er einen Berg von zwei Seiten durchgraben ließ, der Bildhauer Pythagoras, zu dessen Werken auch die Statue des Wagenlenkers in Delphi gehören soll und Aristarch (320-250 v.Chr.), der große Astronom des Altertums: Sie alle wurden auf Samos geboren oder waren hier tätig.

Das Pythagoras - Denkmal.

Die Insel war bereits im 3. Jahrtausend besiedelt wie Funde in der Nähe von Pithagorio belegen. Auf der Insel wurde seit uralter Zeit die Göttin Hera verehrt, von der man glaubte, daß sie in Samos geboren wurde.

Die Ionier führten die alte Tradition weiter. In der Nähe des heutigen Pithagorio erbauten sie im 7. Jh. den berühmten Tempel der Hera auf den Grundmauern des ersten, prähistorischen Tempels. Die höchste Blüte erlebte Samos in der Zeit, als der Tyrann Polykrates über die Insel herrschte (533-522 v.Chr.). Samos war damals zu einer bedeutenden Seemacht geworden und hatte Kolonien gegründet. Auf den Werften der Inseln war ein Schiffstypus mit 50 Rudern entwickelt worden, der rasch berühmt wurde. Die Flotte von Samos, die aus hundert solchen Schiffen bestand, stellte für jene Zeit eine gewaltige Seemacht dar.

Der Tod des Polykrates leitete das Ende einer für Samos ruhmrei-

Vathi, die schöne Hauptstadt von Samos.

chen Zeit ein. Der mächtige Tyrann wurde von einem persischen Satrapen durch List in eine Falle gelockt und getötet. Die tyrannische Staatsverfassung blieb in Samos mit persischer Hilfe weiterhin bestehen, bis die Perser bei Salamis besiegt wurden und anschließenden die Athener auf Samos landeten. Sie begründeten auf der Insel ein demokratisches Staatswesen und gliederten sie 478 v.Chr. in den attisch-delischen Seebund ein. Die Herrschaft ging später an die Makedonen, dann an die Römer über. Sie überließen die Insel zuerst dem Königreich Pergamon, doch besetzten sie später selbst und zerstörten und plünderten sie.

Es folgte die byzantinische Zeit. Die Herrschaft von Byzanz war jedoch so unstabil, daß die Insel ständig den Überfällen der Goten, der Hunnen und der Piraten ausgesetzt war. 1204 machten sich die Franken zu Herrschern der Insel, nach der Eroberung von Konstantinopel die Türken. 1475 wurde die Insel von einem großen Erdbeben erschüttert und verlassen. Mehr als hundert Jahre vergingen, bis sie wieder besiedelt wurde. Nachdem die Türken den Christen zahlreiche Vorrechte eingeräumt

hatten, kamen die einstigen Bewohner der Insel zurück und mit ihnen viele Siedler aus den verschiedensten Landesteilen Griechenlands, die Dörfer mit den Namen ihrer alten Heimat gründeten. Die Jahre verstrichen und es kam das Jahr 1821, in dem sich das ganze Griechentum gegen die türkische Besatzungsmacht erhob. Unter der Führung von Likurgos Logothetis und dem wagemutigen Kapetan Stamatis gelang es, die Türken von der Insel zu vertreiben und mehrere Jahre ihre heftigen Angriffsversuche abzuwehren. Trotz des Erfolges der Samier beschlossen die Großmächte 1830, Samos an die Türkei zurückzugeben. Der einzige Trost war, daß der Insel eine gewisse Autonomie eingeräumt wurde.

Damit begann in Samos die Zeit der "Hegemonie". Der "Hegemon" war ein Christ, der vom Sultan ernannt wurde. Diese Epoche dauerte bis 1912, als Themistoklis Sofulis mit einer Truppe von Freiwilligen auf der Insel landete, sich mit den einheimischen Aufständischen verband und die Türken endgültig aus Samos vertrieb. Offiziell wurde Samos 1913 mit Griechenland vereinigt.

Heraion. Im Hintergrund rechts die einzige Säule des Heratempels.

Ein Besuch der Insel

Samos oder Vathi

In einer malerischen, tiefgrünen Bucht liegen Hafen und Stadt Samos, die heute 5.500 Einwohner hat. Vathi wird er nach dem alten Ort genannt, der hoch oben über dem Meer lag. Unten am Hafen gab es damals nur verschiedene Lagerhäuser. Schrittweise entwickelte sich aber der Hafen zu einer schönen Stadt, die mit Vathi zusammenwuchs und heute die Hauptstadt der Insel ist.

Wenn man nach der Ankunft mit dem Schiff einen Spaziergang auf der schönen Uferstraße macht, kommt man links auf die große **Platia Pythagoras** mit dem Marmorlöwen.

Bald danach biegt man nach links zu der historischen Kirche Ajios Spiridon ab, dem alten **Ratsgebäude**, in dem heute das Rathaus und die Städt. Gemälde-sammlung untergebracht sind. Lohnend ist ein Besuch des daneben liegenden **archäologischen Museums**, das wertvolle Funde aus ganz Samos und vor allem aus dem Heraion enthält.

In der Nähe des archäologischen Museums liegt auch die Endstation der Omnibusse, mit denen man in die wichtigsten Ortschaften und zu den schönsten Stränden der Insel fahren kann. Gegenüber dem Kai, an dem die Schiffe anlegen, liegt etwas stadteinwärts bei der Kirche Ajii Theodori das **byzantinische Museum** mit schönen Ikonen (Christus, Gottesmutter, Kreuzigung) aus dem 17. Jh., Reliquien von Heiligen, alten Evangelien und Priestergewändern, zu denen auch ein Umhang des Patriarchen Gregorios V. gehört.

Bei der Stadt kann man in **Gangu** baden, einem Strand, der 1,5 km nördlich liegt.

Kokkari, der berühmte Fischerhafen auf Samos.

RUNDFAHRTEN

1. Inselrundfahrt
(Samos - Karlovasi
Pithagorio - Samos (84 km)

Diese Rundfahrt, die 84 km der Hauptroute, läßt sich mit einer Unterbrechung für ein Bad und eine Mahlzeit an einem Tag bewältigen. Doch genügt ein Tag nicht, um auch die Nebenstrecken kennenzulernen, die in der folgenden Beschreibung erwähnt werden.

Man fährt die Straße an der Küste nach Karlovasi.

10 km: Kokkari. Der malerischste Fischerhafen von Samos, ein sehr beliebter Ferienort. Er besteht aus einer Halbinsel, an der sich die Häuser bis oben hinaufziehen, einem kleinen Hafen auf der einen Seite und einem herrlichen Sandstrand auf der anderen Seite. Restaurants, Cafés und Läden ergänzen das bunte Bild.

12 km: Lemonakia. Eine der schönsten kleinen Buchten von Samos, tiefgrün und mit einem wunderbaren Sandstrand.

12,5 km: Tsamadu. Ein herrlicher Sandstrand neben Lemonakia.

16 km: Avlakia. Ein sehr besuchter Sandstrand.

17 km: Von hier führt eine Seitenstraße links nach 5 km in das Dorf **Vurliotes**, das in 340 m Höhe wie auf einem Balkon über dem Meer liegt. 2 Kilometer von dem Dorf entfernt liegt in 480 m Höhe das älteste Kloster von Samos, **Panajia tis Vrontianis**. Es wurde im 16. Jh. erbaut. Von hier kann man in etwa drei Stunden zum Gipfel des **Karvuni** (1.153 m) gehen.

20 km: Platanakia. Ein schöner Strand mit Platanen und Ausflugsrestaurants. Von hier führt eine Nebenstraße links nach 1 km in das tiefgrüne Bachtal von **Aidonia**, in dem es viele Restaurants gibt. Ein Spaziergang unter den mächtigen Platanen entlang des plätschernden Baches ist sehr erholsam. Die Straße steigt in vielen Kurven weiterhin an und erreicht nach 3 km das Dorf **Manolates** in 380 m Höhe, das in einem herrlichen Tal liegt.

20,5 km. Ajios Konstantinos. Ein Ferienort an der Küste, der im Sommer sehr stark besucht ist.

Von hier führt eine Nebenstraße links nach 4 km in das malerische Dorf **Ampelos** und nach einem weiteren Kilometer in das Dorf **Stavrinides**. Beide Ortschaften liegen im Grünen und haben einen herrlichen Ausblick auf das Meer.

28 km: Ajios Dimitrios. Von hier führt eine Straße nach 1 km in das Dorf Kontakeika.

31 km: Eine Seitenstraße links führt nach 5 km nach **Idrusa**, ein Dorf mit zahlreichen Quellen.

33 km: Karlovasi. Die zweitgrößte Stadt und der zweite Hafen von Samos. Alle Schiffe, die nach Samos fahren, legen auch in Karlovasi an.

Karlovasi mit seinem vielen Grün.

Die Bucht von Marathokampos.

Die Stadt besteht aus den drei Ortsteilen Neo, Mesäo und Paläo Karlovasi. Sie ist sehr malerisch, besonders das Gebiet um den tiefgrünen Hügel Ajia Triada, an dessen Hängen sich die Häuser bis zur gleichnamigen Kirche auf der Hügelspitze hinaufziehen. In Karlovasi sieht man viele Herrenhäuser und aufgegebene Gerbereien. Vor vielen Jahren stand die Gerberei in Blüte, heute gibt es nur noch einige Handwerksbetriebe, in denen Keramik, Wanddekorationen und Webereien hergestellt werden.

Karlovasi ist die Heimat von Likurgos Logothetis, dem Revolutionär von 1821, der auch Verwalter von Samos wurde.

Vier Kilometer westlich von Karlovasi liegt **Potami**, einer der schönsten Strände von Samos. Sehr erholsam ist ein Spaziergang durch das Tal, das hier bis zum Meer hinunterführt.

Von Karlovasi bieten sich Möglichkeiten zu verschiedenen Ausflügen, die Wanderungen, Bergbesteigungen und den Besuch von Bergdörfern und malerischen Klöstern auf dem **Kerki** (1.433 m), dem höchsten Berg von Samos, umfassen.

Einer dieser Ausflüge führt in das Dorf **Kosmadäi**, das 13 km von Karlovasi entfernt in 600 m Höhe liegt, woran sich eine Wanderung zu dem **Kloster Kimisis tis Theotoku** anschließt. Für diesen Weg, den man größtenteils unter großen Kiefern zurücklegt, benötigt man etwa eine Stunde. Nach dem Kloster kommt man an der **Kakoperato-Schlucht** vorbei und erreicht nach einer halben Stunde eine sehenswerte Höhle.

Ein anderer Ausflug von Karlovasi führt in das Dorf Kastania, das 8 km entfernt ist und in großer Höhe liegt. In der Umgebung gibt es viel Wasser und wachsen viele Kastanienbäume. Zur Fortsetzung der Inselrundfahrt fährt man von Karlovasi nach Süden weiter.

41 km: Straßenkreuzung. Von hier führt die Abzweigung rechts nach 5 km in das große Dorf **Marathokampos**. Die **Bucht von Marathokampos** ist 4 km entfernt. Wegen des ausgedehnten Sandstrandes wird die Bucht von sehr vielen Touristen besucht. Drei Kilometer weiter westlich liegt **Votsalakia**, einer der schönsten Strände von Samos. Noch weiter westlich kommt man nach **Psili Ammos** (einer der vielen Sandstrände mit diesem Namen in Samos). Die Straße verläuft immer weiter nach Westen, führt um den Kerkis herum und durch die Dörfer **Ajia Kiriaki**, **Kallithea** und **Drakäi**. Zwischen den beiden letzteren führt ein Sträßchen zur Bucht Ajiu Isidoru hinunter.

44 km: Man befindet sich wieder auf der Hauptroute und kommt an die Kreuzung von Marathokampos. An dieser Stelle führt eine Abzweigung links nach 3 km in das Bergdorf **Platanos**.

47 km: Eine weitere Straßenkreuzung. Eine Abzweigung führt hier rechts nach 3 km nach **Kumäika** und seine Bucht und nach weiteren 4 km nach **Skureika** und seinen Strand.

52 km: Kutsi. Eine herrliche Landschaft mit Platanen, Bächen und einer herrlichen Aussicht.

55 km: Pirgos. Ein großes Dorf, das für seinen Wein, seine Trauben und Äpfel berühmt ist. Berühmt sind aber auch die Webereien und handgearbeitetn Wollteppiche.

Von Pirgos hat man die Möglichkeit zu zwei sehr interessanten Ausflügen.

Die eine führt nach Norden den Berg Karvuni hinauf und endet in dem Bergdorf **Pandroso** (5 km) in 630 m Höhe. Die andere führt nach Süden durch das sehr malerische Dorf **Spatharäi** (6 km) zum Meer hinunter nach Limnonaki. Von Limnonaki kann man mit einem kleinen Schiff die zauberhafte Insel **Samiopula** besuchen, auf der es zwei Sandstrände gibt.

Pithagorio. In der Mitte erkennt man das Ausgrabungsgelände des Heraion.

59 km: Kumaradäi. Ein Dorf mit einer großen Tradition in der Keramik.

63 km: Kreuzung mit einer Straße, die nach 1 km in das **Kloster Timiu Stavru** aus dem 16. Jh. führt, das wertvolle Kirchenschätze besitzt. Nach weiteren 2 km erreicht man das Dorf **Mavratzäi**, dessen Einwohner traditionellerweise als Töpfer tätig sind.

66 km: Chora. Im Mittelalter war es die Hauptstadt der Insel.

Von Chora führt ein Abstecher von der Hauptroute nach Norden nach 4 km in die Ortschaft **Mitilinii**, die 2.500 Einwohner hat. Hier gibt es ein sehr interessantes paläontologisches Museum, in dem Funde aus einem prähistorischen Tierfriedhof ausgestellt sind, der bei Mitilinii freigelegt wurde. Unter den Ausstellungsstücken beeindrucken die Knochen des sogen. *Samotherion*, eines kleinen Pferdes aus Samos, das an jedem Fuß drei Zehen hatte, und die Knochen der Vorfahren heutiger Tiere. Um die Inselrundfahrt fortzusetzen, fährt man nach Chora zurück und von dort nach Südosten weiter.

68 km: Straßenkreuzung. Von hier kann man einen sehr interessanten Abstecher nach **Mili** (8 km) unternehmen, einem Dorf, das an dem antiken Fluß **Imbrasos** liegt, nach **Pagonadas** (12 km) und zu dem wichtigsten archäologischen Gelände von Samos, dem berühmten **Heraion** (6 km), sowie in den am Meer gelegenen Ort Iräon (7 km), einen der Hauptorte des Tourismus auf Samos mit einem schönen Sandstrand.

Man glaubte, daß im Heraion die Göttin Hera geboren worden war, weshalb man hier schon in prähistorischer Zeit einen Tempel für sie errichtet hatte, der höchstwahrscheinlich aus Holz war. Nach dessen Zerstörung wurde im 7. Jh. v.Chr. ein zweiter erbaut, der aber durch den Perserkönig Kyros zerstört wurde. Anschließend erbaute der Architekt Rhoikos im 6. Jh. einen dritten Tempel, der aber wiederum von den Persern zerstört wurde. Schließlich beauftragte Polykrates den Sohn des Rhoikos, Theodoros, mit dem Bau eines vierten, noch größeren und prächtigeren Tempels. Herodot schreibt, daß es der größte und schönste aller Tempel gewesen

sei, die er gesehen habe. Von diesem Tempel ist heute nur noch eine Säule erhalten. Man fährt dann zurück zu Km 68, die Kreuzung Iräon, und fährt auf der Inselrundfahrt nach Osten weiter.

71 km: Pithagorio (früher nannte man den Ort Tigani). Es ist ein malerischer Ort mit viel Tourismus und einem Hafen an der Stelle, an der auch der antike Hafen lag. Nicht nur in den Sommermonaten, sondern auch im Frühling und Herbst herrscht am Uferkai mit den vielen Jachten und Fischerbooten und den zahlreichen Cafés und Restaurants ein sehr lebhafter Betrieb. Pithagorio ist auch der Ausgangspunkt für viele Ausflüge mit dem Boot. Von hier, wie auch von Samos, kann man mit kleinen Schiffen nach Agathonisi, Samiopula und Kusadasi in der Türkei fahren.

In Pithagorio befindet sich ein kleines **archäologisches Museum** mit Funden aus der Umgebung. Zu den Sehenswürdigkeiten des Ortes gehören der Turm von Logothetis, der auf der Spitze des Hügels über dem Hafen liegt, und daneben die Metamorfosi-Kirche, die Logothetis nach der erfolgreichen Abwehr der Türken 1824 erbauen ließ.

Sehenswert sind auch die Reste der antiken Stadtmauern und ein antikes Theater nördlich der Stadt am Hang eines Berges.

Etwas weiter entfernt liegt die berühmte **Wasserleitung des Eupalinos**, ein Tunnel, der länger als 1 km und etwa 2 m hoch ist. Auf der einen Seite hat es einen tieferen Graben, in dem das Wasser floß.

Die Wasserleitung durchquerte den Berg und versorgte die antike Stadt mit Wasser. Mit dem Bau soll gleichzeitig von beiden Seiten begonnen worden sein.

Das Kloster Panajia Spiliani.

Schließlich trafen sich die beiden Seiten etwa in der Mitte des Berges und waren fast gar nicht von der festgelegten Richtung abgewichen. Dieser Tunnel war einer der großen Bauten des Polykrates und wurde von dem berühmten Ingenieur Eupalinos aus Megara im 6. Jh. v.Chr. erbaut. In der Nähe des antiken Theaters liegt das **Kloster Panajia tis Spilianis**. Die gleichnamige Kirche befindet sich in einer Höhle, von der man sagt, daß sich hier eine Orakelstätte befunden habe. Der Strand von Pithagorio liegt westlich des Hafens. Noch weiter im Westen schließt sich der Strand **Potokaki** an.

Von Pithagorio fährt man die Straße weiter, die nach Nordosten ansteigt.

83 km: Samos. Damit ist die Rundfahrt der Insel abgeschlossen.

2. Das östliche Samos

Kalami - Ajia Paraskevi. Man fährt auf der Küstenstraße nach Nordwesten und biegt dann nach Osten ab. Ajia Paraskevi ist eine malerische Bucht mit der gleichnamigen Kirche.

Kloster Soodochu Pijis - Murtia (7 km). Man fährt die Straße nach Osten. An der Kreuzung, an die man nach 3 km kommt, fährt man nach links (die Straße rechts führt nach 1 km zum Kloster Ajia Soni). Nach 4 km erreicht man das **Kloster Soodochu Pijis** aus dem 18. Jh. mit einer schönen Klosterkirche. Kurz vor dem Kloster führt eine Straße rechts an die malerische Bucht von Murtia.

Paläokastro - Posidoni (11 km). Man fährt auf der Straße nach Psili Ammos in Richtung Südosten nach Tris Ekklesies (2 km) und biegt links nach Paläokastro ab. Posidoni ist eine kleine und ruhige, runde Bucht gegenüber der türkischen Küste.

Psili Ammos (9 km). Man fährt wie beim vorigen Ausflug nach Tris Ekklesies und biegt dort rechts ab. Psili Ammos, das man auch mit dem Bus besuchen kann, ist einer der schönsten Strände von Samos und liegt etwa eine Meile von der türkischen Küste entfernt.

Das malerische Pithagorio.

"Fischer am Mittag", 1982.
Öl auf Leinwand (90 x 110).
Ein Werk des Malers
K. GRAMMATOPOULOS

Ikaria

Fanari
Kionio
Monokampi
Katafygio
Armenistis · Kampos · Evdilos · Mavrikato
Akamatra
Agios Dimitrios
Christos · Frantalo · Dafni · Xylossyrtis · AGIOS KIRIKOS
Monte · Chrysostomos
Vrakades · NIKARIA
Lagada · Vardarades
Amalo · Pezio · Maganiti · Plagia
Karkinagri
Trapalo

Den meisten Griechen ist Ikaria als eine Insel mit Heilquellen bekannt. Es wurde von Menschen in höherem Alter besucht, die hier für ihre Leiden Heilung suchten. Doch niemand glaubte, daß die Insel außer den Quellen noch etwas zu bieten hätte. Was für ein Irrtum! Es genügt, einige Kurven der Straße über Ajios Kirikos hinaufzufahren und von dort die Landschaft zu betrachten, um seine Meinung zu ändern. Vor sich sieht man ein malerisches kleines Dorf, das im Grünen fast verschwindet. Die Dächer der Häuser sind wie in Pilio mit Steinplatten gedeckt, doch sind sie viel schöner. Der Berg ist dichtbewachsen und hat eine wilde, ursprüngliche Schönheit. Und im Hintergund erstreckt sich, so weit das Auge reicht, das strahlende Meer unter einer leuchtenden Sonne, deren Wärme man verspürt. Es ist das Ikarische Meer, das Meer, in das der mythische Ikaros stürzte und ertrank, als die Sonne das Wachs seiner Flügel geschmolzen hatte.

Dies alles fügt sich zu einem ersten Eindruck von Ikaria, dem noch weitere folgen. Wenn man den Rücken des hohen Berges bestiegen hat und zu der Nordküste hinuntersteigt, dann sieht man wilde Bachtäler, die voller Felsen aus Schiefer sind und bis hinunter zum Meer und seinen schönen Buchten führen. Wenn man dann Evdilos besucht hat und nach Armenisti weiterfährt, kommt man an einige der schönsten Sand-

strände der Ägäis wie Jaliskari und Mesakti. Ikaria hat eine ursprüngliche Schönheit, herzlich sind seine Bewohner. Man erreicht Ikaria mit dem Fährschiff aus Piräus, Samos, den Kykladen und den Inseln der Dodekanes.

Ikaria liegt westlich von Samos und ist von Piräus 142 Seemeilen entfernt. Es ist 255 qkm groß und hat einen Umfang von 102 km. Die Bevölkerungszahl beträgt 8.000.

Die Insel ist ideal für ruhige Ferien.

Ikaria verdankt seinen Namen dem mythischen Ikaros, der nach dem Mythos mit seinem Vater aus dem Labyrinth in Kreta entfloh, wobei er Flügel benutzte, die mit Wachs zusammengeklebt waren. Ikaros war von dem Flug begeistert und flog trotz der Warnung seines Vaters zu nahe an die Sonne. Das Wachs der Flügel schmolz und Ikaros stürzte in das Meer und ertrank. Das Meer wurde deshalb Ikarisches Meer und die Insel Ikaria benannt.

Die Ionier ließen sich auf der Insel gegen Ende des 9. Jh. nieder. In klassischer Zeit war Ikaria Mitglied des attischen Seebundes. Nach einer langen Phase der Bedeutungslosigkeit wurde die Insel Anfang des 13. Jh. von den Venezianern besetzt, 1524 von den Türken.

Im Juli 1912 erhob sich die Insel, man vertrieb die Türken und gründete den unabhängigen Staat Ikaria, der nach vier Monaten mit Griechenland vereinigt wurde.

Der Strand von Therma.

Fischer im Hafen von Evdilos.

Ein Besuch der Insel

Das Gebiet um Ajios Kirikos

Ajios Kirikos. Hauptort der Insel und wichtigster Hafen. Lohnenswert ist ein Besuch der Kirche Ajios Kirikos und des kleinen **archäologischen Museums**.

Therma (Lutra). 2 km nordöstlich von Ajios Kirikos ist einer der beiden Badeorte auf Ikaria mit Heilquellen und Strand. Bei Therma liegen die Reste einer antiken Akropolis.

Therma (Lutra) Lefkadas. 2 km südwestlich von Ajios Kirikos liegt der zweite Badeort von Ikaria. Auch hier gibt es Heilquellen und einen Strand. Bei Lefkada liegt das **Evangelismu-Kloster**.

7 km: Mavrato. Ein malerisches Dorf mit viel Grün am Hang eines Berges oberhalb von Ajios Kirikos. Die Dächer der Häuser, die mit Steinplatten gedeckt sind, und die reiche Vegetation der Umgebung erinnern an die Dörfer auf Pilio.

8 km: Oxea. Ein Dorf, das Mavrato gleicht, aber höher liegt.

22 km: Mileopos. Eines der schönsten Dörfer des nördlichen Ikaria in einem malerischen, grünen Tal über dem Meer.

38 km: Evdilos. Die einstige Hauptstadt der Insel mit ihren klassizistischen Häusern ist heute der zweitgrößte Hafen von Ikaria. Manche Fährschiffe legen in Evdilos statt in Ajios Kirikos an. Es gibt einen schönen Strand.

40 km: Kampos. Hier befinden sich die Ruinen des antiken Oinoe und ein **archäologisches Museum**. Kurz vor dem Dorf kommt man an die Strände **Fitema** und **Kampos**.

52,5 km: Jaliskari. Eine kleine Ortschaft an der Küste.

In der Nähe liegt hier die kleine Insel **Diapori** mit der Analapsi-Kirche. Hier befinden sich die schönsten Strände von Ikaria, **Mesakti** und **Livadi**.

54,5 km: Links führt eine Abzweigung nach 7 km in das schöne Bergdorf **Christos ton Rachon**. Die Straße führt weiter nach **Profitis Ilias** und **Pesi**, die in großer Höhe wie auf einem natürlichen Balkon mit herrlichem Blick auf das Meer liegen.

55 km: Armenistis. Ein weiterer kleiner Hafen von Ikaria am Rande eines Kaps.

Von Armenistis fährt man auf einer Straße, die hoch über dem Meer parallel zur Küste verläuft, an die 3 km entfernte **Bucht von Na**.

Hier gibt es die Reste von Mauern und eines **Tempels der Artemis**.

Furni

Zwischen Ikaria und Samos liegen mehrere kleine, buchtenreiche Inseln, die nur wenigen Reisenden bekannt sind. Nach der größten Insel werden sie gemeinsam als Furni bezeichnet. Wenn man sie aus der Ferne sieht, möchte man glauben, daß es eine einzige Insel ist, denn sie liegen ganz dicht beisammen. Doch im Näherkommen sieht man die schmalen Durchfahrten zwischen ihnen, die schönen Buchten und das klare Wasser. Links liegt das windgeschützte Chrisomilia und rechts die kleine Insel Thimena. Geradeaus erkennt man Furni, den malerischen Fischerhafen mit etwa 1000 Einwohnern, von denen die meisten Fischer sind. Ein schöner Ort, um sich zu erholen und das Meer zu genießen, wenn man keine besonderen Ansprüche stellt und sich gerne abends im Kafenio mit den Fischern von Furni unterhält.

Furni liegt zwischen Ikaria, Samos und Patmos. Die Insel ist 40 qkm groß und hat einen Umfang von 125 km. Von Ajios Kirikos auf Ikaria, von dem es 11 Seemeilen entfernt ist, gibt es kleine Schiffe, aber auch Fährschiffe aus Piräus, die zu den Kykladen, nach Ikaria, Furni und Samos fahren. Auf der Insel gibt es keine Autos.

Ein Besuch der Insel

Die Sehenswürdigkeiten von Furni sind die schönen Buchten, von denen die meisten einen Sandstrand haben. Auf Furni selbst gibt es die windgeschützte Bucht **Chrisomilia** mit einem kleinen Dorf. Auf der benachbarten kleinen Insel **Thimena** gibt es den gleichnamigen Fischerhafen. Eine dritte Insel, **Ajios Minas**, die östlich liegt, ist unbewohnt.

Oben: Die Kirche Aj. Thoktistis.
Unten: Das malerische Nas auf Ikaria.

Bilder aus Furni.

KLEINERE INSELN
DER NÖRDLICHEN UND
ÖSTLICHEN ÄGÄIS

THASOS
Thasopula. .... *N v. Thasos.*
Kinira. .... *Ö v. Thasos.*
Panajia. .... *S v. Thasos.*

SAMOTHRAKI

LIMNOS
Diavates. .... *SW v. Mirina.*
Sergitsi. .... *N v. Limnos.*
Kukonisi. .... *Bucht v. Mudro.*
Ajios Nikolaos. ....
.... *Bucht v. Mudro.*
Alagonisi. .... *Bucht v. Mudro.*
Kombi. .... *S v. Mudro.*

AJIOS EFSTRATIOS
Ajii Apostoli. ....
.... *N v. Ajios Efstratios.*
Velia. .... *Ö v. Ajios Efstratios.*

LESBOS
Nisiopi. .... *W v. Sigri.*
Sidusa. .... *SW v. Sigri.*
Fanes. .... *S v. Sigri.*
Pochis. .... *NW v. Lesbos.*
Ajios Georgios. ... *W v. Petra.*
Panajia. .... *Nö v. Lesbos.*
Barbalias. .... *Nö v. Lesbos.*
Aspronisos. ...... *Nö v. Lesbos.*
Tsukalas. .... *Nö v. Lesbos.*
Prasologos. .... *Nö v. Lesbos.*
Kidonas. .... *Ö v. Lesbos.*
N. Pamfillon. ...... *Ö v. Lesbos.*
Mersinia. .... *Ö v. Lesbos.*
Garbias. .... *Bucht v. Kalloni.*

CHIOS
Margariti. .... *N v. Chios.*
Strovili. .... *N v. Chios.*
Ajios Stephanos. ....
.... *Nö v. Pantukios.*
Venetiko. .... *S v. Chios.*

Ajios Stefanos. ..... *N d. Mesta.*
Pelagonisi. *N d. Hafens v. Mesta.*

INUSES
Prasonisia. .... *W v. Inuses.*
Pasas. .... *Ö v. Inuses.*
Pontikonisos. .... *Sö d. Inuses.*
Vatos. .... *Sö d. Inuses.*

PSARA
Antipsara. .... *W v. Psara.*
Ajios Nikolaos. ... *W v. Psara.*
Katonisi. .... *S v. Antipsara.*
Mastrojorgis. ..... *NW v. Psara.*
Prasonisi. .... *NÖ v. Psara.*

SAMOS
Ajios Nikolaos. ..... *N v. Vathi.*
Prasonisi. .... *N v. Vathi.*
Makronisi. .... *N v. Vathi.*
Petra. .... *S v. Iräon.*
Samiopula. .... *S v. Samos.*
Aspros Vrachos. ....
.... *SW v. Samos.*

IKARIA

FURNI
Thimena. .... *W v. Furni.*
Thimenaki. .... *W v. Furni.*
Kesiria. .... *W v. Furni.*
Ajios Minas. .... *Ö v. Furni.*
Mikros Anthropofas. ....
.... *Sö v. Furni.*
Megalos Anthropofas. ....
.... *Sö v. Furni.*
Makronisi. .... *S v. Furni.*
Plakaki. .... *S v. Furni.*
Plaka. .... *S v. Furni.*
Strongilo. .... *S v. Furni.*
Prasonisaki. .... *S v. Furni.*
Alatonisi. .... *SW v. Furni.*

ANDERE INSELN DER ÄGÄIS

INSELN BEI CHALKIDIKI
Amoliani. .... *S v. Tripiti.*
Diaporos. .... *N v. Vurvuri.*
Kelifos. .. *SW d. Insel Marmara.*

INSELN
IM GOLF VON PAGASÄ
Paleo Trikeri. .. *S d. Golfs v. P.*
Strongili. .... *S d. Golfs v. P.*
Pithu. .... *S d. Golfs v. P.*
Nisos Psathion. ... *S d. Golf P.*

Alatas. .... *SW v. Milina.*
Kikinthos. ..... *Nö v. Amaliapoli.*
Arjironiso. .... *S d. Golfs v. P.*

INSELN
IN DER WESTLICHEN ÄGÄIS
Velopula. ....
.... *22 Sm S v. Hydra.*
Falkonera. ....
.... *25 Sm NW v. Milos.*
Karavi. ....
.... *25 Sm W v. Milos.*

6 IONISCHE INSELN

KORFU PAXI LEFKADA ITHAK
KEFALONIA ZAKYNTHOS KYTH

Schon seit alter Zeit sind diese Inseln etwas besonderes. Die Natur hat sie mit außerordentlicher Schönheit beschenkt. Der Boden ist fruchtbar, das Klima mild, die Berge sind bewaldet. Aus dem blauen Meer erheben sich riesige weiße Felsen, es öffnen sich aber auch stille Strände mit leuchtend weißem Sand, wo man leicht das Boot ankern kann, um Schutz zu finden. Deshalb waren die Inseln auch schon in ältester Zeit bewohnt. Die archäologische Forschung hat nachgewiesen, daß hier bereits in der Steinzeit Menschen siedelten. Doch die Blütezeit begann in mykenischer Zeit. Damals brachen die Griechen zum Feldzug gegen Troja auf. Unter ihnen war auch Odysseus, der homerische Held, dessen Königreich die bekannte Insel Ithaka war. Homer erwähnt noch

zwei weitere Inseln, Lefkada und das reiche und schöne Land der Phäaken, das heutige Korfu. Die Korinther kolonisierten im 8. Jh. v. Chr. Korfu und im 7. Jh. v.Chr. Lefkada. Sie waren an diesen Inseln interessiert, weil si Zwischenstationen für den Seehande mit Sizilien und dem fernen Wester waren. Korfu wurde sehr mächtig und verbündete sich mit Athen was den Anlaß des Pelopon nesischen Kriegs bildete, der 431 v.Chr. zwischen Sparta und Athen ausbrach. Die Ioni schen Inseln kamen 146 v. Chr. unte römische Herrschaft und gehörten später z Byzanz. Die Venezianer besetzten sie 1386 n.Chr und hatten sie mehr als 400 Jahre in ihren Besitz. Sie blieben aber immer griechisch pflegten die Literatur und brachten bedeutend

CORFU

Kerkyra

PAXI

LEFKADA

ITHAKI

KEFALONIA

KYTHIRA

ZAKYNTHOS

IONION

Künstler hervor, zu denen auch Dionysios Solomos gehört, der Dichter der griechischen Nationalhymne. Auch die anderen Künste, vor allem die Malerei und die Musik gediehen. Die venezianische Besatzung endete 1797 nach dem Sieg Napoleons und der Besetzung der Inseln durch die Franzosen. 1799 entriß eine russisch-türkische Flotte die Inseln den Franzosen, 1800 wurde ein Vertrag unterzeichnet, mit dem der "Staat der Ionischen Inseln" gegründet wurde. Zum ersten Mal hatten die Inseln Selbständigkeit errungen. Der "Staat der Ionischen Inseln" bestand nur sieben Jahre und nach der Rückkehr der Franzosen wurde 1815 ein Vertrag unterzeichnet, der einen unabhängigen "Staat der Ionischen Inseln" unter englischer "Schutzherrschaft" anerkannte. Leider erwies sich diese Schutzherrschaft erneut als eine Fremdherrschaft und der Traum von der Unabhängigkeit schien ausgeträumt zu sein. Doch die Ionischen Inseln stellten ihren Kampf nicht ein. Als die Stunde der Erhebung Griechenlands gegen die Türken gekommen war, leistete man trotz der Gegenmaß-nahmen der Engländer wichtige Hilfe. Auf den Ionischen Inseln wurden die Führer des Freiheitskampfes von 1821 vereidigt. Der erste Premierminister des befreiten Griechenlands wurde 1828 der aus Korfu stammenden Ioannis Kapodistrias. Doch die Ionischen Inseln standen weiterhin unter englischer Herrschaft. Die Vereinigung mit Griechenland kam schließlich 1864. 1953 verheerte ein großes Erdbeben drei der sieben Inseln: Zakynthos, Kefalonia und Ithaka. Traditionelle Häuser, alte Herrenhäuser stürzten ein und alte Kirchen wurden zerstört. "Der Abgrund, den das Erdbeben aufgetan hatte, füllte sich rasch mit Blumen" hatte der Dichter Solomos gesagt. Natürlich hatte er nicht von diesem Erdbeben gesprochen, doch die Worte waren prophetisch, denn die Inseln wurden rasch wieder aufgebaut.

In diesem Kapitel werden neben den sieben großen Inseln auch 124 kleinere Inseln und Felseninseln beschrieben und bezeichnet, die im Ionischen Meer und im Korinthischen Golf verstreut liegen. Von ihnen sind nur 28 bewohnt.

Navagio auf Zakynthos, einer der schönsten griechischen Strände.

Korfu

In Korfu gibt es eine kleine Bucht mit weißem Sand, die von dicht bewachsenen Bergen umgeben ist. Plätschernd fließt hier ein kleiner Bach. Die Legende berichtet, daß an diesem Strand Nausikaa, die Tochter des Königs Alkinoos, den Schiffbrüchigen Odysseus fand und versorgte. Die Bucht von Ermones gleicht jener, die Homer in der Odyssee beschreibt, als er von dem letzten Aufenthalt des Odysseus im Land der Phäaken, in Korfu, erzählt.

Korfu, das schon seit der Zeit Homers bekannt ist, wurde weltberühmt als gekrönte Häupter wie die österreichische Kaiserin Elisabeth, die bekannte Sissi, hier ihre Sommerferien verlebten. Sie erbaute sich einen Palast, den der deutsche Kaiser Wilhelm II. später kaufte. Seit damals besuchen zahlreiche Reisende die Insel und berichten mit Bewunderung von den landschaftlichen Schönheiten Korfus, von der Liebenswürdigkeit und Kultur seiner Bewohner.

Schrittweise entwickelte sich Korfu damit von einer Insel mit überwiegend bäuerlicher Bevölkerung zu einem Zentrum des internationalen Tourismus.

Diese Entwicklung ist nicht nur auf die schönen Landschaften, sondern auch auf die geographische Lage Korfus zurückzuführen.

Es ist die nördlichste der Ionischen Inseln, die dem Westen am nächsten gelegen ist. Korfu liegt dicht an der Küste von Epirus und Albanien und ist die zweitgrößte Ionische Insel. Es ist 592 qkm groß, hat einen Umfang von 217 km und wird von mehr als 100.000 Menschen bewohnt.

Sanft sind die Linien der Berge, die zur Westküste hin abfallen, an der es idyllische Buchten mit Sandstränden gibt. Die Ostküste ist wesentlich steiler und von wilder Schönheit, doch finden sich auch hier viele Sandstrände. Der höchste Berg Pantokratoras (906 m) beherrscht den Norden der Insel.

Die Vegetation ist geprägt von den Ölbäumen und den Zypressen. Zypressen sind seltener als Ölbäume und stellen intensivere Farbtupfer auf einem Bild dar, auf dem das Grün vorherrscht. Haupterzeugnis der Insel ist das Öl, das zu dem besten Griechenlands gezählt wird. Weitere Erzeugnisse der Insel sind Butter, Käse, Weißwein und Wurstwaren.

Ein anderes Produkt, das nur in Korfu und nirgendwo sonst in Europa zu finden ist, ist das Kumkuat, eine winzige Orange chinesischer Herkunft, aus der Süßigkeiten und Likör hergestellt werden.

Viel hat sich auf der Insel durch den Ansturm der Touristen verändert. Die einstmals einsamen Sandstrände füllten sich allmählich mit Hotels. Die malerischen Fischerhäfen wurden zu Ferienorten, die nicht nur im Sommer, sondern auch im Frühling und Herbst die Besucher erwarten.

Was sich aber glücklicherweise überhaupt nicht geändert hat, ist die Altstadt von Korfu. Sie liegt zwischen der Alten und der Neuen Festung und blieb so wie sie vor etwa 200 Jahren war. Auch die Traditionen, die Sitten und Bräuche haben sich nicht geändert. Die Korfuaner lieben ihre Heimat und verlassen sie nur schweren Herzens. Sie bleiben lieber hier und feiern ihre Feste so, wie sie schon ihre Vorfahren gefeiert haben.

Es ist ein Glücksfall für den Besucher, wenn er das Osterfest oder die prunkvollen Prozessionen für den Hl. Spiridon, den Schutzheiligen der Insel, erleben kann.

Die traditionelle Volkskunst wird auf der ganzen Insel gepflegt. Zu ihren Erzeugnissen zählen: Webereien, Teppiche, Flechtarbeiten aus Stroh, Silbergeräte und Schmuck.

Eine besondere Tradition, die weit zurückzureichen scheint, hat die Musik auf der Insel Korfu. Im 18. und im 19. Jh. erlebte sie eine besondere Hochblüte, als italienische Musiker in der Stadt Korfu häufig Opern aufführten.

Die Liebe der Korfuaner zur Musik ist von ihrer Begeisterung für den Tanz begleitet. Es lohnt sich, eine der Tanzveranstaltungen zu besuchen, bei denen junge Korfuaner und Korfuanerinnen ihre eindrucksvollen Trachten tragen und die anmutigen, traditionellen Tänze tanzen.

*Mädchen
in korfuanischer Tracht.*

Eine Garantie für einen angenehmen Aufenthalt auf der Insel sind auch die Liebenswürdigkeit und die sprichwörtliche Gastlichkeit der Bewohner.

Korfu erreicht man von Athen oder Europa (im Sommer) mit dem Flugzeug. Es gibt Schiffe von Patras (132 Seemeilen), Igumenitsa (18 Seemeilen) oder Sajada, wie auch von Italien (Otranto, Bari, Brindisi, Ancona) und dem ehemaligen Jugoslawien (Bar, Dubrovnik, Split). Mit dem Auto fährt man von Athen oder Thessaloniki über Igumenitsa.

Von Korfu gibt es folgende lokale Schiffsverbindungen: nach Paxi (31 Seemeilen), Antipaxi (34 Seemeielen), Ithaka (91 Seemeilen), Sami auf Kefalonia (91 Seemeilen) und den kleinen Inseln Erikusa, Mathraki und Othoni. Flugverbindungen gibt es nach Aktio und Argostoli auf Zakynthos (nur im Sommer).

Unten: Die zauberhafte Stadt Korfu.

Die Insel, deren antiker Name Korkyra war, scheint seit der Altsteinzeit bewohnt gewesen zu sein. Mit Sicherheit ist die Anwesenheit von Menschen in der Bronzezeit (2000 v.Chr.) an der Westküste nachweisbar. 734 v.Chr. wurde Korfu von Korinth kolonisiert und im heutigen Analipsi die antike Stadt und Akropolis erbaut. Korfu entwickelte sich zu einem einflußreichen Handelszentrum, besaß eine große Flotte und gründete eigene Kolonien. Siebzig Jahre nach seiner Kolonisierung erhob sich die Insel gegen Korinth und erklärte seine Unabhängigkeit.

Aber nicht nur Korinth hatte ein Interesse an dieser reichen Insel. Auch die großen rivalisierenden Städte Athen und Sparta wollten Einfluß gewinnen. Korfu wurde deshalb 432 v.Chr. zum Anlaß für den Ausbruch des Peloponnesischen Krieges zwischen den beiden Großmächten. Nach dem Sieg von Sparta kam Korfu unter dessen Oberherrschaft.

Es folgte eine Besetzung durch die Syrakusaner, durch König Pyrrhus von Epirus und die Illyrier und schließlich wurde die Insel ein Teil des römischen Reiches.

In byzantinischer Zeit befestigte man die neue Stadt mit Mauern und erbaute die Alte Festung (8. Jh.), um vor feindlichen Angriffen, vor allem der Normannen, geschützt zu sein. In dieser Zeit war der Name Korifo (wegen der Festung auf den zwei Gipfeln) gebräuchlich. Aus Korifo entwickelte sich das lateinische Corfu, das in alle europäische Sprachen übergegangen ist. 1204 wurde die Insel von den Venezianern besetzt und wechselte dann aber mehrfach den Besitzer. 1386 kam sie erneut in venezianischen Besitz und blieb bis 1797 venezianisch.

In der Zwischenzeit traten 1537 die Türken in Erscheinung, die von der gegenüberliegenden Küste von Epirus mehrmals ohne Erfolg versuchten, die Insel zu erobern.

Nach den türkischen Angriffen erlebte Korfu in der Literatur und den Künsten eine Blüte, die bis in das 19. Jh. dauerte.

1797 wurde die Insel von den Franzosen besetzt, zwei Jahre

Gasse in Korfu.

später von einer russisch-türkischen Flotte. Es folgte ein englisch-französischer Konflikt um die Herrschaft über die Insel. In dieser Auseinandersetzung setzten sich zuerst die Franzosen durch, die wegen des Widerstandes von Denjeleau die Insel von 1807 bis 1815 in ihrem Besitz hatten. In diesem Jahr aber fielen Korfu und die anderen Ionischen Inseln an die Engländer.

Die Vereinigung Korfus und der anderen Ionischen Inseln mit Griechenland fand 1864 statt.

*"Maifeiertag in Korfu",
Gemälde der Ionischen Schule, 19. Jh.*

Die Stadt Korfu

Korfu, eine der schönsten griechischen Städte, ist die Hauptstadt der Insel und der gleichnamigen Präfektur. Es liegt ungefähr in der Mitte der Ostküste der Insel an einer Stelle, an der sich die Insel der gegenüberliegenden Küste von Epirus nähert. An der Spitze dieser Formation, auf Kap Sidero, liegt die alte venezianische Festung, die eine Erweiterung der alten byzantinischen Festungsanlage aus dem 8. Jh. ist. Die **Festung** war durch einen Graben, der mehr als 25 m breit war, die berühmte **Contrafossa**, vom Festland getrennt. Dadurch war die Festung ganz vom Meer umgeben. Westlich der Alten Festung erstreckt sich der größte und schönste Platz Griechenlands, die berühmte **Spianada**, die von schönen alten Gebäuden umgeben ist. Im Norden der Spianada liegt der Palast des englischen Hochkommissars, in dem sich heute das **Museum für asiatische Kunst** befindet. Auf der Westseite der Spianada steht das berühmte Liston, ein Gebäude aus der Zeit der französischen Besatzung mit Arkaden, Cafés und Restaurants. Das Liston ist der beliebteste Treffpunkt bei Einheimischen und Fremden. Am Nordrand des Platzes beginnt die Odos **Ajios Spiridonas**, an der auch die Kirche des Stadtheiligen und Schutzherren der Insel liegt (16. Jh.), in der seine Reliquien aufbewahrt werden. Die Odos Evjeniu Vulgari, die südlich des Liston beginnt, führt bald zum **Rathaus**, einem schönen venezinaischen Bau (17. Jh.), und der Kirche Ajios Jakovos, der katholischen Kathedrale (17. Jh.).

Nahe bei Ajios Spiridonas befindet sich die Kirche Panajia i Spiliotissa, die griechisch-orthodoxe Kathedrale (16. Jh.). Von hier geht man nach Norden weiter und kommt bald an den alten Hafen, in dem die Fährschiffe nach Igumenitsa anlegen. Die Schiffe nach Italien und zum ehemaligen Jugoslawien ankern im neuen Hafen, der weiter westlich liegt. Zwischen den beiden Häfen erhebt sich der Hügel mit der **Neuen Festung**, die auch von den Venezianern erbaut wurde (16. Jh.). Die alte Stadt drängt sich zwischen Spianada und der Neuen Festung zusammen. Deshalb wurden die Häuser gezwungernermaßen mit zahlreichen Stockwerken in Gäßchen gebaut, die manchmal so schmal sind, daß die Wäscheleine oft von einem Haus zum gegenüberliegenden gespannt ist. Dieses malerische Bild, das an alte Städte im westlichen Mittelmeer erinnert, sieht man oft in den "Kandunia" - so nennen die Korfuaner die Gäßchen - die senkrecht von der Odos Gilford zur Spianada verlaufen.

Das **archäologische Museum**, in dem Funde von der ganzen Insel ausgestellt sind, liegt südlich der Spianada nahe am Ufer der Bucht von Garitsa. Noch weiter südlich liegt das Menekrates-Denkmal (600 v.Chr.) und in der Nähe auf der Landzunge der Bucht die Kirche Ajion Jasonas und Sosipatros (11. Jh.).

Man geht nach Süden weiter und kommt durch eine grüne Halbinsel, die archäologisch und touristisch zu den interessantesten Gebieten Korfus gehört (hier lag das antike Korfu). Zu den wichtigsten archäologischen Funden in diesem Gebiet zählen die Reste des Artemis-Tempels (6. Jh. v.Chr.) und des Tempels der Hera, des größten der Insel (4. Jh. v.Chr.). Auf dieser Halbinsel liegt auch die Villa Mon Repos, die einst die Sommerresidenz der griechischen Königsfamilie war. Obwohl der Besucher durch das, was er gehört oder gelesen hat, bereits vorbereitet ist, wird ihn der Südrand des Hügels sicher beeindrucken. Es ist das Gebiet von **Kanoni** mit einem herrlichen Blick auf die kleine Insel **Vlacherna** mit dem Kloster der Panajia und das berühmte **Pondikonisi** mit dem Pantokrator-Kloster (s. S. 216-217).

Oben: Die Aj. Spiridon-Straße.

Unten: Kutschen auf der Spianada.

RUNDFAHRTEN

1. Korfu - Ipsos - Nisaki - Kassiopi (36 km)

6 km: Kontokali. Ein Feriengebiet, das sich rechts der Straße am Strand hinzieht.

8 km: Guvia. Ein Gebiet mit sehr viel Tourismus.

9 km: Wichtige Kreuzung.

13 km: Dasia. Eine malerische Landschaft, in der sich die Anlagen des bekannten Club Mediterranée befinden.

14 km: Ipsos. Einer der größten Ferienorte auf der Insel mit einem 32 km langen Sandstrand. Die schöne Landschaft wird durch das Massiv des **Pantrokrator** ergänzt, des höchsten Berges von Korfu.

16 km: Pirgi. Eine Ortschaft am Nordrand der Bucht von Ipsos. Von hier führt eine Straße nach Westen durch das Dorf **Ajios Markos**. Eine andere führt in vielen Kurven den Pantokrator hinauf in die Dörfer **Spartilas** (mit herrlichem Blick auf Ipsos), **Strinilas**, den Gipfel des **Pantokrator**, nach **Episkepsi** und **Acharavi**.

19 km: Barbati. Eine schöne Bucht mit Sandstrand.

22 km: Nisaki. Eine tiefgrüne Landschaft und Strände mit kristallklarem Wasser.

29 km: Kalami und **Kulura**. Eine schmale Seitenstraße führt rechts zu der malerischen Bucht von Kalami hinunter, an der eine kleine Ortschaft entstanden ist. Weiter nördlich befindet sich der kleine Hafen Kulura, an dessen runder Hafenmole Fischerboote anlegen. Schon hoch oben von der Straße erkennt man, daß Kulura eine der schönsten Landschaften Korfus ist. Die Entfernung zur albanischen Küste beträgt hier nur 2 Seemeilen.

32 km: Straßenkreuzung. Eine Abzweigung führt rechts nach 2 km an den Strand von **Ajios Stefanos**.

36 km: Kassiopi. Ein schönes Städtchen mit einem Hafen für kleine Schiffe an der Nordwestspitze von Korfu. Wegen des klaren Meeres und den vielen malerischen Buchten mit Sandstränden und Felsen gibt es hier sehr viele Touristen.

2. Korfu - Paläokastritsa (24 km)

21 km: Die Straße rechts führt zu dem Dorf **Lakones** hinauf, von dem man einen herrlichen Blick auf Paläokastritsa hat, und dann weiter zu dem historischen **Angelokastro**.

24 km: Paläokastritsa. Der berühmte Strand Korfus von wilder Schönheit. An der ganzen Küste gibt es zahlreiche malerische Buchten mit strahlendweißen Sandstränden, smaragdenem Wasser und Meeresgrotten. Diese Buchten sind umgeben von felsigen Hügeln mit reicher Vegetation. Besonders bemerkenswert ist der Hügel, auf dessen Spitze das byzantinische Mönchskloster Tis Theotoku liegt.

Von dem Kloster aus kann man die herrliche Landschaft bewundern, die durch die zahlreichen Hotels, Häuser und Restaurants noch nicht verändert wurde.

Paläokastritsa.

3. Achillio - Ai Gordis - Pelekas - Glifada (29 km)

Man fährt auf der Straße, die am Flughafen vorbeiführt.

8 km: Die Straße links führt in das Dorf **Gasturi**, in dem das berühmte **Achillio** liegt (s. S. 208).

Das Erdgeschoß des Palastes ist zu einem Museum umgestaltet, im Obergeschoß gibt es ein Kasino.

16 km: Ai Gordis. Ein schöner, langer Sandstrand unterhalb eines tiefgrünen, steilen Berghanges. Kennzeichnend für die Landschaft ist ein kegelförmiger Felsen, der sich im Meer am Rande der Bucht erhebt.

20 km: Man fährt nach Sinarades zurück und durch den Ort in Richtung Pelekas.

25 km: Pelekas. Das Dorf ist berühmt für seine herrlichen Sonnenuntergänge. Die Spitze des Hügels ist ein herrlicher Aussichtspunkt, von dem man fast ganz Korfu überblicken kann.

29 km: Glifada. Einer der schönsten Strände Korfus. 6 km nordwestlich von Glifada liegt an der Küste **Ermones** an einer geschlossenen Bucht von wilder Schönheit.

Oben: Das Achillio
und die Statue des Achill.

4. Korfu - Benitses - Kavos (48 km)

Man fährt auf der Straße zum Achillio und biegt nach 5,5 km links ab.

8 km: Perama. Hier verbindet eine schmale Brücke, die etwa 300 m lang ist und nur von Fußgängern und Radfahrern benützt werden kann, dieses Gebiet mit dem berühmten Kanoni. Man fährt an der Küste nach Benitses weiter und befindet sich dann vor dem berühmten **Pondikonisi.**

12 km: Benitses. Das touristisch am stärksten entwickelte Gebiet der Insel, das sich an der Küste entlangzieht.

20 km: Moraitika. Ein Ferienort an der Küste.

21 km: Die Straße, die man links liegen läßt, führt nach 2 km nach Mesongi, einen weiteren Ferienort an der Küste.

31 km: Straßenkreuzung vor dem Dorf Argirades. Rechts führt die Straße nach Ajios Georgios. Sein schöner Sandstrand ist mehr als 3 km lang.

42 km: Lefkimmi. Die größte Ortschaft im Süden. In der Ortsmitte gibt es einem sehr schönen Kanal (er ist mehr als 1 km lang) mit Booten und einer Brücke.

48 km: Kavos. Das Ziel dieses Ausfluges und die südlichste Ortschaft auf Korfu mit einem endlosen Sandstrand und einem sauberen, flachen Meer.

5. Korfu - Sidari (36 km)

Man fährt auf der Straße nach Paläokastritsa und biegt bei Km 13 rechts nach Skripero und Sidari ab.

23 km: Straßenkreuzung. Rechts führt die Straße nach 14 km nach **Roda,** einen Ort an der Küste mit schönem Sandstrand.

24 km: Arkadades. In diesem Dorf führt eine Straße links nach 10 km an die Bucht von **Ajios Georgios ton Pagon** mit einem der schönsten Sandstrände Korfus.

25 km: Agros. Von diesem Ort führt eine Straße links nach 11 km an den Strand von **Arilla.**

Oben: Das vielbesuchte Benitses.

Mitte: Der Kanal von Lefkimi.

Unten: Die Strände von Roda.

36 km: Sidari. Ein berühmter Strand von fremdartiger Schönheit. Die Felsen mit ihren braunen Streifen ziehen sich bis in das Meer und bilden kleine Fjorde mit flachem, blauen Wasser und tiefe mit Sand. Einer dieser Fjorde ist der berühmte **Canal d'amour** (Kanal der Liebe). Dank dieser Naturschönheiten wurde Sidari zu einem Zentrum des Tourismus.

Von Sidari kann man auch die **Diapontischen** Inseln besuchen.

Der "Canal d'amour" in Sidari.

Diapontische Inseln

In geringer Entfernung (3-7 Seemeilen) von Sidari auf Korfu liegen die drei kleinen, tiefgrünen Inseln **Erikusa, Mathraki** und **Othoni** mit schönen Sandstränden und kristallklarem Wasser, die Diapontische Inseln genannt werden. Ihre Gesamtfläche ist nicht größer als 18 qkm, und auf jeder Insel wohnen ständig nicht mehr als 200 Menschen.

Über ihre Geschichte läßt sich sagen, daß sie im Grunde der des benachbarten Korfu gleicht, zu dem sie immer gehörten und von dem sie abhängig waren. Da sie allerdings isoliert liegen, ist sicher, daß sie wehrlos den erbarmungslosen Überfällen der Piraten ausgesetzt waren.

Von manchen wird die Auffassung vertreten, daß Othoni, die größte der Diapontischen Inseln, die Insel der Kalypso, das homerische Ogygia sei. Hier erlitt Odysseus Schiffbruch und ging an Land, um Schutz zu suchen. Eine Grotte, die vom Hafen in 20 Minuten mit dem Boot zu erreichen ist, wird als die mythische Grotte der wunderschönen Nymphe bezeichnet, die den Schiffbrüchigen sieben Jahre bei sich auf der Insel behielt.

70% der Vorkriegsbevölkerung leben heute in Amerika, 10% in Korfu und nur 20% wohnen auch im Winter auf den Inseln. Das gilt aber nur für den Winter, denn die griechischen Auswanderer nach Amerika vergessen ihre Insel nicht. Mit dem Frühling kommen sie allmählich zurück. Man gießt die Blumentöpfe in den Höfen und die Blumen blühen. Die Häuser werden in leuchtenden Farben neu gestrichen. Auf den Inseln beginnt wieder das Leben.

Ein kleines Schiff fährt zweimal in der Woche zum Hafen von Korfu, aber es gibt auch fahrplanmäßige und zusätzliche Boote von Sidari, wenn es das Wetter erlaubt.

Nächste Seite: Das schöne Pondikonisi und Vlacherna.

Paxi

Die tiefgrüne Insel, die 7 Seemeilen südlich von Korfu liegt, fasziniert den Besucher schon beim ersten Anblick. Die hohen Ölbäume, die fast die ganze Insel bedecken, die kleinen idyllischen Buchten, die malerischen kleinen Häfen, die imposanten Felsen und die Meeresgrotten bezaubern jeden. Allen diesen Dingen begegnet man auf einer Fläche von weniger als 25 qkm.

Paxi, die kleinste Ionische Insel, liegt vom Hafen von Korfu 32 Seemeilen, von Parga in Epirus an der gegenüberliegenden Küste 12 Seemeilen entfernt. Die Ostküste ist friedlich und voller malerischer Buchten. Das Gelände steigt nach Osten gleichmäßig an bis zur felsigen und steil abfallenden Westküste. Die Umrißlinien sind sanft und der höchste Berg, Ajios Isavros, ist knapp 250 m hoch. Die etwa 2500 Bewohner von Paxi kultivieren die Ölbäume, gehen auf Fischfang und arbeiten im Tourismus. Das Öl, das zu den besten Griechenlands gehört, ist das wichtigste Erzeugnis der Insel und bildet mit dem Tourismus die Haupteinnahmequelle.

Paxi ist mit dem Fährschiff vom Hafen von Korfu, von Murto (Sivota) in Epirus und von Patras zu erreichen.

Mit dem Bus von Athen über Murto und einem Boot (nur im Sommer) von Kavo auf Korfu und von Parga in Epirus. Im Sommer gibt es auch eine Schiffsverbindung nach Korfu, Ithaka und Italien.

Gaios mit der fruchtbaren Insel Ajios Nikolaos an der Hafeneinfahrt.

GESCHICHTE

Paxi erlebte in allgemeinen Linien die gleiche Geschichte wie Korfu. Die venezianische Herrschaft, die mehr als 400 Jahre dauerte (14.-18. Jh.), war entscheidend für die Entwicklung von Paxi. Im 15. Jh. wurde auf der Insel auch die berühmte Festung Ajios Nikolaos vor dem Hafen von Gaios erbaut und der Anbau von Oliven ausgeweitet, wodurch fast die ganze Fläche der Insel mit Ölbäumen bedeckt wurde. Dadurch änderte sich allmählich das Aussehen und das Leben der Insel. 1537 fand bei Paxi die berühmte Seeschlacht von Paxi statt, in der die christliche Flotte unter Andrea Doria die türkische Flotte besiegte. 12 feindliche Schiffe wurden gekapert und nach Messini geschleppt.

1810 erhoben sich die Bewohner von Paxi gegen die Franzosen und baten die Engländer um Hilfe. 1814 besetzten schließlich die Engländer Paxi und hatten es bis 1864 in ihrem Besitz, als es mit den anderen Ionischen Inseln mit Griechenland vereinigt wurde.

Ein Besuch der Insel

Eindrucksvoll ist der Hafen **Gaios**, der zugleich die Hauptstadt der Insel ist. Vor ihm liegen zwei kleine, bewachsene Inseln, die ihn beschützen. Es sind **Panajia** mit dem gleichnamigen Kloster und **Ai-Nikola**, das nur eine schmale, malerische Durchfahrt freiläßt, die von kleinen Booten befahren werden kann, die an der Mole anlegen wollen. Oberhalb von Ai-Nikola erheben sich die **venezianische Festung** und eine Windmühle. Gaios ist nach einem Jünger des Apostels Paulus benannt, der das Christentum auf der Insel verkündete, wo er auch starb und bestattet wurde.

Die Häuser von Gaios, die in der überlieferten Bauweise der Ionischen Inseln erbaut sind, die engen Gäßchen mit den kleinen Läden, die Bars und Cafés schaffen eine anmutige Atmosphäre. In der Nähe des Hafens liegen das Historische Archiv, die Bibliothek und die Kirche Ajii Apostoli mit Wandmalereien. Zwei kleine Strände gibt es südöstlich des Hafens.

Imposante Felsen an der Westkü

Von Gaios führt eine asphaltierte Straße durch einen unermeßlichen Olivenhain durch die Insel von Süden nach Norden.

Rechter Hand liegt in 5,5 km Entfernung von Gaios an einer kleinen Bucht mitten im Grünen das hübsche Dorf Longos.

Das Ende der Straße ist in **Lakka**, einem weiteren malerischen Dorf an einer geschlossenen Bucht. Bei Lakka liegen der schöne Sandstrand **Charami** und die byzantinische Ipapantis-Kirche. Die steile Westküste mit ihren Meeresgrotten und einem Meer in herrlichen Farben besucht man am besten mit einem Boot (Inselrundfahrt). Von Gaios fährt man nach Südosten und kommt an den Strand von Osia bei den kleinen Inseln **Mongonisi** und **Kaltsionisi.**

Von hier fährt man nach Nordwesten weiter und besucht nacheinander: **Tripito**, eine natürliche Brücke aus Felsen, die Felsen von **Musmuli**, die **Ortholithos-Grotte**, vor deren Eingang sich ein gewaltiger Felsblock erhebt, **Erimitis**, die **Kastanidas-Grotte** am Fuße eines senkrechten, 180 m hohen Felsens und schließlich die **Ipapanti-Grotte**, in der Robben heimisch sind, 2 Seemeilen von Lakka entfernt.

Antipaxi

Es wäre schade, wenn man Paxi besuchen würde und nicht auch die Insel Antipaxi, die von Gaios auf Paxi nur 3 Seemeilen entfernt 217 ist. Denn auf diesem kleinen Fleckchen Erde, das 5 qkm groß ist und von 120 Menschen bewohnt wird, findet man wunderbare Sandstrände und ein leuchtendblaues Meer, das herrlich sauber ist. Man wird **Agrapidia** besuchen, in **Vutumi** und in **Vrika** schwimmen, man wird zwischen den Weingärten hinaufsteigen, um die Aussicht zu genießen. Wenn man am Nachmittag abreist, wird man das schweren Herzens tun, weil dieser Aufenthalt so rasch ein Ende fand.

Es bleibt aber der Trost, daß man bald wieder zurückkehren wird, da es im Sommer täglich Boote von Paxi und Korfu gibt. Wer einen Schlafsack dabei hat, kann natürlich auch übernachten.

Lefkada

Die weißen, senkrechten Felsen an fast der ganzen Westküste haben der Insel ihren Namen gegeben. Von den hohen Klippen soll sich die große griechische Dichterin der Antike, Sappho, wegen ihrer unglücklichen Liebe zu Phaon ins Meers gestürzt und getötet haben. Im Gegensatz zur Westküste ist die Ostküste sanft abfallend, üppig grün und voller malerischer Buchten. Eine davon, die Sivota-Bucht, entspricht stark einer Beschreibung des Homer in der Odyssee. Das veranlaßte den deutschen Archäologen Dörpfeld zu der Annahme, daß das homerische Ithaka mit Lefkada idenstisch sei. Gegenüber der Ostküste liegen die wunderschönen kleinen Inseln von Lefkada, darunter auch das besonders bemerkenswerte Skorpios.

Ursprünglich war Lefkada mit der griechischen Westküste verbunden und also eine Halbinsel, bis im 7. Jh. v.Chr. die korinthischen Kolonisten einen Kanal anlegten und Lefkada vom Festland trennten. Heute führt eine Brücke auf die Insel.

Lefkada liegt nördlich von Ithaka und Kefalonia, und ist davon 31 sm bzw. 45 sm entfernt. Seine Fläche beträgt 803 qkm, die Küstenlänge 117 km und die Zahl der Einwohner ca. 20.000, die sich vor allem mit Ackerbau, Viehzucht und dem Tourismus beschäftigen. Die Insel ist bergig - die Stavrota (1.158 m) die höchste Erhebung - sie hat eine dichte und vielfältige Vegetation, Quellwasser in den höheren Lagen und fruchtbare Ebenen im Süden und Westen. Die Hauptprodukte sind Öl und Wein. Außerdem werden hier besonders schmackhafte Wurstwaren hergestellt und die in Enkluvi angebauten Linsen gelten als die besten Griechenlands. Hervorragend sind die kunstgewerblichen Artikel mit ihrer langen Tradition, die Webereien, Stickereien und Spitzen.

Lefkada ist die Heimat von zwei der bedeutendsten neugriechischen Dichter, Angelos Sikelianos und Aristotelis Valaoritis.

Lefkada ist eine eigenständige Präfektur, die auch die kleinen Nachbarinseln Meganisi, Maduri, Skorpios, Sparti, Kastro u.a.m. umfaßt. Die Hotels, das Straßennetz und die Verkehrsverbindungen auf der Insel haben ein zufriedenstellendes Niveau, so daß sie den Besuchern einen angenehmen Aufenthalt bieten können. Die schönen Sandstrände und das kristallklare Meerwasser machen das Baden zu einem Hochgenuß und die malerischen Bergdörfer, in denen manche Frauen noch Trachten tragen, lohnen einen Besuch.

Nach Lefkada gelangt man von Athen per Flug bis Aktio, das 25 km von der Insel entfernt ist, und anschließend mit dem Bus. Außerdem gibt es direkte Busse von Athen, die in der Straße Kifissu 100 abfahren.

Lokale Schiffe verkehren von Nidri auf Lefkada nach Frikes auf Ithaka und Fiskardo auf Kefalonia sowie von Vasiliki nach Vathi auf Ithaka und nach Fiskardo und Sami auf Kefalonia.

Das Kap Lefkata und der Felsen der Sappho.

GESCHICHTE

Lefkada war, wie die archäogischen Funde auf der Insel beweisen, seit dem Neolithikum bewohnt. Auch aus mykenischer Zeit wurden Funde gemacht. Etwa hundert Jahre nachdem Korinth auf Korfu eine Kolonie gegründet hatte, kolonisierte es gegen 640 v.Chr. auch Lefkada.

Im 4. Jh. v.Chr. wurde die Insel von den Makedonen besetzt, danach kam sie an König Pyrrhos von Epirus, anschließend an die Römer. Die lange und unruhige byzantinische Zeit fand im 13. Jh. ein Ende, als die Insel an die Franken fiel, die die berühmte Burg Ajia Mavra erbauten. In deren Mauern gründete man das gleichnamige Kloster. Nach ihm hieß die Insel durch mehrere Jahrhunderte Ajia Mavra.

Lefkada, das dicht an der westgriechischen Küste liegt, erlag dem türkischen Angriff und erlebte im Unterschied zu den anderen Ionischen Inseln eine langjährige Besatzung.

1479 begann die türkische Herrschaft und sie endete 1684, als Lefakada von den Venezianern erorbert wurde. 1797 wurde die Insel von den Franzosen besetzt, danach von den Russen. Unter Ali Pascha unternahmen die Türken erneut einen Versuch, die Insel zu erobern, doch wurden sie von Ioannis Kapodistrias daran gehindert, der damals mit den griechischen Revolutionären des Festlandes zusammenarbeitete, die sich bereits gegen die Türken erhoben hatte.

Die sogenannte englische Schutzherrschaft, die sich aber zu einer Besatzung entwickelte, begann 1815 auf der Insel. Etwa ein halbes Jahrhundert später, 1864, wurde Lefkada mit den anderen Ionischen Inseln mit Griechenland vereinigt.

Ein Besuch der Insel

Die Stadt Lefkada

Sie liegt an der Nordostspitze von Lefkada, etwa einen Kilometer von der Brücke entfernt, die sie mit der Küste von Ätoloakarnania verbindet. In der Nähe dieser Brücke befinden sich die Ruinen der **Festung Ajia Mavra**, die von den Orsini erbaut und den Venezianern und Türken ausgebaut wurde.

Nach dem großen Erdbeben von 1953 wurde die Stadt völlig neu aufgebaut. Glücklicherweise überstanden zahlreiche wertvolle Kirchen dieses Erdbeben. So hat man Gelegenheit zu einem Besuch der Kirchen Ajios Minas, Ajios Dimitrios, Ajios Spiridon (17.-18 . Jh.), Ajios Ioannis Antzusi, die von den Anjou erbaut wurde, und der Pantokrator-Kirche, auf deren Friedhof der Dichter Aristotelis Valaoritis bestattet ist. Die Architektur dieser Kirchen ist weitgehend vom Barock beeinflußt. Das Innere ist oft mit Wandmalereien geschmückt. Der wichtigste Vertreter dieser Kunst war Nikolaos Doxaras, ein Repräsentant der Ionischen Schule der Malerei. Lohnend sind ein Besuch des kleinen **archäologischen Museums**, der Gemäldegalerie für nachbyzantinische Kunst, der städtischen Bibliothek, des volkskundlichen Museums und des bahnbrechenden **Schallplatten-Museum**. Auf einem benachbarten Hügel mit herrlichem Blick auf die Stadt und das Meer liegt das im 17. Jh. gegründete Faneromeni-Kloster, das von einem Brand zerstört und im 19. Jh. an einem neuen Platz wieder aufgebaut wurde.

Unterhalb des Klosters liegt der berühmte, strahlendweiße Sandstrand **Jira** von Lefkada.

Das ruhige und flache Meer beim Hafen von Lefkada.

RUNDFAHRTEN

1. Nidri - Vasiliki (38 km)

2 km: Kalligoni. In der Nähe dieses Ortes lag das antike Leukas. Es gibt Reste zyklopischer Mauern und die Ruine eines kleinen Theaters.

6 km: Ligia. Eine Ortschaft an der Küste mit Bäumen und einem Sandstrand.

9 km: Nikiana. Ein Ort an einem kleinen, aber schönen Sandstrand 17 km: Nidri. Der größte Ferienort auf Lefkada mit viel Grün. Gegenüber liegen die kleinen, grünen Inseln **Maduri** (die Insel von Valaoritis), **Sparti, Chelonaki, Skorpios** (Privatbesitz der Familie Onassis) und daneben die bezaubernde Halbinsel Ajia Kiriaki, auf deren Spitze das Haus des Archäologen Dörpfeld steht.

2 km von Nidri entfernt gibt es in Richtung des Inselinneren hinter dem Dorf Rachi einen **Wasserfall**.

20 km: Vlicho. Eine Ortschaft an der gleichnamigen geschlossenen Bucht. Gegenüber von Vlicho liegt das malerische Jeni.

25 km: Kreuzung mit der Straße, die nach 2 km in das Dorf **Poros** führt und nach weiteren 4 km an den schönen Strand **Mikros Jalos**.

30 km: Kreuzung mit einer Straße, die nach 3 km nach **Sivota** führt, das an einer langgestreckten Bucht mit kristallklarem Wasser liegt.

38 km: Vasiliki. Im Sommer gibt es hier fast so viele Touristen wie in Nidri. Es liegt im Süden der Insel, an einer großen und windgeschützten Bucht. Daneben erstreckt sich ein unermeßlicher Strand mit Kieseln und Sand. Diese Bucht ist ein Paradies für alle Windsurfer.

Von hier kann man auch mit einem Boot den wunderbaren Strand von **Ajiofili** besuchen und den **Felsen Sapphos** beim Kap **Lefkatas**, der im Altertum berühmt war. Es ist ein senkrecht aufragender Fels, an dessen Fuß die zumeist heftigen Wellen des Ionischen Meeres sich brechen. Nach einer Überlieferung wurden von diesem Felsen zum Tode Verurteilte herabgestürzt. Wenn sie den schrecklichen Sturz überlebten, schenkte man ihnen das Leben. Von hier stürzten sich auch alle herab, die die sich von einer unheilbaren Liebe erlösen wollten.

2. Ajios Nikitas - Kalamitsi (Porto Katsiki) - Ajios Petros - Vasiliki (43 km)

Man fährt auf der Straße nach Ajios Nikitas. Wenn man den Ort **Tsukalades** durchquert hat (6 km), kommt man zu einer neuen Straße, die zu dem endlosen Sandstrand hinunterführt.

12 km: Ajios Nikitas. Vor wenigen Jahren war es noch ein malerisches Fischerdorf. Doch entwickelte es sich in letzter Zeit zu einem der größten Ferienorte auf Lefkada.

14 km: Eine Nebenstraße führt nach 2 km an den großen Sandstrand **Kathisma**, einen der schönsten von Lefkada. Es gibt hier Restauarants und gute Parkmöglichkeiten. Besonders interessant sind die Felsen am Nordende des Sandstrandes.

21 km: Kalamitsi. Ein Dorf in 380 m Höhe, das ringsum von Ölbäumen umgeben ist. Von hier führt eine sehr schlecht befahrbare Straße zu schönen, unberührten Sandstränden hinunter.

30 km: Nachdem man durch das Dorf **Chortata** gefahren ist, kommt man an eine Straßenkreuzung. Von hier führt die asphaltierte Straße rechts nach 6 km in das Dorf **Athani**. Von Athani kommt man nach 13 km auf einer schlecht befahrbaren Straße nach **Porto Katsiki**, eine der schönsten Landschaften Griechenlands mit einem senkrechten Felsen, herrlichem Sandstrand und kristallklarem, blauem Wasser. Nach Porto Katsiki kann man fast täglich mit einem Boot von Nidri oder Vasiliki fahren.

36 km: Ajios Petros. Eine bäuerliche Ortschaft.

43 km: Vasiliki.

Nidri. Die kleine Insel Maduri mit dem Haus des Dichters Valaoritis.

3. Lefkada - Karia - Engkluvi (20 km)

Man fährt auf der Straße nach Nidri und biegt nach 1,5 km rechts nach **Lasarata** und Karia ab.

14,5 km: Karia. Ein schönes, großes Bergdorf mit Wasser und viel Grün, das noch manche Tradition bewahrt hat. Hier werden auch die berühmten Stickereien von Lefkada hergestellt.

20 km: Engkluvi. Ein kleines Bergdorf in 730 m Höhe, das für die Qualität seiner Linsen bekannt ist. Es liegt unterhalb des Gipfels des **Stavrota**, des höchsten Berges von Lefkada (Der Elati-Gipfel ist 1.158 m hoch).

Die Papanikoli-Höhle in Meganisi.

KLEINERE INSELN BEI LEFKADA

Meganisi. Es ist mit 20 qkm die größte der Nachbarinseln, die von 1.300 Menschen bewohnt wird.

Es ist vom Hafen von Lefkada 12 Seemeilen entfernt und besitzt drei Ortschaften: **Vathi, Katomeri** und **Spartochori**. Zu den Sehenswürdigkeiten der Insel gehört die große **Papanikoli-Meeresgrotte**, in der im 2. Weltkrieg das Unterseeboot Papanikolis Zuflucht fand.

Die kleine Insel **Kalamos** liegt östlich von Meganisi und gegenüber von Kap Mitikas in Ätoloakarnania. Die Insel ist 20 qkm groß und die wichtigsten Ortschaften sind **Kalamos**, der Hafen und Hauptort der Insel, **Kefali** im Süden und **Episkopi** im Norden. Es gibt schöne Buchten mit sauberem Wasser und Berge, deren höchster Gipfel 785 m hoch ist.

Die schmale und langgestreckte Insel **Kastos**, die bewohnt ist, ist viel kleiner als Kalamos und liegt etwas südlicher.

Südlich von Lefkada liegen die unbewohnten Felseninseln **Arkudi** und **Atokos** und noch weiter südlich befinden sich zahlreiche, ebenfalls unbewohnte Inseln, deren größte **Drakonera, Provati, Petalas, Makri** und **Oxia** sind.

Östlich von Lefkada liegt gegenüber von Athani die kleine Insel **Sesula**.

Der eindrucksvolle Strand in Porto Katsiki.

Ithaka

Ithaka ist in der ganzen Welt als die Insel des Odysseus bekannt, des homerischen Helden, der zehn Jahre vor Troja kämpfte und ebensolange brauchte, um wieder in sein Königreich und zu seiner Frau Penelope zu kommen, die ihn geduldig erwartet hatte. Dadurch wurde Ithaka zu einem Symbol, zum Symbol des Abenteuers und zugleich der Sehnsucht nach der Heimat, ein Symbol für Beharrlichkeit und eheliche Treue.

Ithaka ist eine kleine Insel im Ionischen Meer, die 96 qkm groß ist und einen Umfang von 101 km hat. Sie liegt nordöstlich von Kefalonia, von dem es eine Meerenge trennt, die 3 - 5 km breit ist. Die Insel ist bergig, hat viel Grün und schöne, tiefe Buchten. Eine von ihnen, die Bucht von Molos, etwa in der Mitte der Insel, schneidet tief in das Land ein. An dieser Stelle befindet sich eine Landzunge, die nur 0,5 km breit ist und die Insel in zwei Hälften teilt.

Den Süden beherrscht der 552 m hohe Berg Merovulos, der felsig ist, aber auch einige Vegetation aufweist. Im Norden erhebt sich der 806 m hohe Niritos, der bewachsen

€Υ ΧΗΝ
ΟΔΥCCЄΙ

ist. Auf ihm steht das Kloster Ton Katharon. Die 3.600 Bewohner der Insel sind Bauern, Viehzüchter und Fischer. Die wichtigsten Erzeugnisse sind Öl und Wein.

Nach Ithaka fährt man mit dem Linienbus oder mit dem eigenen Auto über Patras oder Astakos. Von Patras und Astakos gibt es wechselweise Fährschiffe. Kleinere Schiffe verbinden Ithaka mit Kefalonia, Lefkada, Paxi und Korfu.

GESCHICHTE

Ithaka ist seit dem Ende des 3. Jahrtausends besiedelt. Das Interesse der Archäologen konzentriert sich auf das 12. Jh., die Zeit, in der nach der Erzählung Homers der listenreiche Odysseus über die Insel herrschte. In diesem Jahrhundert waren die Griechen aufgebrochen, um Troja zu erobern.

Dank des hölzernen Pferdes, das Odysseus erdachte, fiel Troja. Doch dauerte es zehn weitere Jahre voller Abenteuer, bis Odysseus auf seine Insel zurückkehren konnte.

Fünf Jahrhunderte nach der von Homer beschriebenen Epoche beginnt für die Insel eine Zeit der Blüte, da sie für Korinth ein Handelshafen war.

Für die archaische, klassische und hellenistische Zeit läßt sich viel Aktivität beobachten. Es wurden zwei Akropolen erbaut (in Anetos und in Stavros), die Töpferei entwickelte sich und die Insel stand in Verbindung mit dem übrigen Griechenland und dem Osten.

1499 n.Chr. begann die venezianische Herrschaft, aber die Insel wurde sehr bald von Piraten verwüstet und verlassen. Für etwa ein Jahrhundert diente sie den

Piraten als Schlupfwinkel, bis sie wieder von dem benachbarten Kefalonia besiedelt wurde. Da der Boden wenig ertragreich ist, fuhren viele Bewohner zur See. Die Insel hat eine lange maritime Tradition. 1797 wurde sie vom napoleonischen Frankreich besetzt und wenige Jahre später von den Engländern. Mit den anderen Ionischen Inseln wurde Ithaka schließlich 1864 mit Griechenland vereinigt.

Ein Besuch der Insel

Vathi liegt an einer geschlossenen Bucht, die einem See gleicht. Es ist der wichtigste Hafen und die Hauptstadt der Insel.

Die Häuser, die nach dem Erdbeben von 1953 in der alten, überlieferten Bauweise wieder aufgebaut wurden, das ruhige Wasser der Bucht, die umliegenden Berge und auch die kleine Insel **Lasaretto** in der Mitte der Bucht bilden ein außerordentlich malerisches Bild.

In Vathi sollte man das kleine archäologische Museum, die Kathedrale und die Theaterbibliothek besuchen.

Perachori, 2 km südlich von Vathi hat 500 Einwohner. Die Landschaft ist voller Ölbäume und Steineichen, man hat einen herrlichen Blick auf den Hafen. Südwestlich des Dorfes liegt das **Kloster Ton Taxiarchon** aus dem 17. Jh.

Die antike **Arethusa-Quelle** liegt 5 km südöstlich von Vathi.

Bei Vathi gibt es die **Nymphenhöhle** (oder **Marmarospilia**), in der Odysseus die Geschenke der Phäaken versteckt haben soll, als er aus Troja zurückkehrte.

4 km westlich von Vathi führt eine Abzweigung links nach 3 km nach Piso Aetos, einen kleinen Hafen, von dem aus unregelmäßig Schiffe nach Ajia Effimia auf Kefalonia fahren. Oberhalb der Straße erhebt sich ein Hügel mit der Ruine der antiken Stadt Alkomenes aus dem 8. Jh. v.Chr., die die Einheimischen die Burg des Odysseus nennen. Schliemann hatte vermutet, daß hier das aus der Odyssee bekannte "Asty" lag.

Die Bucht von Vathi.

Der kleine Hafen Frikes.

Von der Kreuzung bei Piso Aetos führt die Hauptstraße auf einer Landenge nach Norden weiter. Man kommt dann an die Abzweigung, die rechts zum **Kloster Ton Katharon** führt. Das Kloster wurde gegen Ende des 17. Jh. in 600 m Höhe auf dem baumbestandenen Berg Niritos erbaut und hat eine herrliche Aussicht. Die Straße führt vom Kloster weiter in das Dorf **Anogi** und mit vielen Kurven nach **Stavros** hinunter.

Man fährt auf die Hauptstraße zurück, die oberhalb des Meeres mit Blick auf die gegenüberliegenden Berge von Kefalonia verläuft. Unten an der Küste liegt der schöne Sandstrand **Ai Jannis** und kurz vor Stavros kommt man durch das Dorf **Lefki**.

Das Dorf **Stavros** (17,5 km von Vathi) und seine Umgebung sind für Archäologen besonders interessant. Etwas weiter nördlich bezeugen archäologische Funde auf dem **Hügel von Pilikata**, daß

schon im 3. Jahrtausend Menschen auf der Insel lebten und in der Mitte des 2. Jahrtausends sich hier eine Siedlung befand. Höchstwahrscheinlich befand sich hier die Stadt des Odysseus. In Pilikata gibt es ein kleines archäologisches Museum.

Die Bucht südwestlich von Stavros mit dem antiken Namen **Polis** hat einen schönen Sandstrand. In der **Loisos-Höhle** an ihrem Nordrand fand man viel Keramik, vor allem aus mykenischer Zeit.

Der abgelegenste Ort von Ithaka, **Exogi**, liegt 5 km nordwestlich von Stavros auf einem Hügel mit einer herrlichen Aussicht.

Frikes, 21 km von Vathi entfernt, ist ein kleiner Hafen, von dem es Fährschiffe nach Fiskardo auf Kefalonia und nach Nidri auf Lefkada gibt.

Die schönsten Strände von Ithaka liegen in der Nähe der Straße von Frikes nach **Kioni** (5 km), eine sehr malerische Ortschaft im Grünen an einer kleinen Bucht.

Kefalonia

Kommt man mit dem Schiff aus Patras, dann erkennt man Kefalonia schon von weitem. Es ist die größte der Ionischen Inseln, deren höchster Berg, der Änos (1628 m) mit einzigartigen Tannen bestanden ist. Das kleinere Ithaka sieht aus, als wäre es ein Teil von Kefalonia, denn die Meerenge, die die beiden Inseln trennt ist, nur 4 km breit.

Es gibt viele Gegensätze auf dieser Insel, die ihr eine ganz besondere Schönheit verleihen. Heute wohnen 27.000 Menschen auf Kefalonia. Viele von ihnen sind Seeleute.

Kefalonia ist eine reiche und fruchtbare Insel. Es ist berühmt für seinen Wein, der Robola heißt und von dem nicht so viel produziert werden kann, wie gewünscht wird. Bekannt sind auch der Honig und Käse von Kefalonia. Eine Spezialität sind die Mandoles genannten Süßigkeiten, die aus Zucker und Mandeln hergestellt werden. Andere Spezialität sind Fleischtaschen (Kreatopites) und Knoblauchsauce, die von den Einheimischen Aliada genannt wird.

Reich ist das kulturelle Erbe der Insel, vor allem in der Literatur und der Musik, die von westlichen Vorbildern, speziell Italien, beeinflu war.

Der Dichter Andreas Laskaratos, der im 19. Jh. lebte, wurde in Lixuri geboren. Eine lange Tradition hat in Kefalonia die Musik, vor allem der Gesang, der von Mandolinen begleitet ist.

Man sagt, daß Kefalonia eine Insel der Paradoxe sei. Ein Beispiel sind die merkwürdigen geologischen Phänomene, die man auf der Insel beobachtet. Sie sind auf die großen geologischen Erschütterungen zurückzuführen, die sich hier mehrfach abspielten. In den Meeresnähe gelegenen Katavothres bei Argostoli ergießen sich tausende Tonnen Meereswasser unaufhörlich in eine Öffnung in der Erde und verschwinden. Nach langjährigen Forschungen konnte festgestellt werden, daß dieses Wasser unterirdisch unter der Insel hindurchfließt und im Melissani-See und in Karavomilo, in der Nähe von Sami, wieder erscheint. Ein anderer See, der Avithos oder Akoli, ist so tief, daß die einheimische Überlieferung ihn für unergründlich hält. Schließlich gibt es südwestlich von Lixuri die Kunopetra, einen kleinen Felsen, der sich unaufhörlich in kurzen Abständen rhythmisch bewegte. Diese Bewe-

gung hörte jedoch nach dem Erdbeben von 1953 auf.

Kefalonia liegt in der Mitte des Ionischen Meeres, ist von Patras, von wo es Fährschiffe nach Argostoli und Sami gibt, 53 Seemeilen entfernt. Die Insel ist 781 qkm groß und hat einen Umfang von 254 km. Die nächstgelegene Insel im Norden (abgesehen von Ithaka) ist Lefkada (es gibt Schiffsverbindungen nach Fiskardo). Südlich von Kefalonia liegt Zakynthos. Nur im Sommer gibt es Schiffsverbindung nach Zakynthos. Schiffsverbindungen gibt es auch mit Killini auf der Peloponnes, nach Poros und der gegenüberliegenden Küste von Atoloakarnania (Ajia Effimia nach Astakos). Außer den genannten Schiffslinien gibt es auch eine Flugverbindung mit Athen, im Sommer auch mit Zakynthos und Korfu.

GESCHICHTE

Reiche archäologische Funde auf Kefalonia bezeugen dessen Geschichte. Aufgrund von Steinwerkzeugen, die man fand, weiß man, daß bereits in der Altsteinzeit Menschen auf der Insel lebten. Auch aus der Jungsteinzeit (6.000-2.600 v.Chr.) wurden Funde gemacht, jedoch gibt es eine Lücke in der frühen Bronzezeit. Anschließend ist eine reiche Abfolge von Funden aus mykenischer Zeit aus den mykenischen Friedhöfen in Masarakata, Metaxata und vor allem in Lakkithra erhalten.

Aus diesen Funden läßt sich erschließen, daß Kefalonia in mykenischer Zeit eine Blüte erlebte und mit den Nachbarinseln Ithaka, Lefkada und den ferner gelegenen Kykladen enge Verbindungen hatte. Diese Verbindung wurde plötzlich gegen 1.500 v.Chr. unterbrochen. Der Grund waren möglicherweise die großen Zerstörungen, die durch den Ausbruch des Vulkans auf Santorini hervorgerufen wurden. Sie wurden nach etwa zwei Jahrhunderten wieder aufgenommen und die Insel erlebte eine neue Blüte.

Melisani: Eine der Merkwürdigkeiten der Natur auf Kefalonia.

Über den Zeitraum zwischen dem 11. Jh., als die Dorer in Erscheinung traten, und dem Ende des 7. Jh. v.Chr. gibt es nur sehr wenige Informationen. Als im 6. Jh. v.Chr. Kolonisten aus Korinth und Euböa in das Ionische Meer kamen und Korfu und Lefkada kolonisierten, läßt sich auch auf Kefalonia eine große Aktivität beobachten. Die Insel diente jetzt wohl vor allem als ein Umschlagplatz im Handel mit Italien und Sizilien.

Das 5. Jh. v.Chr. ist weitgehend durch den Aufstieg der vier bedeutenden Städte der Insel gekennzeichnet. Es waren Krani bei Argostoli, Pali bei Lixuri, Pronoi und Sami. Der Geschichtsschreiber Thukydides erwähnt sie gemeinsam mit der Bezeichnung Tetrapolis. Diese Städte waren selbständig, prägten ihre eigenen Münzen und vereinigten sich im Falle einer gemeinsamen Bedrohung wie durch die Perser. Im Peloponnesischen Krieg blieben sie aber getrennt.

In eine ferne Vorzeit verweist die Überlieferung, die berichtet, daß der Heros Kefalos aus Attika sich die Insel eroberte und ihr seinen Namen gab.

187 v.Chr. wurde Kefalonia von den Römern besetzt und kam nach nahezu sechs Jahrhunderten (395 n.Chr.) an Byzanz. 1082 versuchte der Normannenfürst Guiskard vergeblich die Insel zu erobern. Er starb schließlich an einem Fieber in dem damaligen Panormos, das anschließend den Namen des Normannen erhielt (das heutige Fiskardo). Den Versuch der Normannen wiederholten venezianische Piraten und schließlich kam die Insel 1185 in den Besitz der Orsini. 1483 wurde Kefalonia von den Türken verwüstet und 1500 wiederum von den Venezianern besetzt, die es bis 1797 in ihrem Besitz hatten. Dann fiel die Insel an das napoleonische Frankreich. In der venezianischen Zeit spielte die Festing Ajios Georgios eine bedeutende Rolle, die 8

km südöstlich von Argostoli lag. Zusammen mit der sie umgebenden Stadt war sie die Hauptstadt der Insel.

Die Festung wurde im 18. Jh. nach einem großen Erdbeben aufgegeben. Die Hauptstadt verlagerte sich allmählich nach Argostoli. An die französische Besatzung schloß sich ein kurze russische und türkische an, doch kamen die Franzosen zurück. 1809 konnten sich schließlich die Engländer durchsetzen.

Während des griechsichen Freiheitskampfes gegen die Türken hielt sich 1823 der für Griechenland begeisterte Lord Byron in Kefalonia auf und schrieb hier sein Werk Don Juan. Danach begab er sich, um auf der Seite der Griechen zu kämpfen, in das von den Türken belagerte Messolongi, wo er starb. Die englische Herrschaft über Kefalonia endete 1864 und die Insel wurde mit den anderen Ionischen Inseln mit Griechenland vereinigt.

Der Hauptplatz von Argostoli.

Argostoli

Die Hauptstadt der Insel ist eine moderne Stadt mit 7.500 Einwohnern, die nach dem Erdbeben von 1953 an der Stelle der alten wieder aufgebaut wurde. Sie ist ebenfalls die Hauptstadt der gleichnamigen Präfektur, zu der auch Ithaka gehört. Der natürliche Hafen ist auch im Winter ein sicherer Ankerplatz.

Argostoli liegt an der Südwestküste von Kefalonia an einer Bucht neben einer Lagune. Über dieses flache Meer erbauten die Engländer, als sie die Insel regierten, eine Brücke mit zahlreichen Bögen, die die Entfernung zur gegenüberliegenden Küste wesentlich verkürzt.

Die wichtigsten Sehenswürdigkeiten von Argostoli sind: Das **archäologische Museum**, in dem wertvolle Funde aus den Ausgrabungen auf der Insel aufbewahrt werden, die Korjalenio-Bibliothek, in der auch das historische Archiv untergebracht ist, das volkskundliche Museum und die Sammlung byzantinischer Ikonen. Die be-

Platis Jalos.

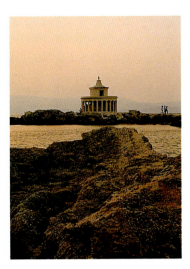

rühmten **Katavothres** in dem Gebiet von Lasi, die bereits erwähnt wurden, sind 2,5 km von Argostoli entfernt. Die Höhle, in der der Schutzheilige der Insel, der Hl. Jerasimos, Askese übte, liegt 3 km südlich. Die Reste des antiken Krani an der Lagune von Kutavos sind 3 km östlich. Die berühmten Strände **Makris Jalos** und **Platis Jalos** liegen 4 km südlich.

1. Argostoli - Änos - Sami - Melissani - Ajia Effimia (35 km)

Man fährt von Argostoli über die Brücke nach Sami.

7 km: Straßenkreuzung. Von hier führt die Straße rechts nach 4 km zu dem Nonnenkloster Ajios Jerasimos, in dem die Reliquien des Schutzheiligen der Insel aufbewahrt werden.

12 km: Eine weitere Kreuzung. Die Straße rechts (die man nicht fährt), führt den **Änos** hinauf und erreicht nach 15 km den Fernsehsender, wobei man an einem alten Touristenpavillon vorbeikommt, der nicht mehr in Betrieb ist. Der Berg ist dicht mit Tannen von einer Art bestanden, die es nur auf Kefalonia gibt. Der Ausblick nach allen Richtung ist zauberhaft. Die höchste Spitze, der **Megalos Soros** (1628 m), ist etwa eine halbe Stunde entfernt.

22 km: Eine schmale Nebenstraße führt links zu der **Drongorati-Höhle**, die mit Stalaktiten geschmückt und etwa 300 m lang ist.

25 km: Sami. Der zweite Hafen von Kefalonia ist eine moderne Stadt mit einer schönen Mole. Ganz in der Nähe liegen die Reste des antiken Sami und seiner Akropolis. Kurz vor Ortsbeginn führt eine Straße links nach Ajia Effimia, die über Karavomilos und Melissani führt.

28 km: Karavomilos. Ein kleiner See in einer grünen Landschaft. Aus seiner Tiefe steigt Wasser auf, das von den Katavothres kommen soll.

29 km: Melissani. Diese Grotte mit einem See wurde entdeckt, als ihre Decke einstürzte und die Strahlen der Sonne die herrlichen Farben des Wassers beleuchteten. Man besucht sie mit einem Boot.

35 km: Ajia Effimia. Ein kleines Städtchen mit einem Hafen, von dem Schiffe nach Astakos in Ätoloakarnania fahren. Es gibt von hier auch fahrplanmäßig Bootsfahrten nach Piso Aetos auf Ithaka, das gegenüber liegt. Nördlich von Ajia Effimia liegt das **Kloster Panajia ton Thematon**.

Der Hafen Ajia Effimia.

2. Argostoli - Skala - Poros

Man fährt die Straße nach Poros.
8 km: Festung Ajios Georgios. Sie beherrscht die ganze fruchtbare Ebene von Livathus.

14 km: Vlachata. Von diesem Dorf führt eine Abzweigung rechts nach 1 km nach **Lurdata** und danach an den herrlichen Sandstrand des Ortes. Diese Landschaft liegt unterhalb des höchsten Gipfels des tannenbedeckten **Änos** und hat eine tropische Vegetation.

21 km: Straßenkreuzung mit einer Straße, die nach 7 km den ausgedehnten Sandstrand von **Kastelio** und nach 6 km **Skala** erreicht, einen beliebten Ferienort am Meer mit beeindruckend klarem Wasser.

25 km: Markopulo. In diesem Dorf erscheinen jedes Jahr zwischen dem 6. und 15. August vor der Kirche die ungefährlichen "Schlangen der Gottesmutter", die ein schwarzes Kreuz auf dem Kopf tragen.

36 km: Abzweigung links, die nach Sami durch das Dorf **Ajios Nikola- os** (6 km) führt. In diesem Gebiet befindet sich der **Avithos-** oder **Akoli-See**.

40 km: Poros. Ein Hafen mit viel Tourismus wegen der täglichen Fährverbindung nach Killini auf der Peloponnes. Bevor die Straße das Meer erreicht führt sie durch eine eindrucksvoll enge und tiefgrüne Schlucht. Bei Poros liegt das alte Kloster **Atru**.

Das malerische Fiskardo.

3. Argostoli - Lixuri - Moni Kipuräon

Lixuri. Die zweitgrößte Stadt von Kefalonia liegt ebenfalls an der Bucht von Argostoli, doch gegenüber der Hauptstadt (3 Seemeilen) auf der Halbinsel Pali. Sie wurde 1534 erbaut, durch das Erdbeben von 1953 zerstört und anschließend neu aufgebaut. Lohnend ist ein Besuch des alten Herrenhauses der Familie Jakovatos, in der die gleichnamige Bibliothek untergebracht ist, der Petritsio-Bibliothek und der Musikschule. Bei Lixuri liegen in Paläokastro die Ruinen der antiken Stadt Pali.

4 km: Mantzavinata. Von diesem Dorf führt eine Abzweigung nach Südwesten, auf der man nach 4 km Kunopetra erreicht.

17 km: Kloster Moni Kipuräon. Man fährt durch die Dörfer Chavriata, **Chavdata** und an dem **Kloster Moni Tafiu** vorbei und erreicht **Moni Kipuräon**. Das Kloster liegt mitten im Grünen vor einem senkrechten, blendend weißen Felsabhang, auf einem wirklichen Balkon über dem Ionischen Meer.

5. Argostoli - Mirtos - Fiskardo (58 km)

Nach der Brücke von Argostoli fährt man links weiter.

27 km: Die Staubstraße links führt zu dem berühmten Kieselstrand **Mirtos** hinunter.

29 km: Aus der Höhe hat man einen herrlichen Rundblick auf die Bucht von Mirtos, deren Wasser in herrlichen Farben leuchtet. Es ist eine der schönsten Landschaften Griechenlands.

33 km: Links biegt man nach Assos ab.

36 km: Assos. Es ist vielleicht der malerischste Ort auf Kefalonia, der auf der Landenge einer Halbinsel liegt, deren Gipfel von einer venezianischen Festung dominiert wird.

39 km: Erneut eine Straßenkreuzung. Man biegt nach links ab.

58 km: Fiskardo. Dieser berühmte Fischerhafen ist die einzige Ortschaft, die 1953 von dem großen Erdbeben nicht berührt wurde. Deshalb sieht man hier noch Häuser in dem überlieferten Baustil. In der Umgebung wachsen viele Kiefern und Zypressen. Gegen über sieht man Ithaka.

Mirtos.
Nächste Seite: Blick auf Assos.

Zakynthos

Man nimmt an, daß die ersten Siedler auf Zakynthos Achäer waren, die gegen 1600 v.Chr von der Peloponnes kamen.

In geschichtlicher Zeit gehörte die Insel zuerst zu Athen und danach zu Sparta. Später fiel sie an die Makedonen. Die Römer besetzten Zakynthos zu Anfang des 2. Jh. v.Chr. und gewährten ihm Autonomie. Es folgte die lange byzantinische Zeit, in der die Insel wiederholt überfallen und geplündert wurde.

Nach dem Fall von Konstantinopel stand Zakynthos unter der Herrschaft der Orsini, wurde aber 1485 von den Venezianern besetzt, die es mehr als 300 Jahre beherrschten.

Schon seit alter Zeit übte Zakynthos eine große Anziehungskraft auf die Reisenden aus. Die Venezianer nannten es "Blüte des Ostens". Zante, Fiore di Levante, nannten sie es. Sie dachten dabei nicht nur an die blumenreiche Landschaft, sondern jede Art von Blüte, die es auf der Insel gab, vor allem in der Literatur und den Künsten.

In Zakynthos wurden zwei bedeutende Dichter geboren, Dionysios Solomos und Andreas Kalvos. Und von den Künsten stand im 17. Jh. die Malerei in besonderer Blüte, als sich eine neue Schule, die sogenannte Schule von Zakynthos, herausbildete.

Jedoch die große Liebe der Menschen auf Zakynthos gehörte und gehört der Musik. Die berühmte zakynthische Kantada wurde und wird auf der ganzen Insel gesungen.

Zakynthos war früher berühmt für seinen Wohlstand wie auch für seine architektonische Tradition. Die schönen Kirchen und die prächtigen Herrenhäuser waren immer ein Gegenstand der Bewunderung. Doch als 1953 das große Erdbeben kam, wurde alles zerstört. Nur sehr wenige Gebäude blieben erhalten.

Erhalten blieb die Kirche Ajios Dionysios, des Schutzheiligen der Insel. Erhalten blieb auch in Macherado die Kirche Ajia Mavra mit ihrem Glockenturm und den berühmten Glocken.

Die tatkräftigen Bewohner der Insel ließen sich nicht entmutigen. Sie arbeiteten hart, um Zakynthos wieder aufzubauen. Die Besucherzahl verringerte sich nicht, sondern seit damals wurde sie immer größer. Die Reisenden kommen auf die Insel, um die Ikonen und die schönen Wandmalereien zu bewundern, um die Museen zu besuchen, aber vor allem, um die herrlichen Sandstrände, die traumhaften Meeresgrotten und die unglaubliche Farbe des Meeres zu genießen.

Zakynthos, das 8 Seemeilen südlich von Kefalonia und 10 Seemeilen östlich von Killini auf der Peloponnes liegt, ist 402 qkm groß und hat einen Umfang von 123 km. Die Einwohner, etwa 30.000, sind Bauern oder arbeiten im Tourismus.

Der Ostteil der Insel ist weitgehend flach und hat viele Sandstrände, der Westen ist bergig und seine felsige Küste fällt steil zum Meer ab, auf das man herrliche Ausblicke hat. Der höchste Berg ist mit 756 m der Vrachionas. Auf der Insel gedeihen vor allem Ölbäume, Zitrusfrüchte und Wein.

Zakynthos erreicht man mit dem Flugzeug von Athen, Korfu und Argostoli. Man kann auch mit dem Linienbus oder der Eisenbahn bis Killini fahren und dann mit Fährschiff übersetzen. Im Sommer kann man mit kleineren Schiffen von Zakynthos nach Kefalonia fahren.

Die schöne Stadt Zakynthos.

Die Venezianer setzten ihre Gesetze durch und trennten die Einwohner in drei Gruppen: den Adel (nobili), die auch in dem goldenen Buch (libro d'oro) eingetragen wurden, die Bürger (civili) und das einfache Volk (popolari). Die große Unterdrückung des Volkes durch den Adel führte gegen 1630 zu einem Aufstand, der aber in Blut erstickt wurde.

1797 vertrieben die französischen Republikaner die Venezianer, entmachteten den Adel und übertrugen die Verwaltung den Bürgermeistern, die von der französischen Verwaltung kontrolliert wurden. Das Volk feierte seine Befreiung von den Venezianern und ihren Helfern und verbrannte auf dem Ajios Markos-Platz in Zakynthos das berühmte goldene Buch.

Die Franzosen blieben nur kurz auf der Insel. 1798 kam die Insel unter russisch-türkische Herrschaft und 1800 wurde der Staat der Ionischen Inseln gegründet. 1807 wurde Zakynthos vom kaiserlichen Frankreich beherrscht und kam 1809 an die Engländer, die Zakynthos zur Hauptstadt des Staates der Ionischen Inseln machten. Während der englischen Herrschaft leistete Zakynthos trotz englischer Gegenmaßnahmen dem seit 1821 für seine Freiheit kämpfenden Griechenland wichtige Hilfe.

Mit den anderen Ionischen Inseln wurde Zakynthos 1864 mit Griechenland vereinigt.

Ein Besuch der Insel

Die Stadt Zakynthos

Zakynthos, die Hauptstadt und zugleich der einzige Hafen der Insel, liegt unter einem dicht mit Kiefern bewachsenen grünen Hügel. Bei der Annäherung mit dem Schiff erkennt man schon aus der Ferne den hohen Glockenturm von **Ajios Dionysios** am linken Rand der Stadt. Die Kirche daneben, die 1948 erbaut wurde, gehört zu den wenigen Gebäuden, die das Erdbeben von 1953 überstanden. Im Inneren der Kirche werden die Reliquien des Heiligen aufbewahrt.

Die Mole, an der die Schiffe anlegen, liegt weiter nördlich am rechten Rand der Stadt. Ganz in der Nähe ist auch der größte Platz, die **Platia Solomu** mit der Statue des Nationaldichters in der Mitte. Hinter dem Platz erhebt sich das eindrucksvolle Gebäude des **byzantinischen Museums** mit seinen herrlichen Ausstellungsstücken.

Die ganze rechte Seite des Platzes wird von der Städtischen Bibliothek eingenommen, die mehr als 50.000 Bände besitzt. In ihrem Erdgeschoß ist das Museum des Nationalen Widerstandes untergebracht. Neben der Bibliothek steht nahe am Meer **Ajios Nikolaos tu Molu**, in der einst der Hl. Dionysios wirkte. Die Kirche stammte aus venezianischer Zeit und wurde nach ihrer Zerstörung durch das Erdbeben neu aufgebaut.

Weitere sehenswerte Kirchen der Stadt sind Kiria ton Angelon und **Faneromeni.**

Nahe der Platia Solomu liegt die historische Platia Ajiu Marku mit der katholischen Kathedrale Ajios Markos und daneben das Solomos-Museum, das auch an andere berühmte Bewohner von Zakynthos erinnert.

Die **Festung** von Zakynthos liegt auf der Spitze des bewaldeten Hügels, der sich über der Stadt erhebt. Zu dieser Festung, die die Venezianer an der Stelle der antiken Akropolis errichteten, steigt man von der Platia Ajiu Marku hinauf. Man kommt dabei an der historischen kleinen Kirche **Ajios Georgios** ton Filikon vorbei. Hier leisteten die Angehörigen der Filiki Eteria auf Zakynthos und mit ihnen die Führer des Befreiungskampfes von 1821, Kolokotronis und Nikitaras, ihren Eid.

Etwas oberhalb der Kirche Ajios Georgios gibt es eine Wegkreuzung. Links führt der Weg nach **Bochali** mit einem herrlichen Blick auf die Stadt und das Meer und danach zur Festung. Der Weg links dagegen führt auf den historischen **Hügel von Strani**, auf dem der Dichter Solomos, als er den Geschützdonner aus dem belagerten Mesolongi hörte, seine Hymne auf die Freiheit schrieb, die später von Mantzaros vertont zur griechischen Nationalhymne wurde.

Der vielbesuchte Strand von Lagana.

RUNDFAHRTEN

1. Zakynthos - Argasi - Jerakas - Porto Roma (16 km)

Man fährt auf der Küstenstraße in Richtung Ajios Dionysios.

4 km: Argasi. Eines der ersten Gebiete, das wegen seines endlosen Sandstrandes und seines ganz sauberen Meeres touristisch entwickelt wurde.

11 km: Die Abzweigung links führt bald an den kleinen malerischen Sandstrand Porto Soro, an dessen rechtem Rand sich Felsen erheben.

14 km: Eine weitere Abzweigung führt links nach 1 km an den schönen Sandstrand **Ajios Nikolaos** mit einem Campingplatz.

15 km: Vasilikos. Das Dorf liegt ganz im Grünen und ist berühmt für seine nahegelegenen Strände. Von hier führt eine Abzweigung rechts nach etwa 1 km an den herrlichen Sandstrand **Jerakas**, an der Ostseite der Bucht von Laganas. Hier wie auch am Strand von Laganas legt die vom Aussterben bedrohte Meeresschildkröte Caretta-Caretta ihre Eier ab.

Südwestlich von Jerakas liegt die kleine Insel **Peluso**.

16 km: Porto Roma. Eine malerische Bucht mit Sandstrand, sauberem Wasser und einem Hafen für Fischerboote und Jachten. Es ist ein Paradies für alle Freunde des Segelsports.

2. Zakynthos - Laganas - Keri (21 km)

Man benützt die Straße zum Flughafen und fährt an der Kreuzung dort geradeaus weiter.

5 km: Man biegt nach links ab.

10 km: Laganas. Der größte Ferienort auf der Insel mit einem der größten Sandstrände Griechenlands.

An dem sehr stark besuchten Strand von Laganas legt weiterhin die Meeresschildkröte **Caretta-Caretta** ihre Eier ab.

Von Laganas fährt man nach **Lithakia** weiter, das im Inneren der Insel (westlich) liegt. Kurz vor Erreichen dieser Ortschaft biegt man nach Keri links ab.

Die Schildkröte Caretta-Caretta im Sand.

17 km: See von Keri. Schon im Altertum hatte man festgestellt, daß es in diesem See Asphalt gab. Gegenüber dem See von Keri liegt **Marathonisi**.

21 km: Keri. Ein abgelegener Ort, der in 200 m Höhe über dem Meer liegt und eine herrliche Aussicht bietet. Sehenswert ist die Kirche **Panajia tis Keriotissas** mit einem berühmten Templon. Bei dem Dorf gibt es einen Leuchtturm, von dem man einen überwältigenden Blick auf die beiden riesigen, weißen Felsen (**Megali** und **Mikri Mizithra**) hat, die sich wie Pyramiden aus dem Meer erheben. Herrliche Eindrücke vermitteln auch ein Besuch der berühmten Meeresgrotten von Keri und ein Bad in ihrem smaragdenem Wasser, die unterhalb des Ortes liegen. Doch ein Besuch ist nur mit dem Boot von Zakynthos oder Laganas möglich, wobei man auch Gelegenheit hat, die **Kamares** (Bögen) von **Marathia** (den großen und den kleinen) zu bewundern, die weiter südlich sind. Es sind Felsen, die richtige Brücken über dem Meer bilden, unter denen die Boote durchfahren.

3. Zakynthos - Macherado - Ajios Leon - Anafonitria - Navagio (39 km)

10 km: Macherado. Ein großer Ort mit zwei herrlichen Kirchen des 14. Jh. Es sind **Ajia Mavra**, die das Erdbeben überstand, und **Ipapanti**, die wieder aufgebaut wurde. Der Schmuck des Innenraumes von Ajia Mavra ist wohl der eindrucksvollste auf ganz Zakynthos. Bemerkenswert sind auch der Glockenturm und die Glocken.

Von Macherado fährt man nach Südwesten den Berg hinauf.

17 km: Kiliomeno (Ajios Nikolaos). Ein Dorf in 480 m Höhe mit der Kirche Ajios Nikolaos, die einen hohen Glockenturm besitzt. Man fährt rechts nach Ajios Leon weiter.

25 km: Ajios Leon. Ein Bergdorf mit der gleichnamigen Kirche aus dem 14. Jh. Links der Fahrtrichtung erheben sich hohe und steile Felsen, die traumhaft schöne Buchten mit smaragdenem Wasser bilden. Leider sind jedoch nur sehr wenige von der Landseite her zugänglich, so **Stenitis** und **Porto Vromi**. Von Ajios Leon fährt man links nach Kampi weiter.

28 km: Kampi. Ein kleines Dorf, in dessen Umgebung mykenische Gräber gefunden wurden. An der Küste gibt es zwei Steilabhänge, die höher als 400 m sind. Im Osten liegt Schisas und im Westen der **Fokas-Steilabhang**, an dessen Fuße es Meeresgrotten gibt.

32 km: Maries. Man erreicht den Ort nach **Exo Chora**. Das Bergdorf blickt weit über das Ionische Meer. Die Kirche ist Maria Magdalena geweiht.

Südöstlich liegt eineinhalb Stunden zu Fuß das berühmte **Stenitis** entfernt, eine fjordartige Bucht mit tiefem Wasser.

36 km: Anafonitria. Das Dorf heißt nach dem **Kloster Panajia tis Anafonitrias**, das ganz in der Nähe liegt, in dem der Hl. Dionysios Mönch war. Es ist ein bedeutendes Kloster und das Ziel zahlreicher Pilger.

Innerhalb seiner Umfassungsmauern liegt außer der Kirche (eine dreischiffige Basilika des 15. Jhs. mit Wandmalereien) auch ein halbverfallener Turm. Von der Ortschaft kommt man auf einer Staubstraße nach 7 km in südlicher Richtung an die malerische, geschlossene Bucht **Porto Vromi**.

38 km: Kloster Ajios Georgios ton Krimnon. Eine altes, wieder aufgebautes Kloster, das in einiger Entfernung hoch über dem Meer liegt.

Der prächtige Schmuck des Inneren von Ajia Mavra.

39 km: Navagio. Um die wohl schönste Landschaft auf Zakynthos, Navagio, wirklich zu genießen, sollte man das Auto oben auf dem Plateau stehen lassen und zum Abhang zu Fuß weitergehen. Navagio ist auch von der Seeseite zu erreichen, wenn man an einer der Bootsfahrten teilnimmt, die von Zakynthos oder Laganas veranstaltet werden.

4. Zakynthos - Alikes - Galasies Spilies (47 km)

Man fährt in Zakynthos von der Platia Ajiu Marku nach Bochali.
1 km: Rechts führt die Straße auf den Hügel von Strani und danach nach **Akrotiri**, links nach Bochali und zur Festung. Man fährt geradeaus nach Tsilivi weiter.
4 km: Tsilivi (Planos). Einer der schönsten Badestrände von Zakynthos mit einem großen Sandstrand.

Man fährt auf die Hauptstraße nach Alikes zurück.
20 km: Straßenkreuzung. Ein Abstecher führt rechts nach 2 km nach **Alikana**, einem weiteren schönen Strand.
21 km: Alikes. Der schöne, langgestreckte Sandstrand, das flache und saubere Wasser waren die Gründe, weshalb sich der Ort zu einem Zentrum des Tourismus entwickelte.
22 km: Katastari. Ein großes Dorf am Fuße des Berges mit viel Grün und einem Blick auf die Bucht von **Alikes**. In der Nähe des Dorfes befindet sich das Kloster **Ajios Ioannis o Prodromos**, das Anfang des 17. Jh. erbaut wurde.
31 km: Die Straße rechts führt nach 1 km in das Dorf **Orthonies**.
33 km: Die Straße links führt nach 2 km nach Anafonitria. Man fährt nach rechts weiter.
38 km: Kato und **Ano Volimes**, ein großes Dorf, das aus zwei Ortsteilen besteht. Es ist berühmt für seine Webereien und Stickereien. Zu den Sehenswürdigkeiten des Dorfes gehört die Kirche **Ajia Paraskevi** aus dem 17. Jh. mit einem herrlichen geschnitzten und vergoldeten Templon.
47 km: Ajios Nikolaos. Ein kleiner Hafen mit einem ruhigen Meer.

Oben: Navagio.
Mitte: Der Strand von Tsilivi, unten: Alikes.
Rechts: In den zauberhaften Höhlen von Ker

Gegenüber eine kleine Insel. Von hier gibt es kleinere Schiffe nach Kefalonia. Man kann auch von hier mit dem Boot die **Galasies Spilies** (Blauen Grotten) besuchen.

Diese Bootsfahrt dauert etwa 1 Stunde. Das Boot fährt zur Nordspitze der Insel, **Akrotiri Schinari** unterhalb des Leuchtturms.

Während der Fahrt entlang der felsigen Küste kann man kleinere und größere Grotten beobachten, an deren Eingang das Meer eine unglaublich blaue Farbe hat.

Als Höhepunkt des Ausflugs fährt das Boot unter drei großen Bögen aus Fels hindurch und kommt zu großen Grotte. Die Farben wechseln hier zwischen tiefem Dunkelblau und Hellblau, Hellgrün und Smaragdgrün. Ein herrliches Schauspiel bietet sich, wenn die Grotten von den ersten Strahlen der Morgensonne erhellt werden.

Strofades

Aus dem tiefen Wasser des Mittelmeeres erheben sich sich die Strofaden, zwei eigenartige Inseln, die 25 Seemeilen südlich von Zakynthos und 28 Seemeilen westlich von Messinia liegen.

Die **Strofaden** sind bekannt vor allem durch das **Metamorfosis-Kloster**, das die byzantinische Kaiserin Irene 1241 auf der größeren Insel gründete. Trotz zahlreicher feindlicher Überfälle und dem Lauf der Zeit steht es mit seinem eindrucksvoll massigen Turm immer noch aufrecht. Einst lebten hier 100 Mönche.

Auch der Hl. Dionysios hatte als Mönch hier gelebt, der im 17. Jh. in Zakynthos starb, aber seinem Wunsch gemäß hier bestattet wurde. Später wurden seine sterblichen Überreste nach Zakynthos überführt.

Kythira

Man fragt sich, warum die griechische Mythologie die Insel Kythira als Heimat der Aphrodite, der Göttin der Liebe, wählte, eine Insel, die den meisten unbekannt ist. Unabhängig davon, welche Antwort man auf diese Frage findet, sicherlich ist Kythira nicht nur für Verliebte interessant, sondern für jeden, der an einer einsamen Küste ungestört sein will. Heute wohnen auf der Insel 3.000 Menschen, die hauptsächlich mit Viehzucht, Gemüseanbau und der Kultivierung von Oliven beschäftigt sind.

Kythira ist gegenüber den anderen Ionischen Inseln ziemlich isoliert und liegt nur 10 Seemeilen von Kap Maleas, der südlichsten Spitze des Peloponnes, entfernt und 105 Seemeilen von Piräus, zu dem es auch verwaltungsmäßig gehört. Die Insel ist 278 qkm groß und hat einen Umfang von 52 km. Auf Kythira gibt es niedrige Berge, deren höchster, der Mermingaris, nur wenig höher als 500 m ist. Zwischen den Bergen liegen kleine Täler, in denen Getreide und Gemüse angebaut werden.

Kythira erreicht man von Athen mit dem Flugzeug oder von Piräus mit dem Fährschiff, im Sommer verkehren auch die schnellen "Flying Dolphins". Man kann aber auch die Straße bis Githio oder Neapolis auf der Peloponnes benutzen und dann mit dem Fährschiff übersetzen. Von Kythira kann man Monemvasia, Eleafonisia, Antikithira und Kreta besuchen.

GESCHICHTE

Nach der Mythologie ist Kythira die Insel der Aphrodite. Die Göttin der Schönheit und der Liebe wurde aus dem Meeresschaum geboren, kam schwimmend nach Kythira und ging später in Zypern an Land.

Kythira, das im Altertum auch Porphyrusa genannt wurde, war im 2. Jahrtausend ein Marinestützpunkt der Minoer. Wegen des Porphyrs, den es auf der Insel gab, kamen anschließend die Phönizier hierher und sorgten für die Bearbeitung des in jener Zeit wertvollen Gesteins, mit dem sie Handel trieben.

Den Phöniziern folgten die Mykener. Ihre Anwesenheit auf der Insel bezeugen die mykenischen Gräber, die in Paläopoli bei Avlemona gefunden wurden. Jahrhunderte später, in der Zeit des Peloponnesischen Krieges, war Kythira mit Sparta verbündet und wurde für kurze Zeit von den Athenern besetzt.

Die folgenden Jahrhunderte sind durch wiederholte Überfällen von Piraten gekennzeichnet, die mehrfach zur Verödung der Insel führten. Anschließend an zahlreiche Verwicklungen begann offiziell die venezianische Herrschaft auf Kythira, als sich der Venezianer Marco Venieri zum Herzog von Kithira ausrief.

Die Venezianer gaben der Insel den neuen Namen Cerigo, der auch heute noch gelegentlich von den Einheimischen mit nur einer kleinen Vernänderung benutzt wird: Tsirigo.

Für einige Zeit ließen die Piratenüberfälle nach, doch 1537 erlebte Kythira mit dem Überfall durch Chaireddin Barbarossa seine größte Katastrophe.

Nach der Zerstörung der Republik Venedig durch Napoleon endete die venezianische Herrschaft über die Insel, die 1797 von den Franzosen besetzt wurde.

Es folgte eine kurze Zeit der Besetzung durch die Türken und die Russen, 1809 kam Kythira unter englische Oberherrschaft. 1864 wurden Kythira und die anderen Ionischen Inseln mit Griechenland vereinigt.

Ein Besuch der Insel

Chora und Kapsali

Chora mit seiner venezianischen Festung auf der Spitze eines steilen Felsens in 300 m Höhe über dem Meer und das malerische Kapsali darunter mit den beiden Buchten, die eine neben der anderen, sind eine der schönsten Landschaften Griechenlands.

Kythira oder **Chora**, wie die Einheimischen sagen, ist die Hauptstadt der Insel und liegt mit seinen Häusern in traditionellem Stil und den 40 alten Kirchen etwas unterhalb der **Festung**. Der Ortsteil mit den Kirchen bildet das sogenannte **Mesa Burgo**. Innerhalb der Festung haben sich die ehemalige katholische Kathedrale der Gottesmutter, Ajios Pandeleimon mit einzigartigen Wandmalereien, Ajia Triada, die älteste Kirche der Festung und ein Teil des Gouverneurspalastes erhalten, in dem heute das historische Archiv untergebracht ist. Man kann auch die Pulverkammern und zwei technisch bemerkenswerte Wasserleitungen besichtigen. Im **archäologischen Museum**, das Funde von der ganzen Insel aufbewahrt, ist der Marmorlöwe besonders interessant, der auf dem Haupttor der Festung stand. Er ist aber nicht venezianisch, wie man zuerst glaubte, sondern eine antike, griechische Arbeit.

Kapsali, 2 km von Chora entfernt, ist der zweite Hafen der Insel. Es gibt einen windgeschützten Sandstrand, den im Sommer sehr viele Touristen besuchen. Hoch oben leuchtet auf dem Felsen über Kapsali die Kirche Ajios Ioannis o Theologos. Die Legende berichtet, daß der Heilige in einer Höhle hier die Apokalypse schreiben wollte, doch von den häufigen Piratenüberfällen vertrieben wurde und die Apokalypse deshalb in Patmos verfaßte.

Chora - Ajia Pelajia (26 km)

4 km: Livadi. Nach 1,5 km teilt sich die Straße. Man folgt der rechten Abzweigung und kommt nach 7 km zu dem Kloster **Panajias tis Mirtiodotissas**, dem religiösen Mittelpunkt der Insel. Das Kloster wurde im 19. Jh. gebaut und beherbergt eine alte Ikone der Gottesmutter, die einst auf der Festung von Chora aufbewahrt wurde.

2 km von dem Sandstrand von Kastri entfernt liegt das malerische **Avlemona**, ein kleiner Hafen mit einer venezianischen Festung.

12 km: Dokana. Von dieser Ortschaft führt eine Abzweigung links nach **Milopotamos**, ein Dorf mit Häusern in traditionellem Baustil. Westlich davon liegt die bekannte **Spileo (Höhle) tis Ajias Sophias** mit Stalaktiten, Stalagmiten und einem kleinen See in ihrem Inneren. Am Eingang steht eine Kapelle mit Wandmalereien.

15 km: Aroniadika. Die Straße rechts führt zum Flughafen (5 km), zum Kloster **Ajia Moni** (11 km) und zu der Ortschaft Diakofti, die am Strand liegt (16 km).

19 km: Potamos. Der zweitgrößte Ort auf Kithira. Von hier erreicht man auf der Straße links nach 7 km den schönen Ort **Karavas**, in dem es viel Grün gibt, und nach weiteren 3,5 km den Strand **Platia Ammo**.

26 km: Ajia Pelajia. Der wichtigste Hafen der Insel, der nur 12 Seemeilen von Neapolis auf der Peloponnes entfernt ist. Es verkehren Fährschiffe.

7 km: Karvunades. Ein großes Dorf ungefähr in der Mitte der Insel. Von dem 3 km nordöstlich gelegenen Dorf **Fratsia** führt eine Seitenstraße nach 10,5 km nach **Kastri**, an dessen Stelle die antike Stadt **Skandeia** lag, die der Hafen von Paläopolis war. Vor Kastri führt die Straße unterhalb von Paläokastro vorbei. Auf diesem Hügel stand einst ein **Tempel der Aphrodite**. Die kleine Kirche Ajios Kosmas wurde aus Steinen des antiken Tempels erbaut.

Chora und die imposante Burg. Oben: Der Strand von Kapsali.

Antikythira

Diese felsige Insel zwischen Kythira und Kreta hat ihre eigene Geschichte. In klassischer Zeit hieß sie Aigila und es gab hier eine antike Stadt mit Mauern und einem Tempel des Apollo Aigsileas. Die Ruinen lagen in der Nähe von **Potamos**, dem Hafen und Hauptort der Insel, in dem heute die meisten der 100 Bewohner leben. Sie alle stammen aus Kreta und zwar aus dem Gebiet von Sfakia.

Um 1900 barg man aus einem antiken Schiff, das an den Klippen

Kopf der Jünglingsstatue aus Antikithira.

der Insel gescheitert war, unter anderem die große Bronzestatue eines Jünglings, die heute im Athener Nationalmuseum ausgestellt ist.

Antikythira, das etwa 20 qkm groß ist, ist mit dem Schiff aus Piräus, Kythira und Kastelli auf Kreta erreichbar. Die Entfernung von den beiden letzteren beträgt 27 bzw. 35 Seemeilen.

Elafonisos

Es ist eine kleine Insel mit strahlendweißen Sandstränden und Wäldern aus kleinen Zedern. Sie gehört nicht zu den Ionischen Inseln, sondern soll hier erwähnt werden, weil sie in der Nähe von Kithira liegt. Sie befindet sich an der Südostspitze der Peloponnes nur 500 m von der Küste Lakoniens entfernt, zu dem sie verwaltungsmäßig gehört. Die Insel ist 18 qkm groß und hat einen Umfang von 25 km. Es gibt einen malerischen Fischerhafen, in dem die meisten der 600 Bewohner der Insel leben, die meistens Seeleute oder Fischer sind.

Neapolis auf der gegenüberliegende Küste der Peloponnes ist 11 km entfernt und ist mit dem Bus zu erreichen. Es gibt auch Verbindungen mit Fährschiffen nach Piräus, Kithira und Kastelli auf Kreta.

Kleine Inseln bei Messinia

Sie gehören zur Präfektur Messinia auf der Peloponnes und nicht zu den Ionischen Inseln, doch sollen sie hier wegen ihrer geographischen Lage erwähnt werden.

Proti. Eine kleine Insel gegenüber dem Hafen Marathopoli, der zu Garganiopoli gehört.

Sphaktiria. Eine historische Insel an der Einfahrt vom Ionischen Meer zum Golf von Navarino. Auf der felsigen Insel liegt das Grab der russischen Seeleute, die 1827 in der für den griechischen Freiheitskampf entscheidenden **Seeschlacht von Navarino** gegen die Türken ihr Leben verloren. Am Strand der Insel liegt auch das Grab des italienischen Philhellenen **Santarosa**.

Sapienza. Eine der drei kleinen Inseln, die die **Inuses von Messinia** bilden, etwa eine Seemeile von Methoni entfernt. Die Insel hat viel Vegetation und bietet Jagdmöglichkeiten.

Schisa. Eine weitere der Inuses von Messinia, 2 Seemeilen südöstlich von Sapienza. Die dritte Insel ist **Ajia Margiani**, 217 die zwischen den beiden ersten liegt. Es gibt in ihrem Südteil einen sicheren kleinen Hafen und im Norden eine große **Grotte**.

Venetiko. Eine grüne Insel, etwa eine Seemeile von Kap Akritas, des südlichsten Ausläufers von Messinia. Es gibt auf der Insel Gestein, das zu Schleifsteinen verarbeitet wird. Das Meer ist sehr fischreich.

Der Hafen von Ioannina.

KLEINERE INSELN DES IONISCHEN MEERS

KORFU

Vlacherna.	S v. Kanoni.
Pontikonisi.	S v. Kanoni.
Vidos.	N d. Stadt Korfu.
Lazaretto.	Ö v. Guvies.
Gravia.	SW v. Arilla.
Sikia.	SW v. Arilla.
Ortholithi.	SW v. Ajios Gordis.
Lagudia.	Ö Aj. Georgios Arjiradon.
Diapontische Inseln.	NW v. Korfu.
Erikusa.	NW v. Korfu.
Mathraki.	NW v. Korfu.
Diapolo.	NW v. Korfu.
Othoni.	NW v. Korfu.
Prasudi.	W v. Igumenitsa.
Sivota.	S v. Igumenitsa.
Ajios Nikolaos.	S v. Igumenitsa.
Chironisi.	S v. Igumenitsa.
Ajionisi.	W v. Igumenitsa.
Xeradi.	NW v. Igumenitsa.

PAXI

Mongonisi.	Sö v. Paxi.
Kalsionisi.	Sö v. Paxi.
Panajia.	Nö v. Gaios.
Ajios Nikolaos.	Ö v. Gaios.
Antipaxi.	Sö v. Paxi.
Daskalia.	S v. Antipaxi.

LEFKADA

Cheloni.	Ö v. Nidri.
Maduri, Sparti.	Ö v. Nidri.
Skorpios, Skorpidi.	Sö v. Nidri.

Meganisi. .... *SÖ v. Nidri.*
Thilia. .... *W v. Meganisi.*
Petalu, Kythros......... *S v. Meganisi.*
Kalamos...................... *Ö v. Meganisi.*
Kastos. .... *Sö v. Kalamos.*
Provati........................... *W v. Kastos.*
Formikula. .... *SW v. Kalamos.*
Ajios Nikolaos............ *Ö v. Nikiana.*
Arkudi........................... *S v. Lefkada.*
Sesula. .... *W v. Chortati.*

KEFALONIA
Vardiani.................... *W v. Plati Jalos.*
Dias. .... *Sö d. Flughafens.*

ITHAKA
Lazaretto................... *Hafen v. Vathi.*
Atokos...........................*Nö v. Ithaka.*
Drakonera, Provati. ......*Ö v. Ithaka.*
Petalas, Vromonas. ......*Ö v. Ithaka.*
Makri, Oxia.....................*Ö v. Ithaka.*
Skrofa. ....*Ö v. Ithaka.*

ZAKYNTHOS
Peluso..................... *Bucht v. Lagana.*
Marathonisi....................... *Nö v. Keri.*
Ajios Sostis. .... *S v. Laganas.*
Megalos Mizithras. .... *S v. Keri.*
Mikros Mizithras............... *S v. Keri.*
Kentinaria.......................... *Ö v. Keri.*
Korakonisi......... *Sö v. Ajios Nikolaos.*
Ajios Ioannis. .... *Vromi-Bucht.*
Ajios Nikolaos..... *S d.Blauen Grotte.*
Vodi. .... *W v. Tsilivis.*
Strofades.................. *S v. Zakynthos.*

KYTHIRA
Chitra.............................. *S v. Kapsali.*

Gurunia........................... *Ö v. Chora.*
Karavonisi........... *SW v. Mirtidiotissa.*
Strongili. .... *SW v. Mirtidiotissa.*
Nisi tis Panajias. . *SW v. Mirtidiotissa.*
Gaiduronisia...... *NW v. Mirtidiotissa.*
Exo Nisi................ *W v. Milopotamos.*
Mesa Nisi.............. *N v. Milopotamos.*
Nisakia. .... *N v. Milopotamos.*
Armenopetra.......... *NW v. Potamos.*
Monopetra. .... *N Kap v. Kithira.*
Karavugia............... *N Kap v. Kithira.*
Makrikithira................ *Nö v. Diakofti.*
Fidonisi.........................*Ö v. Diakofti.*
Dragonares............. *Ö v. Avlemonas.*
Kornari. .... *Sö Kap v. Kithira.*

ANTIKYTHIRA
Thermones............... *Nö v. Potamos.*
Kofinidia. .... *W v. Potamos.*
Pori............................. *N v. Antikithira.*

ELAFONISOS

KLEINE INSELN VOR MESSINIA
Proti........................... *W v. Gargaliani.*
Sfaktiria................. *Bucht v. Navarino.*
Pilos....................... *Bucht v. Navarino.*
Sapientza..................... *S v. Methoni.*
Ajia Mariani, Schisa... *Sö v. Methoni.*
Venetiko........................ *SW v. Koroni.*

KORINTHISCHER GOLF
Trizonia. *Eine Kleine Insel mit Einwohnern gegenüber von Egio.*
Ajios Georgios. .... *Bucht v. Itea.*
Ajios Dimitrios............ *Bucht v. Itea.*
Ajios Konstantinos... *Bucht v. Itea.*
Ajios Athanasios. ...... *Bucht v. Itea.*
Tsaruchi.................. *Bucht v. Antikira.*

Daskalio................. *Bucht v. Antikira.*
Kasidis. .... *Bucht v. Antikira.*
Ambelos. .... *Bucht v. Antikira.*
Katakavo. .... *Sö Bucht v. Antikira.*
Alatonisi, Vroma. *S Bucht v. Sarantis.*
Tamburlo............ *S Bucht v. Sarantis.*
Kuveli, Fonias............ *S v. Domvreni.*
Groboloula.................... *S v. Domvreni.*
Makronisos................... *S v. Domvreni.*
Alkionidische Inseln... *N v. Schinos.*
   Zoodochos Piji...... *N v. Schinos.*
   Glaronisi................. *N v. Schinos.*
   Daskalio. .... *N v. Schinos.*
   Prasonisi............... *N v. Schinos.*

AMVRAKAKISCHE INSELN
Korakonisa. .... *Bucht v. Amvrakia.*
Kefalos........................... *N v. Vonitsa.*

WEITERE INSELN IM IONISCHEN MEER
Panajia. .... *W v. Parga.*

LAGUNE VON MESOLONGI
Prokopanistos. .... *W v. Mesolongi.*
Kotsikas, Komma. . *W v. Mesolongi.*

KLEINE INSELN IN SEEN
Ajios Achillios: *Sie liegt im kleinen Prespa-See in Makedonien. Es gibt eine kleine Ortschaft und die Ruine von Ajios Achillios, einer der größten Basiliken Griechenlands.*

Ioannina-Insel: *Sie liegt im Pamvotida-See, ist 800 m lang und 500 m breit. Die fruchtbare Insel hat eine Siedlung mit 800 Bewohnern und viele Klöster, von denen einige byzantinisch sind und aus dem 13. Jh. stammen.*

Vor Millionen Jahren versank die Landbrücke, die Griechenland mit Kleinasien verband, in den Wassern des Mittelmeeres und über den Meeresspiegel ragten nur die Gipfel der versunkenen Berge. Bei diesen welterschütternden Ereignissen entstand auch Kreta, eine große Insel mit hohen Bergen und einer einzigartigen Schönheit. Die berühmten Schluchten, die steilen Küsten, die merkwürdigen Hochebenen, die an ausgetrocknete Seen erinnern, die unermeßlichen, strahlendweißen Sandstrände sind die Hinterlassenschaft der gewaltigen Ereignisse, die die Insel schufen. Seit Jahren sind sie zugleich auch der Anziehungspunkt für zahlreiche Besucher.

Aber es ist nicht nur die Naturschönheit, die das Interesse auf sich zieht. Fesselnd sind auch die Altertümer Kretas, die uralte minoische Kultur mit ihren berühmten Palästen. Diese Kultur entstand vor vier Jahrtausenden und lebte auf der Insel mehr als tausend Jahre. Zum Lobe der kretischen Seele, der unbeugsamen und tapferen, wurde schon viel gesagt. Dieses Volk, das stolz und gastlich ist, fasziniert schon beim ersten Besuch der Insel und läßt den Wunsch nicht verstummen, immer wieder zurückzukommen.

Kreta ist die größte griechische Insel und die fünftgrößte des Mittelmeeres. Es hat eine Fläche von 8.300 qkm, einen Umfang von 1.040 km und wird von mehr als 500.000 Menschen bewohnt. Die Insel ist verwaltungsmäßig in vier Präfekturen gegliedert: Präfektur Chania mit der Hauptstadt Chania, Präfektur Rethymno mit der Hauptstadt Rethymno, Präfektur Iraklio mit der Hauptstadt Iraklio und Präfektur Lasithi mit der Hauptstadt Ajios Nikolaos. Kreta, der südlichste Teil Griechenlands, liegt an einem Schnittpunkt von drei Kontinenten. Diese wichtige strategische Lage war der Grund, warum diese Insel immer umkämpft war. Doch Kriege und langjährige Sklaverei konnten die kretische Seele nicht beugen, stolz bewahren die Kreter durch die Jahrhunderte ihre Sitten und Bräuche.

Den Besucher, der zufällig zu eine kretischen Hochzeit oder einem ar deren Fest kommt, erwartet ein große Erlebnis. Er wird die kretische Lir kennenlernen und die kühnen Tänz er wird die jungen Männer und Frau en in ihrer Tracht bewundern kör nen. Die Kriege und Besetzur gen konnten die geistige un künstlerische Blüte der Ir sel nicht behindern. Die Re de ist hier nicht von den Me sterleistungen der minoischen Ku tur, die in Friedenzeiten blühte. Gemeir sind die späteren Jahrhunderten, als in Kret die byzantinischen Kirchen mit den herrliche Wandmalereien gebaut wurden (14. Jh.), at die Malereien und die Ikonenmalerei de berühmten kretischen Schule (16. Jh.) geschaj fen wurde. Später wurde der berühmte kreti sche Maler Dominikos Theotokopoulos gebo ren, der als El Greco bekannt wurde. In de Theatern spielte man die Werke von Georgio Chortatzis und Vitzentzo Kornaros (17. Jh.).

Höhle

Schluchten

Hochebenen

d für die allerjüngste Zeit ist ein
instler wie Nikos Kazantzakis zu
vähnen.

e Kreter sind hauptsächlich Bauern
d Viehzüchter. Wichtige Erzeugnisse
r Insel sind Öl, Wein, die berühmte
ikudia (Traubenschnaps), Trauben,
dfrüchte, Käse und das Frühgemüse.

erwähnen ist aber auch die Volks-
nst, vor allem Weberei, Stickerei,
ramik und Arbeiten aus Edelmetall.

eta erreicht man mit dem Flugzeug
n Athen, Mykonos, Santorin, Rhodos,
rpathos, Kasos und Thessaloniki
er mit Fährschiffen von Piräus, den
kladen, den Inseln der Dodekanes
d Githio.

ngs um Kreta gibt es eine große
zahl kleinerer Inseln, Felseninseln
d Felsen, deren Zahl 700 übersteigt.
schrieben oder nach ihrer Lage
wähnt werden hier insgesamt 45
seln und Inselchen, von denen nur 4
wohnt sind.

Schloss

Kloster

Archaeologische Stötte

Die Geschichte Kretas

Neolithische Zeit. Menschen erscheinen auf Kreta erstmals in der neolithischen Zeit, deren Beginn zwischen 6000 und 5000 v.Chr. angesetzt wird. Sie endete gegen 2600 v.Chr.

Minoische Zeit. Der Beginn der minoischen Zeit fällt mit dem Beginn der Bronzezeit zusammen.

Die neue Kultur, die sich auf der Insel entwickelte und für 1200 Jahre bestand, wurde um 2600 v.Chr. nach Kreta möglicherweise von einem Volk gebracht, das aus Kleinasien einwanderte. Mit ihm kamen aber auch andere Völkerschaften aus Ägypten und Libyen, die aber mit den Ägyptern oder Semiten nicht verwandt waren. Wahrscheinlich waren es indoeuropäische Stämme. Leider weiß man nichts über ihre Sprache. Es sind auch nur sehr wenige historische Tatsachen aus dem minoischen Kreta bekannt.

Diesen Mangel an historischem Wissen ersetzte aber die große Fülle von Funden, die der Spaten der Archäologen ans Tageslicht brachte. Dank dieser Funde weiß man ziemlich viel über die Errungenschaften der minoischen Kultur, die Kunst, die gesellschaftliche Entwicklung und die wirtschaftliche Gliederung.

Aufgrund der reichen Funde läßt sich heute die minoische Zeit in folgende kleinere Zeitabschnitte unterteilen.

Nach A. Evans ist folgende Gliederung möglich:

Frühminoische Zeit
(2600-2100 v.Chr.)
Mittelminoische Zeit
(2100-1600 v.Chr.)
Spätminoische Zeit
(1600-1100 v.Chr.)

In jüngerer Zeit formulierte Prof. N. Platon eine neue chronologische Einteilung mit neuen Bezeichnungen für die einzelnen Abschnitte:

Vorpalastzeit
(2600-2000 v.Chr.)
Zeit der Alten Paläste
(2000-1700 v.Chr.)
Zeit der Neuen Paläste
(1700-1400 v.Chr.)
Nachpalastzeit
(1400-1100 v.Chr.)

Diese chronologische Gliederung berücksichtigt auch die folgenden für die Entwicklung der minoischen Kultur wichtigen historischen Einschnitte:

2600 v.Chr.: Ankunft der neuen Völker in Kreta, die Kenntnisse in der Metallbearbeitung haben.
2000 v.Chr.: Bau der ersten großen minoischen Paläste.
1700 v.Chr.: Zerstörung der Paläste durch ein ungeheueres Erdbeben und nach wenigen Jahren Bau neuer Paläste, die noch luxuriöser als die älteren waren.
1400 v.Chr.: Zerstörung der Neuen Paläste vermutlich durch den Ausbruch des Vulkans auf Santorini, was auch das Ende der minoischen Kultur bedeutete.

1100 v.Chr.: Eroberung Kretas durch die Dorer.

Von der Epoche der Dorer bis zu den Römern. Bereits zu Beginn dieses Zeitraums (1100 v.Chr.) ist in der Kunst ein grundlegender Wandel zu beobachten. Die Formen in der Keramik ändern sich und zum ersten Mal tritt Eisen als Material auf.

In der späteren **geometrischen Zeit** (900-725 v.Chr.) zeigt sich in der Kunst, vor allem in der Keramik, eine neue Hochblüte.

In der **archaischen Zeit** (650-500 v.Chr.) tritt in der Bildhauerkunst ein neuer Stil in Erscheinung, den man dädalisch nennt.

Römische Zeit. Die Römer unter dem Feldherrn Metellus besetzen Kreta 68 v.Chr. nach harten Kämpfen. Kreta wird römische Provinz, zu der auch Kyrenaika gehört. Gortyn wird Hauptstadt dieser Provinz.

Diese Stadt wie auch Kissamos (Kastelli) und viele andere erleben in dieser Zeit ihre Hochblüte.

Das **Christentum** wird durch den Apostel Paulus (63-66 n.Chr.) nach Kreta gebracht.

1. Byzantinische Zeit. Diese Epoche beginnt eigentlich 395 n.Chr. mit dem byzantinischen Kaiser Theodosios dem Großen. Viele Jahre hindurch herrscht auf der Insel Friede bis die ersten arabischen Überfälle gegen 650 v.Chr. einsetzen.

Arabische Besatzung. Die Araber nützten die inneren Krisen des byzantinischen Reiches aus und besetzten 824 Kreta. Zur ihrer Hauptstadt machten sie das heutige Iraklio, das sie mit einem breiten Graben befestigten. Nach ihm hie die Stadt **Chandakas.**

Die arabische Besatzung brachte großes Leid über die einheimische Bevölkerung. Die Christen werden niedergemetzelt oder zum Übertritt zum Islam gezwungen, Frauen und Jugendliche wurden auf dem Sklavenmarkt von Iraklio in den Orient verkauft.

2. Byzantinische Zeit. Die arabische Herrschaft über Kreta wollte Byzanz nicht hinnehmen und versuchte mehrfach ohne Erfolg die Rückeroberung der Insel.

Diesen erfolglosen Bemühungen machte der byzantinische Genral Nikiforos Fokas 961 ein Ende und eroberte nach sehr harten Kämpfen Kreta zurück.

Venezianische Zeit. In den Kämpfen mit den Genuesen konnten sich die Venezianer durchsetzen, die sich 1212 zu Herren der Insel machten.

Die venezianische Herrschaft, die mehr als 400 Jahre dauern sollte, brachte neue Leiden über das kretische Volk, das sich wiederholt gegen die fremden Herren erhob.

Diese Kämpfe verhinderten jedoch nicht, daß Kreta eine kulturelle Hochblüte erlebte.

Türkische Herrschaft. Für die Kreter war dies die schlimmste Phase ihrer Geschichte. Die Türken eroberten 1645 zuerst Chania und rückten nach Osten vor, wobei sie alles verwüsteten, was sie auf ihrem Weg fanden. Ein großes Hindernis bildete die Festung Chandakas.

Um sie zu erobern, war eine 23 Jahre dauernde Belagerung nötig. Doch dann waren die Türken die uneingeschränkten Herrscher der Insel und die Kreter erlebten eine unbeschreibliche Sklaverei. Ihre Kirchen wurden in Moscheen verwandelt, ihr Besitz gestohlen, ihre Frauen geschändet und ihre Kinder geraubt, um sie später zu Janitscharen zu machen. Die Kreter reagierten darauf jedoch sehr heftig. Es kam zu zahlreichen Aufständen, deren wichtigste 1770 (der Aufstand von Daskalojannis), 1821, 1866 (Zerstörung des Klosters Arkadi) und 1897 stattfanden.

Unabhängigkeit und Vereinigung mit Griechenland. Die Vernichtung des Klosters Arkadi und die Tapferkeit der Kreter bewegten die internationale öffentliche Meinung. Die vier damaligen Großmächte Europas (England, Frankreich, Rußland und Italien) griffen ein. Die Türken wurden von der Insel vertrieben und man ernannte Prinz Georg von Griechenland zum Hochkommissar der Insel. Er kam Ende 1898 nach Kreta und leitete den "Staat Kreta", wie das unabhängige Kreta hieß. Um die Vereinigung mit Griechenland zu erreichen, war aber ein weiterer Aufstand notwendig. Er stand unter der Führung von Eleftherios Venizelos und begann in Therisos. Die Vereinigung wurde 8 Jahre später, 1913, Wirklichkeit, als Venizelos bereits griechischer Premierminister war.

Die Schlacht um Kreta (1941) - Deutsche Besatzung. In der Geschichte Kretas wurde eine weitere leuchtende Seite geschrieben. In dieser großen Schlacht kämpften im Mai 1941 die Verbündeten Griechenlands und die ganze Bevölkerung gegen die Fallschrimjäger des deutschen Reiches. In der Zeit der deutschen Besatzung leistete das kretische Volk wiederum heroischen Widerstand.

Die Besatzungsmacht ergriff brutale Strafmaßnahmen gegen die Bevölkerung. Ganze Dörfer wurden niedergebrannt und deren männliche Einwohner hingerichtet. Doch die Kreter beugten sich nicht, da sie bereits so viele Jahre der Kämpfe und Opfer durchlebt hatten.

Präfektur Chania

Es ist die westlichste Präfektur Kretas, in der die imposanten Lefka Ori (Weißen Berge) liegen, die ihren größten Teil einnehmen. Dieser mächtige Bergzug erhebt sich zuerst tiefgrün nur wenige Kilometer hinter der Nordküste der Präfektur und erreicht eine Höhe von 2.453 m. Nach Süden fallen die Berge kahl und steil bis zum Libyschen Meer ab. Die berühmte Schlucht von Samaria zieht sich durch die Lefka Ori. Im Nordosten der Präfektur liegen die Suda-Bucht, der größte natürliche Hafen Griechenlands, die Bucht von Chania und noch weiter westlich die Bucht von Kissamos, die alle große Sandstrände besitzen.

Chania

Es ist die zweitgrößte Stadt Kretas und die Hauptstadt der gleichnamigen Präfektur Chania.

Die Sehenswürdigkeiten von Chania liegen zumeist in der Altstadt rings um den malerischen **venezianischen Hafen**. An seiner Einfahrt steht ein venezianischer Leuchtturm und gegenüber erhebt sich die historische **Festung von Firka**, in der auch das Marinemuseum untergebracht ist. Weitere Sehenswürdigkeiten sind der venezianische Stadtteil **Topana**, die großen Mauern der venezianischen Festung, die 1540 erbaut wurden, **Kastelli**, der Stadtteil **Splantzia** mit den Kirchen Ajios Rokkos, Ajios Nikolaos und Ajii Anarjiri. Das **archäologische Museum** ist in der Basilika Ajios Frangiskos untergebracht, einer venezianischen Kirche des 14. Jh. Weiter südlich liegt die Kathedrale. An der Grenze zur neuen Stadt steht der große, überdachte Bau des **städtischen Marktes**. In der neuen Stadt liegt der schöne Stadtpark. Daneben befindet sich das **Historische Archiv Kretas**, das an Bedeutung und Umfang zweitgrößte Griechenlands. Östlich von Chania liegt der aristokratische Stadtteil **Chalepa** mit dem Haus von Eleftherios Venizelos.

Chania erreicht man von Athen mit dem Flugzeug oder mit dem Schiff (das in Suda anlegt) von Piräus.

Ausflüge von Chania

1. Akrotiri

6 km: Grab der Familie Venizelos.

9 km: Straßenkreuzung. Von hier fährt man an den Strand **Kalathas** und die malerischen Sandstrände von **Stavru**.

14 km: Die Straße rechts führt zum Flughafen.

16,5 km: Kloster Ajia Triada ton Tsangarolon. Die Kirche des Klosters wurde 1634 erbaut und hat einen kreuzförmigen Grundriß. Sie ist überkuppelt und besitzt eine eindrucksvolle Fassade. Das Kloster hat ein wertvolles Museum.

20,5 km: Kloster Kiria ton Angelon oder Guvernetu. Es ist eines der ältesten Klöster Kretas und wurde vermutlich im 11. Jh. gegründet, als die alte Klosterkirche aufgegeben wurde.

2. Therisos (16 km)

Nachdem man die Schlucht von Therisos durchquert hat, kommt man in den Ort selbst, in dem Elefth. Venizelos 1905 das Hauptquartier seiner Revolution aufgeschlagen hatte. An dem Haus, in Venizelos wohnte, ist eine Marmortafel angebracht.

3. Omalos - Schlucht von Samaria (43 km)

14,5 km: Furnes. Ein Dorf mit viel Grün, das von Orangenhainen umgeben ist.

39 km: Omalos. Die durch ihre heldenhafte Geschichte bekannte Hochebene in 1.050 m.

41 km: Links erreicht man nach 5 km die Kallergi-Schutzhütte in den Lefka Ori, von der man den Aufstieg zu deren höchsten Gipfel, dem Pachnes (2.453 m), beginnt. Man benötigt etwa 7 Stunden.

43 km: Xiloskalos. Hier beginnt der Abstieg zur berühmten **Schlucht von Samaria**, der schönsten von Europa, die in Ajia Rumeli, am Libyschen Meer endet. In der Schlucht fließen Bäche, gibt es kleine Teiche und Platanen. Sie ist 18 km lang und man benötigt etwa 6 Stunden für diese Wanderung, deren Ziel Ajia Rumeli ist.

Von hier kann man mit dem Linienschiff nach Chora Sfakion fahren. Von Sfakia kehrt man nach Chania zurück. Diesen Ausflug kann man nur zwischen 1. Mai und 31. Oktober machen, da die Schlucht in der übrigen Zeit gesperrt ist.

Die schöne Stadt Chania. In der Mitte sieht man den venezianischen Hafen.

4. Kloster Chrisoskalitissa - Elafonisi (78 km)

37 km: Kaludiana.

46 km: Topolia. Ein großes Dorf mit den byzantinischen Kirchen Ajios Ioannis, Ajia Paraskevi und Timiu Stavru. Wenige Kilometer außerhalb des Dorfes beginnt die **Schlucht von Topolia**. Die Straße führt durch einen Tunnel und an der **Höhle Ajia Sophia** vorbei, an deren Eingang die kleine Kapelle Ajia Sophia steht.

57 km: Elos. Das schönste Dorf dieser Gegend, in dem es viele Platanen und **Kastanienbäume** gibt. Im Oktober findet hier ein Kastanienfest statt.

61 km: Kefali. Ein Ort mit schöner Aussicht. Neben der Schule steht die Kirche Ajios Athanasios, des Bischofs von Alexandrien, mit Wandmalereien von 1393. An der Abzweigung, die rechts nach **Sfinari** führt, fährt man vorbei.

73 km: Kloster Chrisoskalitissa. Am südwestlichen Ende Kretas gibt es eine Bucht mit riesigen schwarzen Felsen. Auf dem höchsten von ihnen liegt das beliebteste, aber auch abgelegenste Kloster Kretas. Man weiß nicht, wann es gegründet wurde.

78 km: Elafonisi. Eine friedliche kleine Insel, voll Licht und Farbe. Ihr Ufer verläuft sehr gezackt, auf den strahlendweißen Sandhügeln wachsen Zedern und Lilien.

5. Alikianos - Suja (70 km)

Man fährt auf der Straße nach Kastelli und biegt nach 1,5 km links nach Omalo ab.

13 km: Man verläßt jetzt die Straße nach Omalo und fährt nach rechts weiter.

14 km: Alikianos. In diesem Ort steht die Ruine eines Turmes des venezianischen Adeligen Damolino. Bemerkenswert ist die Kirche Ajios Georgios aus dem 14. Jh. mit Wandmalereien.

70 km: Suja. Ein ruhiger kleiner Hafen mit einem schönen Sandstrand. In der Kirche des Ortes gibt es ein Mosaik mit Darstellungen von Pfauen und Rehen.

6. Kandanos-Paläochora (74 km)

Von der Straße nach Kastelli biegt man bei Km 19 in Tavronitis nach links ab.

27 km: Vukolies. Ein Dorf mit einer byzantinischen Kirche, in der sich Wandmalereien des 15. Jh. erhalten haben.

57 km: Kandanos. Hauptstadt des Bezirkes Selinos. Der Ort wurde von den deutschen Truppen wegen seiner Beteiligung am Widerstand zerstört. In den Dörfern der Umgebung gibt es zahlreiche wertvolle byzantinische Kirchen mit Wandmalereien.

74 km: Paläochora. Ein kleines Städtchen mit einem herrlichen Sandstrand. Hier kann man auch im Winter baden.

Links: "Portes" in der Schlucht von Samaria
Oben: Kloster Chrisoskalitissa und die Furt nach Elafonisi.

Paläochora

32 km. Vrises. Ein großer Ort mit viel Wasser.

48 km: Askifu. Ein historisches Dorf am Eingang der gleichnamigen, malerischen Hochebene. Hinter dem Dorf Impros beginnt die große Impros-Schlucht. Die Landschaft mit den wilden Zypressen ist sehr eindrucksvoll.

68 km: Eine Abzweigung links führt nach 12 km nach **Frangokastello** mit sehr großen Sandstränden und einer Festung, die von den Venezianern 1371 erbaut wurde.

70 km: Chora Sfakion. Dieser durch die unzugängliche Küste des Libyschen Meeres isolierte Ort war in der Vergangenheit der Ausgangspunkt zahlreicher Kämpfe für die Freiheit Kretas. Die alten Häuser, die in der traditionellen Form gebaut sind, liegen halbkreisförmig oberhalb des Hafens.

Von Sfakia kann man mit einem Boot Ausflüge nach **Lutro, Ajia Rumeli, Suja, Paläochora** und zur Insel **Gavdos** machen.

82 km: Anopoli. Das Dorf ist bei der antiken Stadt erbaut und liegt auf einer Hochebene in 600 m Höhe. Neben dem Dorf befindet sich die eindrucksvolle Schlucht von Aradena und gegenüber die gleichnamige Hochebene. Eine eiserne Brücke verbindet die beiden Hochebenen. In der Kirche Ajios Georgios hißte im März 1770 **Ioannis Daskalojannis**, der hier geboren worden war, die Fahne des Aufstandes.

9. Kurna-See - Rethymno

6,5 km: Suda. Es ist der moderne Hafen von Chania. Er gehört zu den größten des Mittelmeeres und ist ein Marinestützpunkt. An der Einfahrt zur Bucht liegt eine kleine Insel, auf der die Venezianer eine starke Festung erbaut hatten.

14,5 km: Eine Abzweigung links führt zu den Orten Kalami, Kalives, Almirida und Plaka, die an der Küste liegen und schöne Sandstände haben.

38 km: Ein Abstecher von der Hauptstraße nach links führt nach Georgiupolis und rechts zu dem einzigen See Kretas, dem **Kurna-See**.

61 km: Rethymno.

7. Kastelli Kissamu - Falasarna (59 km)

5,5 km: Galatas. Ein Dorf an der Küste mit sauberen Sandstränden. Vom 20.-25. Mai finden hier alljährlich Gedenkfeiern für die Schlacht um Kreta statt.

8 km: Ajia Marina. Ein langer Sandstrand gegenüber der kleinen Insel **Ajii Theodori**.

11 km: Platanias. Ein Sandstrand neben einem ganz grünen Hügel.

17 km: Maleme. Die Umgebung des Flughafens wurde bekannt durch die heroische Schlacht um Kreta 1941. Hier liegt auch der deutsche Soldatenfriedhof.

24 km: Rechts liegt **Kolibari** am Rande der Ebene von Chania mit schönen Sandstränden. Einen Kilometer weiter nördlich liegt das festungsartige **Kloster Gonias** oder **Odijitrias**. Heute ist es der Sitz der orthodoxen Akademie Kretas.

42 km: Kastelli Kissamu. Der Ort liegt an der Stelle des antiken Kissamos, dem Hafen der antiken Stadt Polyrhenia.

Nach der Eroberung Kretas durch die Römer erbaute man auf der alten Stadt eine neuere, größere mit Theater und römischen Villen. Die Stadt fiel später in die Hand der Araber und der Venezianer, die eine kleine Festung erbauten (Kastelli), nach der der Ort benannt wurde.

Kastelli ist die Hauptstadt des Bezirkes Kissamos und durch seine Weine bekannt. Es gibt einen Hafen mit Schiffsverbindung nach Githio auf dem Peloponnes.

53 km: Platanos. In dem Dorf gibt es eine Straße nach links, die nach 8 km das Dorf **Sfinari** erreicht, das einen wunderschönen Sandstrand hat.

59 km: Falasarna. Es ist einer der schönsten Strände Kretas mit smaragdenem Wasser. Am Ende des Sandstrandes erhebt sich steil ein felsiger Hügel, auf dem die Akropolis der antiken Stadt Falasarna lag.

Präfektur Rethymno

Die Präfektur Rethymno grenzt im Westen an die Präfektur Chania und im Osten an die Präfektur Iraklio. Das gewaltige Massiv des Ida oder Psiloriti beherrscht den Ostteil der Präfektur. Hier liegt die Idäische Höhle, in der nach der Mythologie Zeus aufgezogen worden sein soll.

Die ganze Nordküste der Präfektur ist ein einziger Sandstrand, an dessen westlichem Ende die schöne Stadt Rethymno liegt. Bei Rethymno liegt das historische Kloster Arkadi, an der Südküste das bedeutende Kloster Preveli. Daneben befindet sich die Kurtaliotiko-Schlucht, durch die ein Fluß fließt, an dem Palmen stehen. Es ist eine der schönsten Landschaften Kretas.

Rethymno

Die Hauptstadt der Präfektur Rethymno ist eine Stadt, die noch viel von ihrem alten Charakter bewahrt hat. Faszinierend ist ein Spaziergang durch die engen Gassen der Altstadt, bei dem man auf venezianische Herrenhäuser und hohe Minarette trifft.

Am Rande der alten Stadt erhebt sich auf einem Hügel die gut erhaltene venezianische Festung **Fortetza**.

Gegenüber ihres Einganges liegt das **archäologische Museum**. Östlich der Festung erstrecken sich der malerische **venezianische Hafen** und der Handelshafen. Ganz in der Nähe des Hafens befinden sich der Rimondi-Brunnen und die venezianische Loggia.

Weiter südlich liegen die Kirche Ajios Frangiskos, die türkische Schule und das große Tor, das Haupttor der venezianischen Befestigung.

Rethymno hat Schiffsverbindung mit dem Piräus.

Die Altstadt von Rethymno mit Fortetza und dem Beginn des großen Strandes.

Ausflüge von Rethymno

1. Plakias (40 km)

Man fährt auf der Straße, die zu dem Dorf **Armeni** hinaufführt.

19 km: Beide Straßen führen nach Plakia. Die geradeaus verlaufende führt (nach 4 km) durch die **Kurtaliotiko-Schlucht**.

21 km: Abzweigung links nach Spili und Ajia Galini.

29 km: **Asomatos**. Die Abzweigung links führt nach 4 km zum unteren **Kloster (Kato Monastiri) von Preveli**. Man fährt noch 3 km weiter und kommt zu dem **Hinteren Kloster (Piso Monastiri) von Preveli**, dessen Kirche dem Hl. Johannes geweiht ist. In den Kämpfen der Kreter für ihre Freiheit spielte das Kloster eine entscheidende Rolle.

Der Fluß mit den Palmen. Zwei Kilometer nach dem Kloster endet die Straße. Ein Fußweg führt zu dem Fluß mit den Palmen, der durch die Kurtaliotiko-Schlucht fließt. Es ist sehr lohnend, den Weg zu gehen und den kleinen See zu sehen, den der Fluß an seiner Einmündung bildet.

36 km: Nach Asomatos befindet man sich wieder auf der Hauptstrecke nach Plakia. Man kommt an eine Kreuzung, von der eine Abzweigung nach Sfakia (42 km) durch die malerischen Dörfer **Mirthios, Selia,** und **Rodakino** führt.

40 km: **Plakias**. Der herrliche Sandstrand und die Schönheit der Umgebung trugen dazu bei, daß der Ort sich rasch entwickelte.

In geringer Entfernung von Plakias liegen die berühmten Sandstrände **Damnoni** (2 km) und **Ammudi** (3 km).

2. Spili - Ajia Galini

11 km: **Armeni**.

29 km: **Spili**. Ein schönes, großes Dorf am Fuße des Kedros, der Hauptort des Bezirkes Ajios Vasilios. Es gibt hier viel Wasser und viel Grün. Auf dem Dorfplatz steht ein Brunnen, aus dessen 19 Löwenwasserspeiern das Wasser fließt.

55 km: **Ajia Galini**. Ein sehr beliebter Mittelpunkt des Tourismus am Hang eines Hügels über einem kleinen Hafen.

3. Amari - Ajia Galini

Man fährt auf der Straße nach Iraklio und biegt nach 3 km rechts nach Amari ab.

11 km: **Prases**. Ein Ort mit vielen venezianischen Häusern am Hang eines tiefgrünen Tales.

29,5 km: **Apostoli**. Ein Dorf mit alten Kirchen.

30 km: **Ajia Fotini**. Eine Abzweigung rechts führt nach 4 km in das Dorf **Merona**, in dem es sehenswerte Kirchen aus dem 14. und 15. Jh. mit schönen Wandmalereien gibt. 4 km entfernt liegt **Jerakari** in 680 m Höhe am Fuße des Berges Kedros.

Von Ajia Fotini führt eine Seitenstraße nach 1 km in das Dorf **Thronos** mit den Überresten des antiken **Sybritos**. Die Kirche Panajia tis Thronianis aus dem 11. Jh. besitzt wertvolle Mosaiken und Wandmalereien.

35 km: **Kloster Moni Asomaton**. Es liegt in einer herrlichen Landschaft. Im Kloster gibt es eine Landwirtschaftsschule.

40 km: **Amari**. Der Hauptort des gleichnamigen Bezirkes mit viel Grün und schönen byzantinischen Kirchen in der Umgebung.

Von Moni Asomaton verläuft die Straße durch die schönen Dörfer Visari, Furfuras, Kurutes und Apodulu und stößt auf die Hauptstraße Rethymno - Ajia Galini - Iraklio.

Der Eingang zur Kurtalioti-Schlucht unterhalb von Preveli.

4. Kloster Arkadi (22 km)

Arkadi ist eines der berühmtesten Klöster Griechenlands, vor allem Kretas, und bekannt wegen der großen Zerstörung. In diesem Kloster wollten am 8. November 1866 etwa 1.000 Menschen (Mönche, Aufständische, Frauen und Kinder) unter Führung von Abt **Gavriil** lieber sterben, als in die Hände der Türken fallen und sprengten sich in die Luft.

Das Kloster wurde in den Jahren der venezianischen Herrschaft gegründet. Die hohen Umfassungsmauern erinnern an eine Festung und die Kirche mit ihrer Fassade im Barockstil gilt als eine der schönsten Kretas. Sie ist zweischiffig und ist der Transformation des Erlösers und den Heiligen Konstantinos und Eleni geweiht.

Im Museum des Klosters sind zahlreiche wertvolle Kirchenschätze ausgestellt.

Das Kloster erreicht man indem man auf der Straße nach Iraklio fährt und nach 5 km rechts abbiegt.

5. Perama - Anoja - Idäische Höhle (76 km)

Man fährt auf der Straße nach Iraklio und biegt nach 11 km in Stavromenu rechts ab.

24 km: Perama. Die Hauptstadt des Bezirks Milopotamos. Nordöstlich von Perama liegen die historische **Melidoni-Höhle** und südlich das Dorf **Margarites**, das eine große Töpfertradition hat. Bei dem Dorf befinden sich die Ruinen der antiken Stadt **Eleutherna**, die von der klassischen bis in die römische Zeit blühte.

34 km: Murtzana. Man fährt hier rechts zu dem schönen Dorf Garaso.

46 km: Axos. Ein malerisches Dorf unterhalb der gleichnamigen antiken Stadt. In Axos gibt es bemerkenswerte byzantinische Kirchen wie Ajia Irini aus dem 8. und 12. Jh. mit herrlicher Architektur und Wandmalereien sowie Ajios Ioannis aus dem 12. Jh.

Südlich von Axos liegt das Dorf **Soniana**, bei dem sich eine der schönsten Höhlen Kretas, die **Sendoni- oder Sfendoni-Höhle**, befindet.

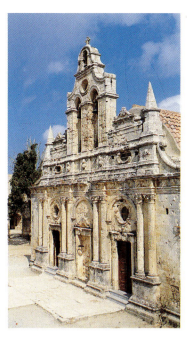

Das Katholikon des Klosters Arkadi.

55 km: Anojia. Ein großes Bergdorf in 740 m Höhe, das eine selbständige Gemeinde ist und zum Bezirk Milopotamos gehört. Es liegt an der Grenze zur Präfektur Iraklio. Anojia ist bekannt für seine berühmten Webereien in schönen Farben und traditionellen kretischen Mustern. Auf dem Dorfplatz und in den Gassen sieht man überall Webereien, die zum Verkauf ausgestellt sind. Dadurch wirkt das Dorf besonders malerisch. Anojia, das isoliert am Nordhang des Psiloriti liegt, war ein Zentrum des Widerstandes gegen die Türken. Aber auch im 2. Weltkrieg war der Ort ein Herd des Widerstandes gegen die deutsche Besatzung.

Dafür erlebte Anojia brutale Strafmaßnahmen. Im August 1944 legten deutsche Truppen den Ort in Schutt und Asche.

Anojia, das wieder aufgebaut wurde, wird heute von vielen Touristen besucht. In den Restaurants werden im Sommer Feste mit kretischen Tänzen veranstaltet.

76 km: Nida-Hochebene - Idäische Höhle. Am Ende der Straße liegt in 1.500 m Höhe die **Nida-Hochebene**. An der Straße gibt es einen Touristenpavillion, von dem man den Blick auf die Ebene genießen kann, die einem riesigen ausgetrockneten See gleicht, den hohe Berge umgeben.

Einen halben Kilometer von dem Pavillion entfernt befindet sich am felsigen Abhang des Psiloriti die **Idäische Höhle**. Sie liegt am Fuße eines gewaltigen Felsens unterhalb des höchsten Berges von Kreta und ist von einer Pracht, die gut dazu paßt, daß hier - wie die Mythologie erzählt - Zeus, der Vater der Götter, aufgezogen wurde.

Von der Idäischen Höhle kann man auch den höchsten Gipfel des Idi, **Timios Stavros** (2.456 m), besteigen, wozu man etwa 5 Stunden benötigt.

6. Rethymno - Iraklio

3 km: Perivolia. Ein schöner Sandstrand, der touristisch sehr stark erschlossen ist. Eine Abzweigung rechts führt auf die Schnellstraße. Die alte Straße verläuft parallel zu der neuen an schönen Sandstränden vorbei. Die wichtigsten von ihnen sind **Adele** (5 km) und **Stavromenos** (11 km).

Von Stavromenos benutzt man bis Iraklio die Schnellstraße, die an **Panormos** (22 km) vorbeiführt.

33 km: Eine Abzweigung von der Hauptstrecke führt links nach 2 km nach **Bali**, eine kleine, aber sehr malerische Bucht, die sich zu einem Zentrum des Tourismus entwickelte.

51 km: Man ist bereits in der Präfektur Iraklio. Ein Abstecher von der Hauptstrecke führt nach 3 km nach **Fodele**. In diesem Dorf wurde **Dominikos Theotokopulos** geboren, der als **El Greco** weltberühmt wurde. Bei einer schönen byzantinischen Kirche befinden sich die Ruinen eines Hauses, das sein Geburtshaus sein soll. In dem Dorf und der Umgebung wachsen viele Orangenbäume.

58 km: Eine Seitenstraße führt links nach 3 km nach **Ajia Pelajia**, einem supermodernen Ferienort an einer Bucht mit wunderbarem Sandstrand und kristallklarem Wasser.

65 km: Eine Seitenstraße zweigt links nach **Ammudara** ab, einem sehr langen Strand westlich von Iraklio.

75 km: Iraklio.

Präfektur Iraklio

Hier schlägt das Herz Kretas. Hier liegen Iraklio und die berühmten minoischen Paläste von Knossos und Phästos. Im Südwesten der Präfektur erstreckt sich die Mesara-Ebene, die größte und fruchtbarste der Insel. Nach der Mythologie soll Zeus die Europa, die schöne Prinzessin, hierher gebracht haben, die er vom Hof des phönizischen Königs entführt hatte. Der Vereinigung von Zeus mit Europa entstammte Minos.

Die Präfektur Iraklio ist die größte Präfektur Kretas, in der sich die Verwaltung der Insel und die meisten Sehenswürdigkeiten befinden.

Nördlich von Iraklio liegt die kleine Insel **Dia**, auf der die Wildziegen ein Schutzgebiet fanden.

Iraklio

Iraklio ist die größte Stadt Kretas, die Hauptstadt der Präfektur Iraklio und das Verwaltungszentrum der ganzen Insel. Entscheidend dafür war sicherlich auch seine geographische Lage. Es liegt etwa in der Mitte der kretischen Nordküste sehr nahe bei Knossos, besitzt eines der wichtigsten Museen der Welt und ist von den anderen archäologisch interessanten Orten wie Phästos, Ajia Triada, Gortyn und Malia nicht weit entfernt.

Der große künstliche Hafen und der internationale Flughafen der Stadt dienen dem Bedürfnis nach Kommunikation, das ständig wächst.

Die Altstadt von Iraklio ist von den berühmten venezianischen Mauern umgeben, die man durch verschiedene Tore betreten kann. Ihr Zentrum ist ein Platz mit dem schönen venezianischen **Morosini-Brunnen**. Ganz in der Nähe sind die **Basilika Ajios Markos**, die 1239 erbaut wurde, die **Loggia** (beide venezianische Bauten) und die Kirche **Ajios Titos**, die höchstwahrscheinlich nach der Befreiung durch Nikiforos Fokas (961) erbaut wurde.

Iraklio: Das Chania-Tor und der Morosinibrunnen.

Die Festung ("Kules") im Hafen.

"Die Anbetung der Drei Weisen" von Michail Damaskinos (16. Jh.)
Eines der typischsten Werke der Kretischen Schule, die im Museum Ajia Ekaterini ausgestellt sind.

Das **archäologische Museum** ist eines der bedeutendsten der Welt. Ausgestellt sind Fundstücke aus ganz Kreta und vor allem Funde der prähistorischen minoischen Kultur, einer Kultur, die auf der Insel mehr als 1.200 Jahre blühte. Das Museum hat zwei Stockwerke und insgesamt 20 Ausstellungssäle. Es befindet sich an der Platia Eleftherias.

Weitere Sehenswürdigkeiten von Iraklio sind der **venezianische Hafen** und die **Festung** mit dem Relief der geflügelten Löwen über ihrem Eingangstor. Eindrucksvoll sind die **Kathedrale Ajios Minas** und die benachbarte alte Kirche Ajios Minas. Die Kirche **Ajia Ekaterini** dient heute als ein Museum, in dem u.a. Ikonen des berühmten

Malers Michail Damaskinos ausgestellt sind. Einen Besuch lohnen das **Grab des Schriftstellers Nikos Kazantzakis** auf der Martinengo-Bastion der Stadtmauern und das **historische und ethnologische Museum**.

Ausflüge von Iraklio

1. Tilisos - Anojia

Tilisos ist berühmt wegen der Ruinen von drei minoischen Villen (1700-1500 v.Chr.), die sich östlich des Dorfes bei einem kleinen Kiefernwald befinden.
22 km: Sklavokampos. Die Ruinen eines minoischen Hauses.
36 km: Anojia (s. S. 255)
57 km: Idäische Höhle (s.S. 255).

2. Knossos (5,5 km)

Von der Platia Eleftherias fährt man die Straße nach Knossos.
5,5 km: Knossos. Die wichtigste Ausgrabungsstätte auf Kreta. Es handelt sich um die Ruinen des größten und luxuriösesten minoischen Palastes, der von einer großen Stadt umgeben war. Der erste Palast wurde gegen 2000 v.Chr. erbaut und gegen 1700 v.Chr. zerstört. Anschließend wurde er prächtiger als vorher wieder aufgebaut. Dieser wurde gegen 1450 v.Chr. zerstört. Der Grund war höchstwahrscheinlich der Ausbruch des Vulkans von Santorin. Die Ausgrabung von Knossos begann 1900 der Engländer Evans, der anschießend große Teile des Palastes renovieren ließ.

Der Besuch des Palastes, der 22.000 qm groß ist, beginnt im Westhof. Den Palast selbst betritt man durch die Westpropyläen und geht auf dem Prozessionsweg weiter. Man biegt links ab und geht von den Südpropyläen über eine große Treppe in den Oberstock (piano nobile) des Westflügels hinauf. Man kommt dann zuerst in das Heiligtum mit den drei Säulen, in die große Halle und die Kulthalle. Über eine schmale Treppe geht man hinunter in den Korridor der westlichen Vorratskammern. Von dort kommt man auf den Zentralhof und besichtigt im Südkorridor eine Kopie des Wandgemäldes des Lilienprinzen. Das Original ist im Museum von Iraklio. Dann geht man vom Zentralhof zu dem Heiligtum der chthonischen Gottheiten, die Krypta mit den vier Pfeilern und die Tempelschatzkammer, in der die Statuette der Schlangengöttin gefunden wurde.

Von dem Zentralhof geht man anschließend zur Vorhalle und zum Thronsaal mit dem berühmten Thron des Minos, der 4.000 Jahre alt ist und aus Alabaster gearbeitet ist. Man geht durch den Korridor des Nordeinganges und kommt an das Nordtor des Palastes mit der Säulenhalle, die auch als Zollhaus bezeichnet wird. An der Nordwestecke des Palastes liegt das nördliche Reinigungsbecken und dahinter das Theater.

Um den Ostflügel des Palastes zu besichtigen, kehrt man zum Korridor des Nordeinganges zurück und biegt kurz vor dem Zentralhof nach links ab. Man befindet sich nun im Korridor des Spielbretts und kommt dann in den Vorratsraum mit den großen Gefäßen. Weiter südlich kommt man in die Töpferei oder "Schule" und die Werkstatt der Steinschneider. Man geht weiter nach Süden zu den königlichen Gemächern. Über die große Treppe geht man hinunter und besichtigt den Saal der Doppeläxte, wo sich auch der Raum des Königs, die Räume und das Bad der Königin und die Schatzkammer befinden, in der die berühmte Elfenbeinstatuette der Stierspringer gefunden wurde. Weiter südlich besichtigt man schließlich das Heiligtum der Doppeläxte. Rings um den Palast befinden sich weitere minoische Bauten: Der kleine Palast, die Karawanserai, das Haus des Priesters, das Grab des Minos und die königliche Villa.

Oben: Die blauen Damen. Wandmalerei aus Knossos.

Mitte: Der Thron des Minos.

Unten: Die Südpropyläen.

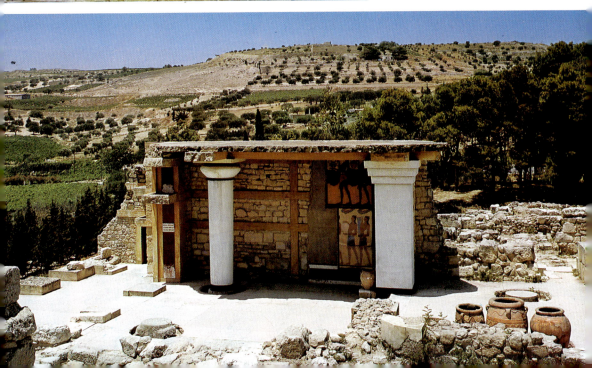

3. Saros - Kloster Vrontisiu - Kamares (55 km)

Man verläßt Iraklio durch das Chania-Tor in Richtung Phästos.

29,5 km: Ajia Varvara. Ein schönes Dorf in 600 m Höhe. Am Ortseingang erhebt sich rechts ein großer Felsen, den die kleine Kirche Profitis Ilias bekrönt. Man erzählt, daß hier der Mittelpunkt Kretas sei.

Von Ajia Varvara biegt man nach **Saros** rechts ab.

39,5 km: Gergeri. Ein Dorf am steilen Abhang des Psiloriti. In 18 km Entfernung von hier beginnt der herrliche **Wald von Ruva.**

45,5 km: Saros. Ein Dorf im Grünen mit viel Wasser. Eine alte Wassermühle mahlt das Getreide noch auf herkömmliche Weise. Weiter oben liegt in Votomos am Eingang einer Schlucht ein schöner Stausee.

50,5 km: Auf der Seitenstraße rechts kommt man nach 1 km in das **Mönchskloster Vrontisiu,** das eines der bedeutendsten Kretas ist. Es wurde gegen 1400 v.Chr. erbaut und gehörte ursprünglich zu dem benachbarten Kloster Varsamonero. In der Kirche sind Wandmalereien erhalten. Berühmt ist der Brunnen des Klosters aus dem 15. Jh. mit schönen Reliefs, die Adam und Eva im Paradies darstellen.

Das Kloster wurde gegen 1500 wichtig, als das Kloster Varsamonero aufgegeben wurde. Es war ein geistlicher Mittelpunkt und der große Maler Michail Damaskinos soll hier gelebt und gearbeitet haben.

52,5 km: Vorisia. Links unten ist Kloster **Varsamoneru** (1330-1426), eines der ältesten Klöster Kretas und bemerkenswert durch die Zahl und die Qualität seiner Wandmalereien.

55 km: Kamares. Ein Bergdorf am Hang des Psiloriti in 600 m Höhe. Es ist der Ausgangspunkt für den Aufstieg zur **Kamares-Höhle,** die in minoischer Zeit ein Kultort war. In ihr fand man die berühmten Kamares-Gefäße.

Die Straße von Kamares trifft nach 11 km auf die Straße Rethymno, Amari, Ajia Galini und die Mesara-Ebene.

4. Phästos - Matala

29,5 km: Ajia Varvara. Nach einigen Kilometern Fahrt hat man von oben einen Blick auf die Mesara-Ebene, die größte Ebene Kretas.

45,5 km: Gortyn. Nach dem Ort **Ajii Deka** erstrecken sich über mehr als einen Kilometer rechts und links die Ruinen der großen Stadt, die in römischer Zeit die Hauptstadt Kretas war.

In Gortyn fand man auch eine kleine Siedlung aus spätminoischer Zeit. Gortyn wurde aber später in archaischer Zeit bekannt und erreichte den Höhepunkt seines Glanzes 69 v.Chr., als die Römer es zur Hauptstadt der Provinz Kreta und Cyrenaica machten. Sie erbauten zahlreiche prachtvolle Bauten wie das Prätorium und das **Odeion,** neben dem sich auch die berühmte **Inschrift von Gortyn** befindet, die in große Steinblöcke eingemeißelt ist.

Von der Ruine der Basilika Ajios Titos führt links die Straße nach 33 km an den Strand von **Lentas.**

An der Stelle des heutigen Lentas lag einst das antike **Leben,** das zu Beginn der minoischen Zeit gegründet wurde und sehr viel später, in römischer Zeit, eine Blüte erlebte, als die Einwohner von Gortyn an der Heilquelle eine **Asklepieion** erbauten.

An dem schönen Strand von Lentas kann man auch im Winter baden. Der Winter ist so mild, daß hier die Schwalben, wie man sagt, überwintern. Von Lentas man auch mit einem Boot das abgelegene **Mönchskloster Kuduma** besuchen.

Auf der Rückfahrt fährt man auf der Küstenstraße, die nach Osten zu dem herrlichen Strand von **Kali Limenes** führt, wo der Apostel Paulus gelandet war.

53,5 Mires. Eine große Ortschaft, die ein Verkehrsknotenpunkt und ein Mittelpunkt von Landwirtschaft und Handel ist.

60,5 km: Links Abzweigung nach Phästos. In ihrem weiteren Verlauf erreicht die Straße nach 5 km **Timbaki** und nach weiteren 3 km **Kokkinos Pirgos** mit einem schönen Sandstrand.

62 km: Phästos. Die zweitwichtigste minoische Stadt auf Kreta mit dem luxuriösen Palast des mythi-

*Tongefäß des Kamaresstils
(Phästos, 1800 v.Chr.).*

schen **Radamanthes,** des Bruders von Minos. Der Palast zeigt zwei Bauphasen. Er wurde 1900 v.Chr. in der sog. Zeit der Alten Paläste erbaut, von einem Erdbeben gegen 1700 v.Chr. zerstört und größer und umfangreicher wieder aufgebaut. Dieser zweite Bau wurde gegen 1450 v.Chr., vermutlich durch den Vulkanausbruch auf Santorin, zerstört.

Die Ruinen, die der Besucher heute besichtigt, stammen hauptsächlich aus der zweiten Bauphase.

Anders als bei dem Palast von Knossos wurden hier keine Renovierungen oder Ergänzungen vorgenommen. Die Ruinen wurden so belassen, wie sie bei den Ausgrabungen ans Tageslicht kamen. Ebenso wie in Knossos sind die Räume dieses Palastes um einen rechtwinkligen, langgestreckten und gepflasterten Innenhof angeordnet, der von Süden nach Norden ausgerichtet ist. Rings um den Palast lag die große minoische Stadt von Phästos.

*Rechts: Die Felsenhöhl
und der Sandstrand von Mata*

Kurz nach Phästos führt eine Seitenstraße nach 3 km zu der Ruine der königlichen Villa von **Ajia Triada**, die 1550 v.Chr. erbaut wurde und für den Sommeraufenthalt der Herrscher bestimmt war.

Aus Ajia Triada stammen zahlreiche Funde, die heute im Museum von Iraklio ausgestellt sind. Zu ihnen gehört der berühmte Sarkophag mit Darstellungen von Kulthandlungen.

68 km: Pitsidia. In der Nähe des Dorfes befinden sich die berühmten Sandstrände **Komo** und **Kalamaki**.

73 km: Matala. Dieses Fischerdorf war bis vor einigen Jahren als Treffpunkt der Hippies bekannt und ist heute ein vielbesuchter Ferienort. Matala war der Hafen von Phästos und später von Gortyn. Auf der steil abfallenden Seite des nördlichen Hügels sind in den porösen Felsen Höhlen eingemeißelt.

Westlich von Matala liegen im Golf von Matala die beiden unbewohnten Inseln **Paximadia**.

5. Archanes - Ausgrabungsstätte (16 km)

Man fährt die Straße nach Knossos. Bei Km 11 biegt man nach rechts ab.

16 km: Epano Archanes. Ein Ort zwischen Weinfeldern, in denen eine sehr gute Traube angebaut wird. Bei Archanes gibt es die alten Kirchen Archangelos Michail und Ajia Triada aus dem 14. Jh. In der Umgebung von Archanes liegen eine Reihe interessanter Ausgrabungsstätten wie **Turkojitonia, Furni, Anemospilia,** das **Gipfelheiligtum auf dem Berg Juchtas** und **Vathipetro**.

6. Arkalochori - Ano Viannos - Arvi (84 km)

Bei Km 11 fährt man geradeaus weiter.

33 km: Arkalochori. Ein großer Ort, in dessen Nähe es eine Höhle gibt, in der wichtige minoische Funde gemacht wurden. In dem Ort gibt es die alte Kirche Archangelos Michail.

39 km: Die Straße links führt nach **Kastelli Pediadas**, die nach rechts nach **Avli**. Man fährt rechts nach Panajia.

55 km: Rechts eine Abzweigung in die Mesara-Ebene.

60 km: Eine Seitenstraße rechts führt nach 3 km nach Chondros, nach 9 km an den Strand **Keratokampos** und **Tsutsuro**.

66 km: Ano Viannos. Ein großes Dorf mit viel Grün, am Hang des Dikti oberhalb eines Tals mit vielen Ölbäumen. Es ist die Hauptstadt des gleichnamigen Bezirks und die Heimat von **Jannis Kondilakis**. In Ano Viannos kann man die Kirchen Ajia Pelajia und Ajios Georgios besichtigen.

70 km: Rechts die Straße nach Arvi. Man hat eine herrliche Aussicht auf das Libysche Meer.

84 km: Arvi. Ein malerischer Ort an der Küste, der nach dem gleichnamigen Kloster am Hang des Berges benannt ist. Die Landschaft ist nahezu tropisch und überall in der Ebene wachsen Bananen.

7. Iraklio - Ajios Nikolaos

Von der Platia Eleftherias fährt man auf der alten Straße nach Ajios Nikolaos bis **Finikas**.

7,5 km: Karteros (das antike Amnisos). Hier lag die minoische Stadt Amnisos, einer der drei Häfen von Knossos. Ganz in der Nähe befindet sich die **Eileithyia-Höhle**, in der man die Schutzherrin der Geburten kultisch verehrte.

13,5 km: Chani Kokkini. Ein schöner Strand, der auch archäologisch interessant ist. Hier liegen die Ruinen des minoischen Hauses von **Niros** aus der Zeit der Neuen Paläste.

15 km: Gurnes. Ein Ort an der Küste.

20 km: Guves (oder Finikas). Ein Ferienort mit schönem Sandstrand. Von hier fährt man auf der neuen Schnellstraße.

29 km: Limenas Chersonisu. Wegen des schönen Sandstrandes und des kristallklaren Wassers wurde es zu einem der größten Ferienorte auf Kreta. Der Ort hatte in römischer Zeit Bedeutung.

34 km: Stalida. Ein weiterer schöner Sandstrand. Von hier führt eine Straße auf die Hochebene von Lasithi (s. S. 265)

37 km: Malia. Das ganze Gebiet ist touristisch sehr stark entwickelt. Dazu trugen zwei Dinge bei, der berühmte minoische Palast, der 2 km entfernt ist, und der herrliche Sandstrand.

39 km: Palast von Malia. Der drittgrößte minoische Palast nach Knossos und Phästos. Er ist 12.000 qm groß.

Wie auch die anderen minoischen Paläste wurde er gegen 1900 v.Chr. erbaut, um 1700 v.Chr. zerstört und prächtiger wieder aufgebaut. Nach einer neuen Zerstörung wurde er gegen 1450 v.Chr. verlassen.

40 km: Die Straße links erreicht nach 3 km **Epano Sisi**, von dem aus man nach 2 weiteren Kilometern nach **Sisi** mit einem schönen Sandstrand kommt.

Von Epano Sisi biegt man rechts ab und kommt nach 6 km in das Dorf **Milato** mit einer historischen Höhle und nach 2 km an den **Strand von Milato** (Paralia Milatu).

51 km: Abzweigung nach **Neapoli** (1 km). Die Ortschaft, die einst die Hauptstadt der Präfektur Lasithi war, besitzt ein archäologische Museum.

67 km: Ajios Nikolaos.

Präfektur Lasithi

Sie ist die östlichste Präfektur der Insel und ihr Mittelpunkt ist malerische Stadt Ajios Nikolaos. An der Nordküste wie auch an der Südküste gibt es überall herrliche Sandstrände.

Die Hochebene von Lasithi mit ihren 10.000 Windmühlen bietet ein einzigartiges Schauspiel. Hier liegt auch die berühmte Diktäische Höhle, die Höhle, in der nach der Mythologie Zeus geboren wurde.

An der Nordostspitze der Präfektur liegt Vai, ein berühmter Sandstrand mit Palmen.

Map labels:
PAXIMADA, DRAGONADA, GIANISSADA, Itanos, Erimoúpoli, Váï, Toploú, ménas, Milatos, Píáka, Sissi, Aretiou, Spinalónga, Stalida, Thriros, Olous Eloúnda, Eloúnda, Faneroménis, Sitia, Palékastro, Agia Fotiá, Mália, Neápoli, Karfi, PSIRA, Chamézi, Piskokéfalo, Lassithi, Lató, AGII PANTES, AGIOS NIKOLAOS, Sfáka, Pressós, Zákros, Diktéo Antro, Kritsá, Pachlá Amos, DIKTI, Gourniá, Vassiliki, Ziros, Káto Zákros, Ano Viános, Péfkos, Lithines, Mirtos, Ierápetra, Makryglalós, Goúdouras, Kapsá, Arvi, Tértsa, Agia Fotiá, KOUFONISSI, CHRISSI

Ajios Nikolaos

Ajios Nikolaos an der schönen Bucht von Mirabelo ist die Hauptstadt der Präfektur Lasithi. Es ist der am meisten von Touristen besuchte Ort Kretas. Der malerische See, in dem zahllose Boote nebeneinander ankern und die Häuser ringsherum geben ein Bild von besonderer Schönheit. Auf der anderen Seite faszinieren der Hafen und das Meer mit seinen schönen Felsen den Besucher. Ajios Nikolaos ist 67 km von Iraklio entfernt und mit dem Schiff von den Kykladen, Piräus und den Inseln der Dodekanes erreichbar.

Zu erwähnen ist das **archäologische Museum**, in dem hauptsächlich minoische Funde aus Ostkreta ausgestellt sind.

Ajios Nikolaos. Die kosmopolitische Hauptstadt der Präfektur Lasithi.

Die Bucht von Elunda.

Ausflüge von Ajios Nikolaos

1. Elunda - Spinalonga - Plaka (15,5 km)

9 km: Auf der Landenge der Halbinsel Spinalonga befindet sich das antike **Olus** (2. Jh. v.Chr. - 2. Jh. n.Chr.), dessen Ruinen heute nach einer Geländeverschiebung im Wasser liegen.

10 km: Elunda. Ein großer Ferienort. Von hier fährt man mit dem Schiff zu der kleinen Insel **Spinalonga**.

Spinalonga die Insel mit der eine venezianische Festung steht. Bis vor etwa 50 Jahren war die Insel eine Kolonie für Leprakranke aus ganz Kreta. Nach Spinalonga kann man auch von Ajios Nikolaos fahren.

15,5 km: Plaka. Ein Ferienort mit einem schönen Strand. Es gibt feine Kiesel und ein kristallklares Wasser.

Oben: Die Insel Spinalonga mit der uneinnehmbaren Festung.

Unten: Die zauberhafte Bucht von Elunda. Im Hintergrund die Insel Spinalonga.

Rechte Seite oben: Panajia Kera. Unten: Die Hochebene von Lasithi mit den 10.000 Windmühlen.

2. Kritsa - Antikes Lato

11 km: Panajia i Kera. Sowohl wegen ihrer Architektur wie auch wegen ihrer Wandmalereien gehört diese Kirche zu den wertvollsten Kirchen Kretas. Der dreischiffige Bau ist Ajios Antonios, dem Heimgang der Gottesmutter und Ajia Anna geweiht.

11,5 km: Kritsa. Eines der größten traditionellen Dörfer Kretas, das von sehr vielen Touristen besucht wird und für seine Stickereien, Webereien und Strickarbeiten berühmt ist. Im August wird hier die traditionelle **kretische Hochzeit** aufgeführt. Von Kritsa sind es 3,5 km zu dem **antiken Lato**.

Lato, das auch **Etera** genannt wurde, um es von **Lato bei Kamara** zu unterscheiden, das an der Stelle von Ajios Nikolaos lag, war eine mächtige Stadt, die im 7. Jh. gegründet wurde.

3. Hochebene von Lasithi - Diktäische Höhle (49,5 km)

40 km: Mesa Lasithi. Das erste Dorf auf der Hochebene in 870 m Höhe.

Von Mesa Lasithi führt eine Nebenstraße rechts zum **Krustallenia-Kloster**, das gegen 1540 gegründet wurde.

3 km vom Kloster entfernt liegt **Tzermiado**, der größte Ort und Hauptort des Bezirkes Lasithi. In der Nähe des Dorfes gibt es zwei sehenswerte Ausgrabungen. Es sind die Trapesa-Höhle und der Kastellos-Hügel. Bei beiden machte man Funde aus neolithischer, frühminoischer und mittelminoischer Zeit.

Nördlich von Tzermiado gab es auf dem Karfi-Felsen (1.100 m) eine spätminoische Siedlung.

48 km: Psichro. Wegen der benachbarten Diktäischen Höhle gibt es in diesem Ort viel Tourismus.

49,5 km: Diktäische Höhle. Die Straße endet unterhalb des Höhleneingangs. Man hat eine herrliche Aussicht auf die Hochebene von Lasithi mit ihren **10.000 Windmühlen**.

Nach der Mythologie hat in der Diktäischen Höhle die Göttin Rhea Zeus zur Welt gebracht. Die Höhle war von mittelminoischer bis zum Ende der spätminoischen Zeit ein Kultort.

4. Ajios Nikolaos - Vasiliki - Ierapetra - Mirtos (51 km)

12 km: Vulisma-Bucht (mit den Stränden Kalu Choriu und Istru). Goldene Sandstrände und leuchtendblaues Wasser.

19 km: Gurnia. Rechts der Straße liegen auf einem Hügel die Reste einer minoischen Stadt.

Die amerikanische Archäologin Boyd Hawes, die hier Ausgrabungen unternahm, entdeckte die Grundmauern einer vollständigen minoischen Provinzstadt, die in spätminoischer Zeit in Blüte stand (1600-1400 v.Chr.).

20 km: Pachia Ammos. Ein Zentrum des Tourismus und ein Verkehrsknotenpunkt. Bei Km 22 biegt man nach Pachia Ammos rechts nach Ierapetra ab.

25 km: Rechts eine schmale Nebenstraße nach **Vasiliki.** In den früh- und mittelminoischen Ruinen der Umgebung fand man die berühmten Gefäße im Vasiliki-Stil, deren langezogener Hals schnabelförmig endet.

36 km: Ierapetra. Die südlichste Stadt Griechenlands an der schönen Küste des Libyschen Meeres. Ihr Name stammt von der **antiken Hierapytna,** das im 2. Jh. v.Chr. eine der wichtigsten kretischen Städte war. Es hatte sich **Praisos** unterworfen und beherrschte fast das gesamte Gebiet von Sitia.

Wie alle großen kretischen Städte besaß auch Ierapetra eine **venezianische Festung.**

In Ierapetra gibt es sehr viele Touristen. Es ist von der Nordküste nur 14 km und von Ajios Nikoalos 36 km entfernt. Die Umgebung ist bekannt für ihre schönen Sandstrände, ihr mildes Klima, die vielen Sonnentage und ihre Gemüseproduktion. Es gibt ein kleines **archäologisches Museum,** in dem Gegenstände aus der frühminoischen bis zur römischen Zeit ausgestellt sind.

51 km: Mirtos. Ein schöner Küstenort mit Sandstrand. In Ortsnähe fand man bei Ausgrabungen zwei minoische Siedlungen.

5. Ajios Nikolaos - Sitia

20 km: Pachia Ammos.

44 km: Sfaka. Von dem Ort führt links eine Straße an den 7 km entfernten Strand von **Mochlo.**

63 km: Chamesi. Ein Dorf in 380 m Höhe. Ende September finden hier "Ta Kasanemata" statt, bei denen man die traditionelle Herstellung des berühmten kretischen Traubenschnapses (Tsikudia, Raki) feiert.

73 km: Sitia. Eine schöne Stadt mit Hafen und einem unermeßlichen Sandstrand. Sie ist die Hauptstadt der östlichsten Provinz Kretas und liegt an der Stelle des antiken Itia. Die einzigen Ruinen in diesem Bereichen sind die der **venezianische Festung** im Osten der Stadt. Jedoch war die Provinz Sitia einer der ältesten Mittelpunkte der minoischen Kultur, wie die Funde aus Mochlo auf den kleinen Inseln **Psira** und **Ajios Nikoalos** beweisen. Man sollte nicht versäumen, das **archäologische Museum** und das kleine **volkskundliche Museum** zu besuchen.

6. Sitia - Kloster Kapsa - Ierapetra (59 km)

Von Sitia fährt man die Straße nach Piskokefalo.

13 km: Links liegt 4 km entfernt **Nea Presos.** Die antike Stadt war selbständig und von der Steinzeit bis in die venezianische Zeit bewohnt.

32,5 km: Abzweigung links zum Kloster **Kapsa,** das an der **Perivolakia-Schlucht** und vor einem Sandstrand liegt. Das Kloster wurde vermutlich im 15. Jh. erbaut.

Man fährt zur Hauptstraße zurück. Bevor man Ierapetra erreicht, kommt man an langen Sandstränden am Libyschen Meer vorbei mit den Orten **Analipsi** (34 km), **Makris Jalos, Kutsuras, Achlia, Ajia Fotia** und **Ajii Saranta** (55 km).

59 km: Ierapetra.

Die Stadt Ierapetra und ihre Burg.

7. Sitia - Vai - Kato Zakros (58 km)

4 km: Ajia Fotia. Ein schöner Sandstrand, der viel besucht wird.

15 km: Toplu-Kloster. Ein historisches Kloster an der Nordostspitze Kretas, das bekannt wurde durch die Kämpfe gegen Piraten und Türken. Das Kloster war eine richtige Festung, die sogar Kanonen hatte. Das Kloster besitzt wertvolle Kirchenschätze und herrliche Ikonen.

23 km: Eine Abzweiung zu dem 1 km entfernten **Erimupoli** (das antike Itanos).

24 km: Vai. Ein berühmter Palmenwald mit einem herrlichen Sandstrand. Die gleichsam tropische Landschaft ist eine Besonderheit innerhalb der griechischen Natur. Sehr viele Besucher kommen hierher, um die Landschaft zu bewundern und das schöne Meer zu genießen.

25 km: Rückfahrt nach Paläokastro.

33 km: Paläokastro. Eine große Ortschaft mit einem schönen Sandstrand.

Südlich von Paläokastro gibt es die Ruinen einer minoischen Stadt und südöstlich das minoische Gipfelheiligtum von Petsofa, in dem man wichtige Funde machte.

50 km: Zakros. Ein Dorf mit viel Grün und malerischen Gäßchen. Von hier führt die Straße zum Meer hinunter und an der **Schlucht der Toten** (Farangi ton Nekron) vorbei.

58 km: Kato Zakros. Ein Ort an einer Bucht mit Kieseln und kristallklarem Wasser.

Dieses Gebiet wurde bekannt durch den berühmten minoischen Palast, der 1961 von Prof. N. Platon entdeckt wurde.

Der **Palast von Zakros**, der Bedeutung nach der vierte auf Kreta, zeigt große Ähnlichkeit mit den anderen Anlagen. Ein Unterschied ist, daß der Palast von Zakros vor sich einen Hafen hatte, der eine wichtige Rolle in den Handelsbeziehungen zu Ägypten und den anderen Ländern des Vorderen Orients spielte. Der Palast wurde 1450 v.Chr. in der gleichen Zeit wie die anderen Paläste zerstört.

Oben: Das historische Kloster Toplu.
Mitte: Der Strand von Vai.
Unten: Die schöne Stadt Sitia.

KLEINERE INSELN BEI UM KRETA

PRÄFEKTUR CHANIA

GRAMVUSA. Diese Insel nordwestlich von Chania mit steilen Küsten hat eine berühmte venezianische Festung. Man kann sie mit einem Boot von Kastelli besuchen. NW von Gramvusa liegen **Agria Gramvusa** und im SW **Pontikonisi**.

GAVDOS. Von dieser südlichsten Siedlung Europas glauben viele, daß es die Insel der Kalypso ist. Die Entfernung von Kreta beträgt 28 Seemeilen, von der nordafrikanischen Küste etwa 150 Seemeilen. Die wenigen Einwohner leben in vier Ortschaften. Herrlich ist der Sandstrand in Sarakiniko, das 30 Min. zu Fuß vom Hafen entfernt ist. Gavdos erreicht man mit dem Schiff von Paläochora oder von Chora Sfakion. Südlich von Gavdos liegt **Gavdopula**.

Thodoru. ....*N v. Ajia Marina.*
Suda, Paläosuda. .... *Suda-Bucht.*
Elafonisi. ....*SW Kretas.*
Artemis. .... *Sö v. Elafonisi.*
Kursari, Prasonisi. ....*S v. Falasarna.*
Petalida. .... *Ö v. Falasarna.*
Lazaretto. .... *Ö v. Chania.*
Schistonisi. ....*S v. Palaiochora.*

PRÄFEKTUR RETHYMNO

Diapori. .... *Ö v. Bali.*
Prasonisi, Paximadia. .... *SW v. Ajia Galini.*

PRÄFEKTUR IRAKLIO

Dia, Paximadia. ....*N v. Iraklio.*
Glaronisi. ....*NW v. Dia.*
Megalonisi, Mikronisi. .... *S v. Kali Limenes.*
Thetis. ....*Ö v. Trion Ekklesion.*

PRÄFEKTUR LASITHI

CHRISI, auch **Gaiduronisi** genannt. Eine kleine Inseln mit weißen Sandstränden und niedrigen Zedern. Sie liegt gegenüber von Ierapetra, die Fahrt dauert 1 Stunde. Weiter östlich befindet sich **Mikronisi**.

Spinalonga .... *N v. Elunda.*
Kolokithia. .... *Ö v. Elunda.*
Ajii Pantes. ....*Nö v. Ajios Nikolaos.*
Konida. .... *N v. Pachia Ammos.*
Psira. .... *W v. Mochlos.*
Ajios Nikolaos. .... *N v. Mochlos.*

DIONISIADES:

   Janisada. ....*Nö v. Sitia.*
   Dragonada. ....*Nö v. Sitia.*
   Paximada. ....*Nö v. Sitia.*
Keramidi. ....*Nö v. Sitia.*
Elasa. .... *Ö v. Vai.*
Grandes. ....*Ö v. Palaiokastro.*
Kufonisi. .... *Sö v. Kreta.*
Strongilo, Makrulo.......................*N v. Kufonisi.*
Trachilos....*S v. Kufonisi.*
Prasonisi, Kimo, Kavali. .... *Sö v. Kreta.*

Texte: Y. DESYPRIS
Künstlerische Betreuung: NORA DRAMITINOU - ANASTASOGLOU
Fotografien: M. TOUBIS, A. CHARAMOGLIS, Y. DESYPRIS,
S. FILAKOURIS, G. GEORGANTAS, G. GIANNELOS, T. GIGANTES,
E. GRIGORIOU, N. IMELOS, N. KONTOS, J. KOUROUPIS,
CH. KOURTARAS, CH. PANOPOULOS, E. PAPAPANAGOPOULOS,
K. SKOUFALOU, A. SOLARIS, P. SPYROPOULOS, A. VLAVIANOS,
P. VOUTSAS, J. CAPEROUN, R. MIELMANN,
I. MINDLIN, C. PAVARY, A. SAILLET,
G. CHANOUMIDIS

Hestellung - Druck: M. Toubis S.A.